JAGD

Originalausgabe © 1995 ATP – Chamalières – Frankreich
Originaltitel: Chasse Succès. Une nouvelle approche de la chasse
Illustrationen:
Myriam Bach (Aquarelle)
Serge Dupuy
Noël Gouilloux
Jacques Theillard

Könemann Verlagsgesellschaft mbH
Bonner Str. 126
D-50968 Köln
Übersetzung aus dem Französischen: Michela Hecker (für Benavides Fachübersetzungen), Monika Cyrol
Fachlektorat: Rupert Schmid, München
Redaktion und Satz der deutschen Ausgabe: Daniela Kumor, Köln
Herstellungsleitung: Detlev Schaper
Herstellungsassistenz: Ursula Schümer
Druck und Bindung: Mateu Cromo Artes Gráficas, Madrid
Printed in Spain
ISBN 3-8290-2128-3

10 9 8 7 6 5 4 3 2 1

JAGD

Das Wild in seiner Umgebung

Pascal Durantel

KÖNEMANN

EINFÜHRUNG

Im vorliegenden Band erfährt der Leser alles Wesentliche über die heimischen Wildarten und deren Bejagung. Darüber hinaus wird auch Wissenswertes über Tierbestand und spezielle Jagdtechniken im europäischen Ausland, etwa in Frankreich, Italien, Spanien oder Skandinavien, vermittelt. Deutlich wird dabei, daß Jagd und Ökologie Hand in Hand gehen sollten, um die Bestände zu schonen bzw. deren Zuwachs zu garantieren. Seltene Wildarten müssen geschützt und häufige reguliert werden. Da die Jagd auf der Wildbeobachtung, der Hege des Wildes und der Pflege des Reviers beruht, wird neben der Erläuterung der unterschiedlichen Jagdtechniken besonders ausführlich auf die Wildhege eingegangen. Nur unter Erfüllung dieser Hegemaßnahmen verträgt sich ein gewisser Jagddruck mit dem Erhalt der Art.
In dem ausführlichen Glossar werden alle wichtigen jagdlichen Ausdrücke erklärt. Das Register erleichtert die Suche nach bestimmten Wildarten.

INHALT

AUFBAU

Das Wild in seinem natürlichen Lebensraum

Die von der jeweiligen Wildart favorisierten Pflanzen und jagdpflegerische Maßnahmen zur Biotopverbesserung werden erklärt.

Auf einer Fotografie wird das thematisierte Wild vorgestellt.

4

3

1 – Ein Baum mit rauher Rinde (Kiefer, Eiche), dessen Stamm am unteren Ende mit Baumteer eingestrichen werden kann, eignet sich nach dem Suhlen ausgezeichnet zum Scheuern (Malbaum).

2 – Suhlen – künstlich angelegt oder natürliche: Eine Suhle ist einfach anzulegen. Man gräbt eine Kuhle, die mit einer Tonschicht oder Plastikplane wasserdicht ausgelegt wird, und bedeckt diese mit Erde. Die Suhle gehört zur Standardausrüstung eines jeden Schwarzwildreviers.

3 – Laubwald als Mittelwald: Nach einem frischen Einschlag wächst in den darauffolgenden Jahren eine dichte, undurchdringliche Gestrüppdecke aus Brombeersträuchern, Ginster und Farn heran, in die sich die Wildschweine mit Vorliebe zurückziehen. Hier legen sie ihre Kessel oder Lager an, eine in den Erdboden gewühlte Kuhle, die ihnen als Ruheplatz dient.

4 – Die unerläßliche Vielfalt in der Waldwirtschaft wird vom Wildschwein sehr geschätzt.

124

Jagdpflegerische Maßnahmen und Jagdtechniken

Die Jagdtechniken werden in Abhängigkeit von Saison und Gelände bzw. den notwendigen jagdpflegerischen Maßnahmen beschrieben.

In den farbig unterlegten oder gerahmten Kästen findet man Erläuterungen zu Waffen und Munition, die für das jeweilige Wild empfohlen werden, sowie zu speziellen Jagdtechniken und interessanten Aspekten der Biologie und Ökologie.

FASAN

Waffen und Munition

Will man auf Treibjagden Fasanen schießen, die schnell hoch auffliegen und mit großer Geschwindigkeit in der Höhe streichen, sollte man Munition mit Schrotbeutel mit 32 bis 36 g Schroten Nr. 5 bis Nr. 7 (3,0 bis 2,5 mm Durchmesser) verwenden. Bei der Suchjagd bzw. der Jagd mit dem Vorstehhund ist es im allgemeinen nicht nötig, auf große Entfernung zu schießen, so daß gewöhnliche Munition (Nr. 6 und 7) ausreicht.

Die Schußabgabe auf einen Fasan im Wald verlangt gute Reflexe, da der Vogel schnell aufsteigt. Hat er erst Schwung bekommen, fliegt er mit einer Geschwindigkeit, die man dem Laufvogel nicht zutraut.

ihm dichte Feldgehölze, mächtige Brombeersträucher und mit Unterholz bestandene Wälder und Wäldchen bieten. Die Suche im Dickicht muß langsam und systematisch erfolgen. Sie verlangt vom Hund so viel Vorsicht, lange Erfahrung und Mut beim Stöbern im Gestrüpp, da er nur so der komplizierten Fährte zu folgen vermag. Gegen Ende des Tages kehren die Tiere nochmals ins offene Gelände zurück, bevor sie sich aufschwingen und sich im Wipfel eines Baumes am Waldessaum niederlassen. Gegen Mitte des

Nachmittags kann man sie wiederu unten am Boden suchen. Hier sind d Vögel allerdings noch wachsamer a gewöhnlich, ihre Aufmerksamkeit lä fast nie nach, und beim geringsten A zeichen von Gefahr laufen sie ins G büsch. Regnet es, hält sich der Fasa wie auch der Hase oder das Rehwil vorzugsweise im Wald oder im dicht Gebüsch auf.

Die Schußabgabe ist leichter als b einer Treibjagd. Ein häufiger Fehl besteht jedoch darin, die beiden Schü se aus kurzer Entfernung und zu ras

Fasane

Schlecht verwilderte Zuchtfasanen zeigen im allgemeinen gegenüber einem erfahrenen Hund nur geringe Fluchtreaktionen und lassen sich von diesem oft fangen. Wilde Fasanen hingegen nutzen das Biotop mit einer bemerkenswerten Geschicklichkeit, um ihrem Verfolger zu entwischen. Sie laufen so schnell sie können weg, verstecken sich auf der Flucht im Unterholz, schneiden und kreuzen ihre eigenen Spuren auf unentwirrbare Weise und zögern nicht, sich im Dickicht zu verkriechen, um sich überholen zu lassen. Dann laufen sie in entgegengesetzter Richtung davon. Nur einem Jagdhund mit feiner Nase, der zugleich eifrig stöbert, wird es gelingen, den komplizierten Verlauf ihrer Spur zu entschlüsseln und sie aufzutreiben. Obwohl die meisten Rassen dafür geeignet sind, finden sich einige, die besser angepaßt sind wie der Drahthaar und der Griffon und die wendigeren unter

92

DES BUCHES

Das Wildschwein

Das Wildschwein gehört zu der Gruppe von Wildtieren, die von der Intensivierung profitiert. Große Getreideschläge werden für das Schwarzwild zu paradiesischer Deckung und Äsung. Und darin liegt auch genau das Problem. Die Landwirte sind wenig begeistert über »umgepflügte« Areale in ihren Kulturen. Der Wildschaden ist deshalb häufig die stärkste Antriebsfeder, um die Bestände in erträglichen Grenzen zu halten.
Der Allesfresser bevorzugt Eicheln, Bucheckern, Wurzeln, Insekten und Würmer. Er frißt jedoch auch Gras und Getreide, verschmäht kein Aas und greift auch Jungwild wie Hasen oder Rehe an. Während Wildschweine für Feldfrüchte katastrophale Wirkung haben können, verursachen sie im Wald nur wenig Schäden und lockern durch ihr Wühlen den Boden auf.
Schwere Keiler erreichen ein Gewicht von bis zu 200 kg, Bachen werden bis zu 100 kg schwer.
Außer im nordwestlichen Niedersachsen und in Teilen Bayerns kommt das Wildschwein in allen Bundesländern in mehr oder weniger starker Verbreitung vor.
Bejagt wird das Nachtwild vom Ansitz aus oder auf der Drückjagd.

125

Die Geländemerkmale, die dem Wild am besten entsprechen, sind mit Ziffern versehen und werden in der Legende unter der Zeichnung erklärt.

Das ideale Biotop wird dargestellt und entsprechend den besonderen Anforderungen jeder Wildart beschrieben.

…zugeben. Es handelt sich dabei um …ne reflexartige Reaktion, die vom ge…uschvollen, plötzlichen Auffliegen des …gels initiiert wird.
…esser ist es, den Fasan zunächst …was streichen zu lassen, und dann in …ler Ruhe aus korrekter Entfernung … schießen, auch um das Wildbret zu …honen.

…ie Treibjagd

…eute wird die ehemals …eit verbreitete »klassische« …eibjagd …aum …och …urchgeführt, da …die Fasanenbesätze …cht mehr erlauben. Solche Veranstaltungen, die heute noch in …roßbritannien und Gebieten mit …sgesetzten Fasanen durchgeführt …erden, haben zum Ziel, daß die Hähne … voller Geschwindigkeit in großer …öhe über die Schützenkette hinweg…reichen und somit ein »sportlicher« …berkopf-Schuß ermöglicht wird.
… der nebenstehenden Grafik wird gezeigt, wie ein dafür ideales Gebiet beschaffen sein sollte. Wichtig ist vor allem ein deckungsarmer Bereich etwa 100 bis 150 m vor den in der Senke stehenden Schützen, damit die Fasanen nicht laufen, sondern gezwungen sind abzustreichen.
Die weitaus gebräuchlichere Art der Treibjagd ist heute die herbstliche oder winterliche Niederwildjagd. Dabei werden Gebüsche oder andere Deckungen von Schützen umstellt. Treiber und Hunde durchstreifen das Gebiet, und alles aufstehende Wild mit Schußzeit wie Hase, Kaninchen, Fasan oder Fuchs wird beschossen.

Optimale Gestaltung eines Reviers für die Fasanentreibjagd

1 – Eine **dichte Hecke** umschließt eine Eintriedung, die die Fasanen daran hindern soll, diesen Ort zu verlassen.
2 – Die Treiber stellen sich in den **Schneisen** auf.
3 – **In mit Unterholz bestandene Bereiche** ziehen sich die Fasanen vor den Treibern zurück.
4 – **In den dichtbewachsenen, »Wartesaal« genannten Bereich**, direkt vor einer Senke gelegen, ziehen sich die Fasanen zurück, bevor sie von den Treibern aufgestöbert werden und auffliegen.
5 – **Der Aufflugbereich** ist eine etwa 20 m breite Senke.
6 – **Von der Steigezone** steigen die Vögel nach und nach über die Bäume auf.
7 – **Schußlinie**
8 – **Rückzugsgebiet**

…agdhunde

den kontinentalen Vorstehhunden wie Kleiner Münsterländer, Deutsch-Kurzhaar und Epagneul Breton.
Buschierer verwenden oft Stöberer, die nicht vorstehen, dafür aber selbst vor dem undurchdringlichsten Gebüsch nicht zurückschrecken. Diese Eigenschaft findet sich bei Spanieln und Wachtelhunden. Für die Schußabgabe auf einer Treibjagd ist ein Apportierhund vom Typ eines Labradors ein unverzichtbarer Begleiter.

Der Drahthaar zeichnet sich auf der Fasanenjagd durch Intelligenz, eine feine Nase und Mut beim Stöbern aus.

93

Die Farben der Kolumnentitel verweisen auf die Zugehörigkeit des Wildes zu einer bestimmten Kategorie. So wird z. B. zwischen niederem Haarwild, niederem Federwild, Hochwild und Wasserwild unterschieden. Außerdem enthält der Kolumnentitel einen Verweis auf Wildhege oder Jagd.

Zahlreiche schematische Darstellungen illustrieren die wichtigsten Maßnahmen, um die Jagd bzw. die Aufenthaltsbedingungen des Wildes im Revier zu verbessern.

Fotografien zeigen den Jäger in Aktion, das Wild in seinem Lebensraum und die geeignetesten Hunderassen.

Das Wildkaninchen

Das Wildkaninchen ist sehr anpassungsfähig und besiedelt vielerlei unterschiedliche Gebiete – einzige Bedingung ist ein relativ trockener und lockerer Boden, der Feuchtigkeit gut ableitet. Seine bevorzugten Lebensräume sind die Heide, Dünengürtel, Böschungen, buschbewachsene Kalksteinhügel und Feldgehölze im allgemeinen, wenn diese vor Überflutung geschützt sind. Im übrigen hat das Wildkaninchen eine ausgeprägte Vorliebe für die Uferböschungen großer Flußläufe; dort besiedelt es alle sandigen Abschnitte, die von üppiger Flußufervegetation bedeckt sind. Bei Hochwasser verläßt es dieses Biotop allerdings umgehend.

Das abgebildete Feldgehölz stellt den Typ Lebensraum dar, der Niederwild im allgemeinen und Wildkaninchen im besonderen entspricht. Sie finden hier Schutz vor Räubern und Witterungsunbilden, und auch die von ihnen bevorzugte pflanzliche Nahrung ist reichlich vorhanden – gute Gründe für das Graben von Bauen.

*1 – **Buschwerk** dient als Rückzugsgebiet.*

*2 – **Grasbewachsene Streifen von mindestens 1 m Breite** sind in der schönen Jahreszeit eine willkommene Nahrungsquelle.*

*3 – **Mögliche Stelle für eine Falle** (unvermeidbar für die Regulierung des Bestands an Beutegreifern).*

*4 – **Der Wildacker** besteht aus einem Gemenge von Hülsenfrüchten und Gräsern.*

*5 – **Das Feldgehölz** ist mindestens 100 m lang und 3 m breit und setzt sich aus Weißdorn, Weide, Schlehe, Brombeere, Liguster, Schwarzdorn, Eberesche und Feldahorn zusammen.*

*6 – **Niederwildschütte***

*7 – **Futterstelle und Tränke***

Ursachen für den Bestandsrückgang

Auch wenn eine Wildkaninchenpopulation durch Bejagen deutlich abnehmen kann, ist das bei weitem nicht der Hauptgrund für ihr Verschwinden. Man denke dabei nur an die gesegneten Zeiten vor der Myxomatose, als das Kaninchen vielerorts ein Grundpfeiler der Niederjagd darstellte. Die Hauptbedrohung geht demzufolge von der Myxomatose und einer neuen Viruserkrankung, der Viralen Kaninchenhämorrhagie, sowie – auch das soll nicht verschwiegen werden – von der modernen Landwirtschaft aus.

Die Myxomatose

Der natürliche Träger der Krankheit ist *Sylvilagus brasiliensis,* ein kleiner, südamerikanischer Vertreter aus der Klasse der Hasenartigen. Die Myxomatose ist eine Viruserkrankung. Das Virus wurde von dem italienischen Wissenschaftler Giuseppe Sanarelli isoliert. Die katastrophalen Folgen dieser Krankheit wurden erstmalig im Jahre 1896 in einer Zuchtstation von Montevideo beobachtet. Danach wurde die Myxomatose 1950 nach Australien exportiert, um die dortigen, im 19. Jahrhundert eingeführten Kaninchenpopulationen zu verringern, die sich zu einer Plage für die Landwirtschaft entwickelt hatten. Im Juni 1952 wurden einige Kaninchen auf einem abgeschlossenen Forschungsgelände in Frankreich mit dem Virus infiziert. Sehr rasch verbreitete es sich auch außerhalb der Mauern dieser Station, und in weniger als zehn Jahren hatten sich Kaninchen in ganz Europa angesteckt. In den betroffenen Gegenden wurde der Kaninchenbesatz um 90 bis 99 Prozent reduziert. Die französische Jagd war ruiniert.

Ein an Myxomatose erkranktes Kaninchen zeigt folgende Symptome: geschwollener Kopf mit tränenden Augen und ungewöhnlich stark angeschwollene Lider.

• Epidemiologie der Myxomatose

Bekannt ist, daß der wichtigste Träger der Myxomatose ein spezieller Kaninchenfloh ist, insbesondere die Art *Spilopsyllus cuniculus.* Beißt ein infizierter Floh ein Kaninchen, zeigt sich wenige Tage später an dieser Stelle ein kleiner Hauttumor.

Die Krankheit entwickelt sich innerhalb einer Woche, wobei folgende Symptome auftreten: vergrößerter Kopf mit tränenden Augen (Löwenkopf), ungewöhnlich stark geschwollene Lider und Atemnot. Der Tod tritt nach zwei Wochen ein. Nur wenige Kaninchen überleben die Krankheit.

Mittlerweile haben sich abgeschwächte Virusstämme herausgebildet, und die Kaninchen haben auch eine gewisse Resistenz gegen die tödlich verlaufende Krankheit erworben.

Zum Aufflackern der Seuche kommt es vor allem in den warmen Monaten Juni bis August. Die Ansteckung erfolgt nicht nur über die Parasiten, sondern auch durch die direkte Berührung mit erkrankten Tieren und die Aufnahme von Erregern über die Nahrung.

• Langfristige Heilmittel

Seit Mitte der 70er Jahre bemüht man sich in Frankreich, wo die Seuche am schlimmsten wütete, um Gegenmittel. Eine Forschungsgruppe um Prof. Saurat und Dr. Gilbert vom Veterinärmedizinischen Institut in Toulouse entdeckte 1977 ein abgeschwächtes Virus, mit dem man Kaninchen immunisieren kann.

Neben dem kurzen, bis zu einem Jahr andauernden Impfschutz kommen aber viele weitere Probleme für den praktischen Gebrauch hinzu. Um eine Flächenimmunisierung zu erreichen, müssen 70 Prozent des Besatzes geimpft werden. Eine große Hürde ist, dieser Anzahl von Kaninchen habhaft zu werden. Zuletzt stellt sich die Frage, wer die enormen Kosten solcher Maßnahmen übernehmen soll.

Die Virale Kaninchenhämorrhagie

Diese neue Kaninchenkrankheit viralen Ursprungs wurde 1985 zum erstenmal in China beobachtet, dann in Osteuropa, Italien, Spanien und ab 1988 auch in Frankreich, wo sie sich seitdem sowohl in der freien Natur als auch bei den Haustierbeständen verbreitet hat. Zu ihren Symptomen zählen plötzliche, kurze Zuckungen des Tieres. Der Tod tritt durch Ersticken ein, wobei sich auf der Nase ein Blutstropfen zeigt. Bei der Autopsie stellte man eine hämorrhagische Pneumonie, eine Hypertrophie der Thymusdrüse, Tracheitis (Entzün-

Impfflöhe

Die von Prof. Saurat seit 1987 durchgeführten Arbeiten haben zur Entwicklung einer originellen und sehr zuverlässigen Impfmethode geführt. Dazu werden mit einem Impfstoff »angereicherte« Flöhe, die natürlichen Überträger der Myxomatose, in die Erdbaue der Kaninchen eingeschleust. Beißt ein solcher Floh ein Kaninchen, wird dieses geimpft. Die Technik zur Züchtung dieser Insekten bereitet dank australischer Forschungen heute kein Problem mehr. In Australien verfolgten die Forscher allerdings das entgegengesetzte Ziel: die Verbreitung einer Krankheit – der Myxomatose – durch Aussetzen virusinfizierter Flöhe.

dung der Luftröhre) und Hepatitis mit Farbverlust der Leber fest.
Im Gegensatz zur Myxomatose werden die Erreger zumeist oral aufgenommen. Es gilt als gesichert, daß die Krankheit vor allem über Feldgräser verbreitet wird.
Zur Übertragung der Krankheit genügt der einfache Kontakt zwischen infizierten und gesunden Tieren. Die Inkubationszeit beträgt lediglich zwei Tage.
Es wurden zwar Impfstoffe entwickelt, aber der kurze Impfschutz und die Schwierigkeiten der Applikation verhindern einen wirkungsvollen Einsatz.

Andere Mortalitätsfaktoren

Schätzungen zufolge erreichen von 20 Jungen, die ein Weibchen wirft, nur vier bis fünf das Erwachsenenalter.
30 bis 60 Prozent der Jungkaninchen sterben noch im Bau, entweder durch Überschwemmung oder durch Beutegreifer wie Marder; 40 bis 80 Prozent fallen, nachdem sie den Bau verlassen haben, noch vor Beginn der Jagdsaison zahlreichen Krankheiten und Unfällen zum Opfer.

Entwicklung des Kaninchenbesatzes im Territorium

Auch wenn das Wildkaninchen sensibel auf verschiedene Krankheiten, Beutegreifer und Biotopveränderungen reagiert, kann eine für hoffnungslos gehaltene Lage durch einfache jagdpflegerische Maßnahmen verbessert werden. Einem für Jäger und Hund gleichermaßen spannenden Jagdvergnügen steht somit nichts im Wege, zumal insbesondere die Arbeit auf Kaninchen für den Hund anspruchsvoll und erlebnisreich ist.

Der künstliche Bau

Die Anlage künstlicher Baue ist in der Bundesrepublik verboten, jedoch in anderen Ländern wie etwa Frankreich erlaubt. Sie sind dort angezeigt, wo erloschene Populationen aufgrund fehlender Baumöglichkeit ausbleiben. Abnehmende Bestände können mit Hilfe der künstlichen Baue wieder vergrößert werden, da sie den Tieren mehr Deckung, also Zufluchtsorte vor Witterungsunbilden und Beutegreifern, und zusätzliche Plätze zur Reproduktion bieten.

Die wichtige Wahl der richtigen Stelle

Es versteht sich von selbst, daß die Einrichtung eines künstlichen Baus an einer Stelle, die von vornherein ungünstig ist, zu enttäuschenden Ergebnissen führen muß. Zunächst ist die Bodenbeschaffenheit zu prüfen. Feuchte, lehmige Böden sind für Kaninchen nicht geeignet. Wenn das gesamte Gebiet so beschaffen ist, muß man sich einige hundert Kubikmeter lockeren Boden zur Einrichtung eines künstlichen Baus anfahren lassen, eine Maßnahme, die kostenintensiv ist.
Vorzuziehen ist also ein trockener Platz, der Feuchtigkeit gut ableitet und zum Schutz vor Überschwemmungen sowie im Interesse tiefer liegender Grabengänge möglichst auf einer kleinen Anhöhe, einer Böschung oder einem kleinen Hügel gelegen ist. Da das Kaninchen viel Sonne braucht, sind die Ausgänge nach Süden zu plazieren. Dabei ist zu beachten, daß diese nicht durch große Bäume verschattet werden. Außerdem sollte sich gegenüber den Löchern ausreichend Gebüsch befinden,

Einrichten eines künstlichen Baus

1 – Böschung freimachen, überschüssiges Gestrüpp, Büsche und andere Bodenvegetation entfernen.

2 – Senkrechte Gräben begünstigen eine trockene Bodenstruktur und das Ablaufen von Wasser.

3 – Die Böschung wird mit runden oder eckigen Holzstücken belegt, die wiederum zuerst mit Zweigen und dann mit Erde abzudecken sind.

damit die Kaninchen ihren Zufluchtsort sicher und ohne von Raubzeug gesehen zu werden verlassen können.
Sollten diese Beutegreifer zu zahlreich sein, muß versucht werden, sie durch Fallenstellen und verstärkte Bejagung zu dezimieren.

VERSCHIEDENE ERDBAUTYPEN

• Die Palettenkonstruktion
Die einfachste Form künstlicher Erdbaue ist eine Konstruktion aus Hohlblocksteinen, künstlichen Rohren und Holzplatten. Auf einer 20 bis 30 m^2 großen Fläche, die vorher 0,5 bis 1 m tief mit der Schaufel oder, bequemer, von einem Bagger ausgehoben wurde, legt man in einer Doppelreihe Hohlblocksteine aus, auf die man die Paletten lagert. Im Innern befinden sich die Rohre aus gebranntem Ton, Beton oder Kunststoff (Entwässerungsrohre), die den Kaninchen als Zuflucht vor Beutegreifern dienen.
Die äußere Hülle des Baus besteht aus Holzstücken, Zweigen, Steinen, Erde und eventuell aus Stroh und Heu, was insgesamt gut isoliert. Die Konstruktion kann mit einer Plastikfolie abgedeckt werden (die wiederum mit Erde beschwert wird, in die man Grassamen aussät), die aber aus Gründen der Belüftung die Seiten nie vollständig bedecken darf.

• Die Einrichtung eines Kaninchenbaus an einer Böschung
Eine grasbestandene, freigeräumte Böschung bietet sich als einfache Lösung für die Einrichtung eines Kaninchenbaus an. Sie hat den Vorteil, daß sich die Kaninchen an einem höher gelegenen Platz ansiedeln, der sicher vor Überschwemmungen ist.
Zunächst sind senkrechte Schlitze zu graben, die das Ablaufen von Wasser

1 – Hohlblocksteine in zwei Reihen parallel auslegen. Paletten darüberlegen. Diese Vorsichtsmaßnahme ist notwendig, um die Kaninchen vor feuchtigkeitsspeichernden Böden zu schützen.
2 – Die über die Hohlblocksteine ausgelegten Paletten dienen als Basis für den Aufbau eines Kaninchenbaus. Zwei bis drei Paletten reichen für einen kleinen Bau aus, 40 bis 50 sind für eine größere Anlage nötig.

Das Wildkaninchen-Feldgehölz

Ein Feldgehölz für Wildkaninchen muß vor allem buschreich sein, damit es auch Schutz vor Witterungsunbilden und Beutegreifern bietet. Es sollte mindestens 100 m lang und 2 bis 10 m breit sein und aus immergrünen Bäumen, die in der schlechten Jahreszeit vor Regen und Schnee schützen, sowie aus Laubgehölzen bestehen, deren Blätter und Beeren als wichtige Nahrungsergänzung dienen. Einige hochwachsende Bäume können das Ganze ergänzen. Ein mindestens 1 m langer Grasstreifen sollte auf alle Fälle erhalten bleiben, der in der schönen Jahreszeit zarte Triebe liefert. Kaninchen, aber auch Rebhühner, die im Gras ausgezeichnete Nistplätze finden, mögen das zarte Grün besonders gern.

Ältere Gehölze können für eine Besiedlung durch Kaninchen durch Neuanpflanzung wohlschmekkender Pflanzen wie Schlehe, Weißdorn, Holunder, Brombeere, Ginster, Gemeine Schneebeere und Berberitze attraktiv gemacht werden. Andere Arten, die gepflanzt werden können, sind Liguster, Weide und Eberesche.

Um als Unterschlupf zum Schutz vor Witterungsunbilden dienen zu können, muß ein Wildkaninchengehölz vor allem sehr buschreich sein.

und das Trocknen des Bodens begünstigen. Die Schräge ist dann mit Paletten zu belegen, in die Röhren gesteckt werden, bevor das Ganze mit Zweigen und Erde (0,8 bis 1 m) bedeckt wird. Darauf werden schmackhafte Gräser oder Leguminosen ausgesät sowie schützende Sträucher (Ginster, Brombeere, Weißdorn) angepflanzt.

Äcker in unmittelbarer Nähe von Kaninchenbauen

• Ackerpflanzen, die dem Wild entsprechen

Diese Äcker dienen sowohl zur Bedeckung des Bodens als auch als Nahrungsquelle bei eventuellen Mangelerscheinungen. Das Kaninchen mag Leguminosen wie Klee, Luzerne und Wicke, die man gemischt mit Gräsern wie Knaulgras, Rasen und Schwingel aussäen kann.

Raps wird ebenfalls sehr geschätzt, da er im Winter und zu Beginn des Frühjahrs eine üppige Nahrungsquelle sowie eine hervorragende Deckung im Frühjahr darstellt. Nach der Ernte kann er durch Senf ersetzt werden, der ebenfalls eine gute Bodenbedeckung bis zur Eröffnung der Jagdsaison abgibt.

In der Notzeit nimmt das Kaninchen auch Fütterungen. Es ist darauf zu achten, daß die Futterstellen regengeschützt sind und das Futter nicht auf dem Boden liegt, da dies die Ausbreitung von Krankheiten fördert. Als Futter sind kommerzielle Jagdfuttersorten oder auch Getreide wie Weizen und Gerste gut geeignet.

• Wasserstelle

Eine Wasserstelle lockt Kaninchen an und begünstigt somit die Besiedlung

3

4

3 – Das Gerüst des Baus besteht aus Zweigen, die je nach Bedarf durch Steine und Erde ergänzt werden können.
4 – Der Bau ist fertig. Man kann ihn mit einer Folie abdecken, die mit Erde beschwert werden muß. In der Umgebung des Baus sollten schmackhafte Gräser oder Hülsenfrüchte ausgesät werden.

Ein künstlicher Bau wird eingerichtet. Stroh, das über einer ersten Schicht Zweige ausgelegt wurde, dient zur Isolierung des Baus. Darüber werden weitere Zweige ausgelegt. In unmittelbarer Nähe befindet sich schützendes Wellblech, unter dem eine Tränke und ein Futterplatz eingerichtet werden.

des Baus. Sie ist nicht schwer anzulegen und sollte sich neben der Futterstelle befinden.

Einrichten eines Damms bzw. mehrerer Baumstümpfe als Bau

Dämme entlang von Feldwegen oder auch Anhäufungen von Baumstümpfen nach Maßnahmen zur Flurbereinigung bieten dem Wild im allgemeinen und dem Wildkaninchen im besonderen ausgezeichnete Rückzugsmöglichkeiten, wenn bestimmte Köderpflanzen wie Schlehe, Liguster, Eberesche und Stechdorn im oberen Bereich und Weißdorn und Geißblatt an den Hängen angepflanzt wurden.

Wünscht man richtige Nistplätze, kann man den obengenannten Arten Weide, wilde Brombeere, Weißdorn, Stechdorn und Ginster hinzufügen.

Die Verwendung immergrüner Nadelholzarten wie Kiefer oder Eibe bringt Deckung im Winter.

Die Regulierung des Kaninchenräuberbesatzes

In einem französischen Jagdrevier, in dem es seit dem Auftreten der Myxomatose keine Kaninchen mehr gab, schlossen sich einige aktive Jäger zusammen und versuchten ihre Wiederansiedlung, die aber im ersten Jahr trotz adäquater Anlagen nur katastrophale Ergebnisse zeitigte. Die im Revier ausgesetzten 30 Kaninchen waren innerhalb weniger Monate vollständig verschwunden, denn in dem Gebiet lebten auch zahlreiche Beutegreifer. In weniger als einem Jahr wurden dort 35 Exemplare mit Fallen gefangen, insbesondere Füchse und Steinmarder.

Die Hege einer Population beinhaltet also eine maßvolle, intelligente Regulierung des Besatzes an Räubern (dazu gehören Füchse, Marder, aber auch Rabenvögel, die in vielen Bundesländern geschont sind). Ohne diese elementare Vorsichtsmaßnahme ist jegliche Anstrengung zum Scheitern verurteilt.

❶

1 – Backenfalle in einem Gärtchen (seit 1933 in Deutschland verboten)

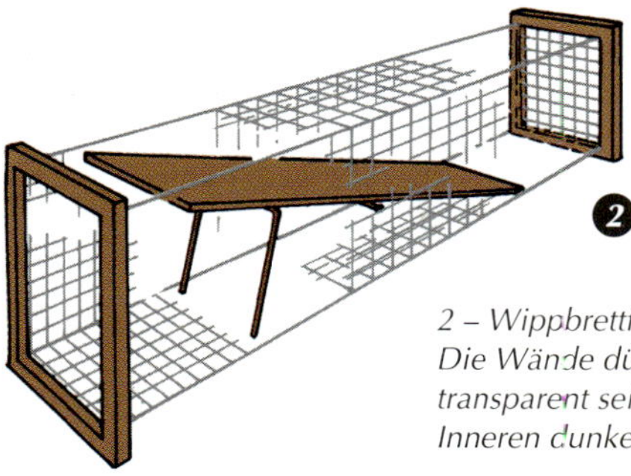

❷

2 – Wippbrettfalle für Marder. Die Wände dürfen nicht transparent sein, damit es im Inneren dunkel ist.

Andere Lebensräume

Feldgehölze und kleine Waldungen in der offenen Landschaft stellen nicht die einzigen bevorzugten Lebensräume des Wildkaninchens dar, das praktisch überall vorkommt. Solange der Boden trocken ist und Feuchtigkeit gut ableitet, besiedelt es auch andere Biotope, wie etwa die Dünen an der Nordsee, wo es vor Kaninchen förmlich wimmeln kann, und den Mittelmeerraum, der ihm aufgrund des trockenen Klimas und seiner üppigen, buschreichen Vegetation in besonderem Maße entspricht. Weiterhin wären die Heide bzw. Buschwälder als seine Heimstatt zu nennen.

Kaninchen- und Hasenwaldungen

Kleine Wälder, die mindestens eine Größe von 400 m^2 haben, sind bei Hasen und Kaninchen besonders beliebt. Das Gebüsch darf, sobald es zu sehr hochwächst und keine adäquate Bodendeckung mehr bietet, gestutzt werden, damit seitlich aussprossende Äste wieder dichtes Unterholz bilden, wo sich das Wild bevorzugt aufhält.
Zur Erhöhung der Aufnahmekapazität dieses Biotops kann um das Waldstück herum ein 20 bis 30 m breiter Streifen Wildacker angelegt werden, der das Interesse der Kaninchen und anderer Wildarten hervorruft, wie beispielsweise Hülsenfrüchte (Klee, Luzerne), Gräser (Rasen, Schwingel) oder Futterkohlarten.

Heidelandschaften

Das Kaninchen schätzt dieses teilweise buschbewachsene Biotop, insbesondere wenn es genutzt wird und hier auch einige Kulturpflanzen gedeihen. Ist dies nicht der Fall, sollte man einige wildspezifische Kulturen für das Kaninchen anlegen (Hülsenfrüchte und Gräser). Außerdem sollten Wasserstellen eingerichtet werden, damit es auch im Sommer seinen Durst stillen kann.

Dünen

Die Dünen der deutschen Nord- und Ostsee sowie der französischen Mittelmeerküste werden von Kaninchen bevorzugt besiedelt, denn hier kann es sich im Überfluß entwickeln (keine Schwierigkeiten beim Graben von Bauen und wenige Feinde). Besonders gut sind die Besätze auf den küstennahen Inseln, da dort in der Regel der erbitterte Feind des Wildkaninchens fehlt: der Fuchs.
Die dicht mit Gräsern und Gebüsch bewachsenen Dünen bieten meist genügend Deckung und Äsung. Doch der sehr trockene, Feuchtigkeit schnell ableitende Boden verlangt auch die Einrichtung von Wasserstellen und Zufluchtspunkten, wenn nicht genügend Vegetation wächst (Anhäufungen von Zweigen, buschige Sträucher).

Die Mittelmeerküste mit ihren buschbewachsenen Dünenstreifen war lange Zeit, noch vor der Myxomatose, ein wahres Kaninchenparadies.

Der Fuchs

Dieser Beutegreifer, der an Kaninchenbesätzen argen Schaden anrichten kann, läßt sich mit dem Gewehr und auch mit der Falle bejagen. Im Winter, besonders im Januar, kann man ihn mit einem Erdhund (Teckel oder Terrier) aus dem Bau treiben oder ihn in einer klaren Nacht vom Hochsitz aus an einer Futterstelle, dem sogenannten »Luderplatz«, auflauern. Im Spätsommer sollten die Jungfüchse, die noch nicht zu sehen sind, streng bejagt werden. Dabei ist es wichtig, an einer guten Stelle öfter anzusitzen, da die Geschwister meist das gleiche Revier bejagen. Der Ansitz ist am besten im Morgengrauen, da der sprichwörtlich schlaue Reineke Fuchs immer erst sehr spät am Abend aus der Deckung kommt. Der Fuchs sollte auch deshalb möglichst »kurzgehalten« werden, weil er als hauptsächlicher Verbreiter der Tollwut und des kleinen Fuchsbandwurmes gilt.

Die Bejagung des Wildkaninchens

Wenn ein Wild auf verschiedene Arten bejagt werden kann, so ist es das Wildkaninchen. Man kann es vom Ansitz aus schießen, man stellt ihm mit dem Vorstehhund nach, es wird vom Frettchen aus dem Bau getrieben, oder man kann es mit Beizvögeln jagen. Dies alles sind uralte Methoden, um des listigen Gesellens habhaft zu werden, der mit immer neuen Tricks versucht, seinen Verfolgern zu entwischen.

Die Jagd mit dem Vorstehhund

Die Jagd auf das Wildkaninchen mit dem Vorstehhund wird von den Puristen der Federwildjagd nicht immer gern gesehen. Tatsächlich werden durch diese Praxis alle Vorstehhunde systematisch »verbogen«, d. h. sie führen unter Umständen das von ihnen geforderte Vorstehen und Nachziehen vor Schnepfen, Rebhühnern und Fasanen nicht mehr ordentlich aus.

Das Kaninchen bewegt sich ebenso wie der Hase hoppelnd vorwärts. Dabei setzt es die Hinterläufe vor die Vorderläufe.

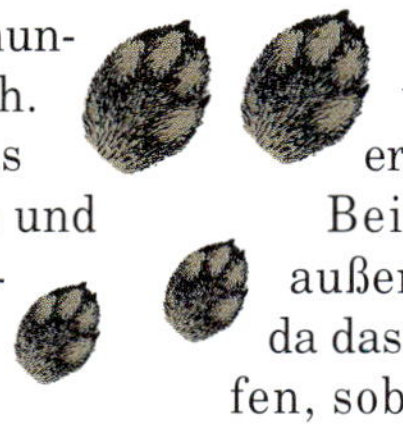

Wie dem auch sei, wenn Kaninchen im Gelände vorhanden sind, entsteht eine angenehme und abwechslungsreiche Suchjagd, die voller Überraschungen steckt. Man kann allein losziehen, ideal wäre aber die Jagd zu zweit, insbesondere, wenn man im Feldgehölz jagt. Das schlaue Kaninchen hat nämlich die ärgerliche Angewohnheit, zur jeweils nicht bewachten Seite zu entwischen. Dieser Nachteil macht sich aber nicht so stark bemerkbar, wenn man einen Hund hat, der die Eskapaden und Tricks des Kaninchens kennt und es auf Befehl einkreist, indem er das Gehölz oder Gebüsch umläuft, um die Beute in Richtung seines Herrn zu treiben. Solch wertvolle Helfer sind häufig alte Hunde, die an die Jagd gewöhnt sind und viel Erfahrung erworben haben.

Bei der Jagd im Feldgehölz ist außerdem Lautlosigkeit gefordert, da das Kaninchen zögert davonzulaufen, sobald es einen Jäger bemerkt. Ausrufe und laute Wortwechsel sind also zu vermeiden. Am besten nähert man sich vorsichtig dem vorstehenden Hund und gibt ihm mit leiser Stimme den Befehl zum Einspringen. Häufig kommt es vor, daß das Kaninchen versucht, sich davonzustehlen und so dicht vor der Nase des Hundes aus dem Gras auftaucht, wie man es nie für möglich gehalten hätte, um dann mit einem großen Sprung im Gebüsch zu verschwinden.

Das Schießen im Wald auf das hakenschlagende Kaninchen, das zudem schnell den Augen des Jägers entschwindet, erfordert sichere und schnelle Reflexe.

Man sollte also recht unverzüglich abdrücken und sofort das Ergebnis überprüfen: Manchmal meint man, das Ziel verfehlt zu haben und das kleine, rötliche Bündel liegt in den Brombeeren. Befindet sich der Hund jedoch sehr nahe beim Kaninchen, sollte man das Schießen lieber unterlassen; zu viele

Die Kaninchenspur

Die Qualität einer Kaninchenspur hängt von den Witterungsverhältnissen und der Art des Geländes ab. Besonders trockener Wind aus dem Süden oder Osten, der starke Hitze und schwere Luft mit sich führt, macht es dem Hund schwer, der Spur zu folgen. Nord- und Westwinde, die feuchte Luft bringen, wirken sich demgegenüber positiv aus.

Nebel und leichter Regen sind ebenfalls von Vorteil. Ein heftiger Landregen verwischt jedoch jede Spur von hoppelnden Kaninchen.

Das Alter eines Kaninchens bestimmen: eine wichtige Angelegenheit für den hegenden Jäger

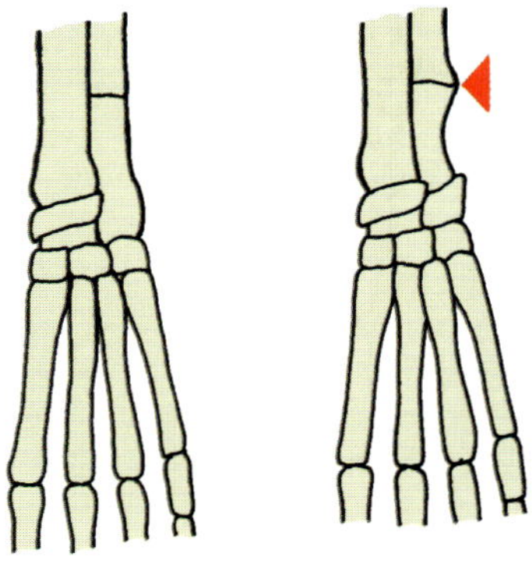

Kaninchen haben vor Vollendung des ersten Lebensjahres eine Knorpelwulst an der Außenseite der Elle, die im Alter von neun Monaten verschwindet.
Durch Befühlen der Vorderpfote kann der Jäger Aufschluß darüber erhalten, wie groß die Reproduktionsrate des Jahres seit der ersten Strecke ist und daraus entsprechende Schlußfolgerungen ziehen, etwa die Bejagung einzustellen, wenn es weniger Junge als Eltern geben sollte.

unserer Jagdhelfer zahlen jedes Jahr einen schweren Tribut aufgrund unkontrollierter Aktionen.

Die Jagd am Ansitz

Diese ruhige, aber dennoch spannende Art zu jagen findet viele Anhänger bei den Ansitzjägern. Geeignete Plätze erkennt man an den Losungen am Waldrand und an den nahen Kaninchenbauen in der Deckung. Der Hochsitz steht am besten mit dem Rücken zu dieser.
Die Kaninchen treten in der Morgen- oder Abenddämmerung aus der Dekkung und laufen auf die Äsungsplätze (Wiesen und Felder).
Bei der Schußabgabe sollte so lange gewartet werden, bis das Kaninchen ein Stück vom Unterschlupf entfernt sitzt. Angeschossene Kaninchen, die Richtung Bau eilen, sind ohne einen Fangschuß verloren. Kaninchen, die nach dem Schuß »pfeifen«, verenden dagegen nach kurzer Zeit. Oft kommt es vor, daß tödlich getroffene Tiere mit einem letzten Satz in das nahe Dickicht fliehen. Ohne guten Jagdhund kann dann die Nachsuche langwierig werden.
Bei der Wahl der Waffe empfiehlt sich eine Kombination aus Schrotlauf und kleinkalibrigem Kugellauf. Bei der Verwendung größerer Kugelkaliber sollte man Vollmantelgeschosse verwenden, die sich im Wildkörper nicht verformen und somit das Wildbret schonen. Ebenfalls hilfreich ist ein Zielfernrohr mit guter Lichtstärke, da die kleinen Tiere in der Dämmerung schwer anzuvisieren sind.

Das Frettieren

Das Frettchen, die domestizierte Form des Iltisses, der ein natürlicher Feind des Kaninchens ist, ruft eine allgemeine Flucht in den Bauen hervor, die sich, sobald sich der kleine Beutegreifer bemerkbar macht, wie durch Zauberhand leeren. Biologisch gesehen ist der Jagdgehilfe ein naher Verwandter des Iltis.
Da das Frettieren eine starke Belastung für die Kaninchenpopulationen darstellt, sollte es nur in guten Revieren durchgeführt werden. Nach Ende Januar ist es im übrigen verboten, da dann schon die ersten Jungen zu erwarten sind. An regnerischen Tagen ist die Jagd weniger erfolgversprechend, da die Kaninchen den Bau dann ungern verlassen. Die Jagdtechnik an sich besteht in der möglichst leisen Annäherung an den Bau bis dicht an die Eingänge heran, und zwar Rücken an Rücken, wenn mehrere Jäger daran beteiligt sind, oder in einer Linie, wobei selbstverständlich nicht in Richtung anderer Jäger geschossen wird. Während der Wartezeit sollte man sich unbedingt sehr ruhig verhalten, Bewegungen mit schweren Schritten sind zu vermeiden, denn der Boden überträgt die leichtesten Vibrationen. Auch weigert sich das Kaninchen seinen Bau zu verlassen, wenn es etwas Ungewöhnliches außerhalb bemerkt. Dieses Verhalten kann katastrophale Folgen haben: Das Frettchen hält sich an den Kaninchen gütlich und schläft dann, vollgefressen wie es ist, im Bau ein. In diesem Fall ist die Geduld

Das Frettieren läßt sich in guten Revieren zur strengen Bejagung des Kaninchens einsetzen. Als alleinige Jagdmethode ist es nicht empfehlenswert, da es stark in die Besätze eingreift.

der in der Kälte wartenden Schützen auf eine harte Probe gestellt.
Schlimmstenfalls stellt man den Transportbehälter in der Nähe der Ausgänge des Baus ab und kommt am folgenden Morgen wieder: In neun von zehn Fällen findet man das satte Frettchen niedlich eingerollt in seligem Schlummer auf seinem weichen Bettchen vor. Unter Umständen kann man den Jagdgehilfen mit einem Glöckchen und einem Maulkorb von solchen Mahlzeiten abhalten, doch manche erkennen den »Betrug« und treten in »Streik«.
Es kann auch vorkommen, daß sich das Frettchen von vornherein weigert, in einen Bau zu gehen. Beharrlichkeit nutzt in diesem Fall überhaupt nichts, da dieses Verhalten bedeutet, daß die Kessel leer sind. Bei sehr großen Bauen mit einigen Dutzend Ein- und Ausgängen sollten an jedem Ende mehrere Frettchen (bis zu sechs für eine größere Fläche) gleichzeitig eingesetzt werden. Die baldige Flucht aus dem Bau deutet sich durch dumpfe, unterirdische Laufgeräusche an. Das Kaninchen verleiht seiner Beunruhigung zunächst durch Trommeln mit den Hinterpfoten Ausdruck, bevor es plötzlich vor dem Jäger auftaucht. Die Schußabgabe hat unverzüglich und immer vom Bauausgang abgewandt zu erfolgen, da das Tier sofort in einem anderen Loch verschwinden könnte. Für diese schnellen »Schnappschüsse« ist am besten Streumunition geeignet. Jedes Kaninchen, das nicht auf der Stelle verendet, muß unbedingt nochmals beschossen werden, da es sonst im Bau umherirren und vom Frettchen erbeutet wird – mit den Konsequenzen wie oben beschrieben.
Die Jagd mit dem Frettchen ist insbesondere auch zum Fangen der Wildkaninchen interessant. In Gebieten, in denen sich der Schuß aufgrund schwieriger Geländeverhältnisse oder naher Wohnhäuser verbietet, verwendet man Netze, sogenannte »Kaninchenhauben«. Diese müssen möglichst lautlos über die einzelnen Ausgänge der Baue gelegt werden. Stürmt das Kaninchen aus dem Bau heraus und verfängt sich in den Maschen, so ist schnelles Handeln gefragt, da es sich sonst aus dem Netz befreit.
Wird beim Frettieren ein Hund mitgeführt, so muß er an seinen kleinen Jagdkollegen gewöhnt sein und ihn akzeptieren, da er ihn sonst im Übereifer fängt und tötet.

Die Treibjagd

Auf der Treibjagd läßt sich das Wildkaninchen gut erbeuten. Meist wird dabei auch auf anderes Wild wie Fasane oder Feldhasen gejagt. Dafür am besten geeignet sind schöne, sonnige Herbsttage, an denen sich die Tiere nicht im Erdbau aufhalten. Voraussetzung sind nicht zu große Treiben und gut auf der Kaninchenspur jagende Hunde, da sonst die grauen »Flitzer« nicht aus der Deckung fliehen. Die besten Strecken wird bei dieser Jagdart der im Treiben sich befindliche Jäger machen, der zwischen den Bäumen mit schnell abgebenden

Waffen und Munition des Kaninchenjägers

Das Schießen auf ein hoppelndes Kaninchen erfordert sehr sichere Reflexe, die in langer Praxis erworben werden. Eigentlich handelt es sich hierbei zumeist um einen instinktiv abgegebenen Schuß, der sprichwörtlich in Richtung eines sich bewegenden, flüchtenden Ziels geworfen wird, dessen Haken durchaus schwierig zu verfolgen sind. Zum Zielen und Ausrichten des Schusses bleibt oft keine Zeit, weswegen die Waffe perfekt ausgewuchtet und dem Körperbau des Jägers gut angepaßt sein muß, damit er sie schnell genug anlegen kann. Für Kaliber 12 wird ein Lauf mit wenig bzw. ohne Choke empfohlen, da der Schuß im Prinzip nicht weiter als 25 m geht.
Das leichte, gut handhabbare Kaliber 16 unserer Väter eignete sich für die Kaninchenjagd perfekt und wurde im übrigen teilweise für diese Jagdart geschaffen, als es noch reichlich Kaninchenbestände gab und diese das Basiswild der Jagd darstellten.
Als Patronen ist Streumunition mit den Schrotgrößen 7 bis 5 (2,5 bis 3,0 mm Durchmesser) geeignet. Hohe Schrotladungen sind unnötig, da der Schuß meist auf kurze Distanz erfolgt. Ladungen mit 28 g sind vollkommen ausreichend.
Bei der Ansitzjagd empfiehlt sich eine kombinierte Waffe mit engem Schrotlauf für Schüsse bis 35 m und einem Kugellauf mit kleinem Kaliber, z. B. die .22 Hornet mit Vollmantelgeschoß.
Da die meisten Jäger einen Drilling mit großer Kugel und zwei Schrotläufen führen und nur für die Kaninchenjagd keine zweite kombinierte Waffe kaufen möchten, kann man auch auf einen sogenannten Einstecklauf zurückgreifen. Dieser wird in den rechten Schrotlauf, der mit dem ersten Abzug betätigt wird, eingeschraubt und kann bei Bedarf einfach wieder entfernt werden. Als Kugelkaliber wird meist die .22 Hornet verwendet. Limitierend für das Verfahren sind die im Vergleich mit den gewöhnlichen Kugelläufen weniger präzisen Schußergebnisse. Da oft auch auf weitere Distanz geschossen wird und das Ziel sehr klein ist, sollte die Optik eine mindestens sechsfache Vergrößerung aufweisen und für die Dämmerungszeit genügend lichtstark sein.

Der Iltis *(Mustela putorius)* als Kaninchenfeind

Das Wildkaninchen wird von zahlreichen Arten intensiv verfolgt. Einer seiner gefährlichsten Feinde ist der Iltis, ein Verwandter des Frettchens, der sich gern in Kaninchenbauen ansiedelt und dort verheerende Schäden anrichten kann. Dieser kleine Mustelide ist an seinem gelblich gemaserten braunen Rücken erkennbar, der sich gut gegen den schwarzen Bauch abhebt. Kinn und Schnauze sind von weißlich-gelben Flecken umgeben, die sich auch zwischen den Augen und den Ohren befinden. Die Länge von Kopf und Körper schwankt zwischen 30 und 45 cm, er kann ein Gewicht von 800 g bis zu 2 kg erreichen.
Außer Kaninchen frißt der Iltis Kleinsäugetiere (Spitz-, Wald- und Feldmäuse), Reptilien, Insekten, Eier und Jungvögel, manchmal auch Küken. Frösche mag er besonders gern.
Die Paarung findet in den Monaten Februar bis März statt. Die jährliche Tragleistung des Weibchens beläuft sich auf vier bis acht Junge, die nach sechs Wochen in einem weichen Nest in einer Erdspalte oder einem Kaninchenbau geboren werden. Mit 30 bis 36 Tagen öffnen die Jungen die Augen.
Der Iltis ist ein Einzelgänger und ein Nachttier. Seine Angreifer schlägt er mit einem übelriechenden Sekret aus seinen Stinkdrüsen am Weidloch in die Flucht. Fühlt er sich in die Enge getrieben, stößt er schrille Schreie aus. Er kann mit einer Kastenfalle und einem Stück Fisch oder Gekröse und einem Stück Kaninchenbalg oder einer Bügelfalle (Aufstellung in einem für Menschen unzugänglichen Bereich) gefangen werden.
Im Winter zieht er sich in Stallungen, Scheunen und auf Dachböden zurück. In letzter Zeit gehen die Iltisbestände im Gegensatz zum Steinmarder zurück, vermutlich infolge von Flurbereinigung, mangelnden Schlupfwinkeln und der Verbauung von Gewässern.

Schüssen zum Erfolg kommt, während die draußenstehenden Schützen vergeblich auf Anlauf warten.

Die Beizjagd

Die sicherlich edelste, aber auch schwierigste Art auf das Kaninchen zu jagen ist die Beizjagd. Sie setzt ein perfekt aufeinander eingespieltes Team aus Falkner und Greifvogel voraus.
Der am häufigsten dafür eingesetzte Vogel ist der Habicht. Dieser Vogel läßt sich direkt auf seine Beute fallen und nutzt dabei Zweige als Deckung. Er weist gegenüber dem Falken, der gern hoch am Himmel anwartet, den Vorteil auf, daß er auch dicht über dem Boden und im lichten Gebüsch jagen kann.
Zum Herausstöbern der Kaninchen eignet sich ein guter Vorstehhund oder ein Frettchen. Im letzteren Fall sollten Gebiete vermieden werden, in denen es zu viele Baue gibt, damit das Kaninchen nicht nur von einem Bau in den nächsten springt und dem Greif nicht genügend Zeit bleibt, sich auf seine Beute zu stürzen. Häufige Mißerfolge können beim »Beizen« dazu führen, daß der Vogel die »Lust« verliert und sich beleidigt auf dem nächsten Baum niederläßt. Dann sind gute »Überredungskünste« des Falkners gefragt.
Die Jagd selbst wird meist von zwei Jägern ausgeführt. Der Falkner kümmert sich um seinen Greif und wirft ihn dem Kaninchen hinterher, wenn es vom Hundeführer oder einem Frettierer aufgebracht wurde. Zu viele Teilnehmer bei der schwierigen Jagd würden den oft empfindlichen und ablenkbaren Greifvogel irritieren.

Der Habicht, ein niedrigfliegender Vogel, ist für die Kaninchenjagd der am besten geeignete Greifvogel. Er wird gemeinsam mit Frettchen bzw. Vorstehhunden eingesetzt.

Hunde für die Kaninchenjagd

Ob Vorsteh- oder Stöberhund, ein guter Kaninchen-Jagdhund muß einige wesentliche Eigenschaften mitbringen: Mut im Unterholz (Dornenfestigkeit), Feinheit der Nase und Unternehmungsgeist.

Vorstehhunde

Allgemein wird behauptet, daß das Kaninchen den Vorstehhund »deformiert«. So verliert er, von der Leidenschaft überwältigt, einen Teil seiner Hemmung vorzustehen,was ärgerlich sein kann, wenn man auch Schnepfen und Rebhühner jagt.
Dieser Nachteil kann durch die Aneignung solider Erfahrungen über die Gewohnheiten und Eigenarten des einzelnen Tieres ausgeglichen werden; erfahrene Vorstehhunde zeigen oft erstaunliche Intelligenz und Initiative allem Wild gegenüber.
Einige Rassen sind für die Bejagung des Wildkaninchens besonders geeignet.

Ein Hund für die Kaninchenjagd ist ein besonnener, robuster Begleiter, der eifrig buschiert und entschieden zupackt.

• Der Epagneul Breton
Bereits Gaston Phœbus, Herr von Béarn, erwähnt im 12. Jahrhundert in seinen Abhandlungen über die Jagd diesen kleinen, mutigen Hund, der in bretonischen Ginsterdickichten Vögeln (Schnepfen) nachstellte. Seitdem hat die Rasse zahlreiche Einkreuzungen erfahren, insbesondere im 19. Jahrhundert von Hunden britischen Ursprungs (Englischer Setter), um schließlich das Erscheinungsbild auszuprägen, das wir heute kennen, und die Eigenschaften zu entwickeln, die für seinen Gebrauch notwendig sind, wie etwa das Vorstehen. Der Epagneul Breton ist sicherlich einer der vielseitigsten Vorstehhunde und für die Kaninchenjagd besonders geeignet. Mit seiner feinen Nase spürt er Kaninchen auch im dichtesten Dikkicht auf und nimmt wunderbare Vorstehpositionen ein, die er fast unendlich lange beibehalten kann. Als mutiger Buschierer scheucht er zunächst, unter den Befehlen seines Herrn, das Kaninchen aus seinem Versteck im Unterholz auf. Dann versteht er es mit der ihm eigenen Intelligenz vorzüglich, das Wild in Richtung seines Herrn zu lenken.

• Der Kleine Münsterländer
Die kleinste der deutschen Vorstehhunderassen eignet sich wegen ihrer Wendigkeit und feinen Nase vorzüglich für die Suche und das Stöbern im Buschwerk. Als gut führiger Begleiter ist der Allrounder auch für die anderen Niederwildarten bestens geeignet.

• Der Deutsch-Kurzhaar
Der kurzhaarige Vertreter der deutschen Vorstehhunde hat zwar durch das empfindlichere Fell im Dornengestrüpp Nachteile, durch seine schnelle systematische Suche bringt er jedoch den grauen Flitzer aus der Deckung. Auf dem Feld ist er meist konditionsstärker und weiträumiger als seine langhaarigen Verwandten.

• Der Gordon-Setter
Stark und ausdauernd, fürchtet er weder Gestrüpp noch schwieriges Gelände, das er dank seiner außerordentlich feinen Nase schnell absucht. Dieser ausgezeichnete Kaninchen-Jagdhund brilliert auch im Sumpf und auf der Schnepfenjagd.

• Die Rauhhaarigen: Drahthaar und Griffon
Das rauhe Fell dieser vorzüglichen Vorstehhunde macht sie gegenüber dem dichtesten Brombeergestrüpp unempfindlich, das sie immer mit Mut und Entschlossenheit durchsuchen. Da sie eine ausgezeichnete Nase haben, eignen sie sich ganz besonders für die Kaninchenjagd mit dem Vorstehhund.

Stöberhunde

Auch wenn Stöberhunde dem Wild im allgemeinen nicht vorstehen, zeigen sie dafür außerordentlichen Mut im Dikkicht. Diese Rassen sind wie für die Jagd auf das Kaninchen gemacht. Sie stöbern es mit Leidenschaft auf und verfolgen seine Spur mit freudigem Gebell.

• Der Springerspaniel
Der kräftige, mutige und intelligente Hund durchstöbert auch das dichteste Gestrüpp auf der Suche nach Kaninchen.

• Der Cockerspaniel
Zweifelsohne ist der Cockerspaniel der Prototyp des Kaninchen-Jagdhundes und wird deshalb

Der Epagneul Breton eignet sich besonders gut für die Jagd auf Kaninchen. Mit seiner feinen Nase spürt er die grauen Flitzer selbst im dichtesten Dickicht auf.

sehr häufig von Jägern auf der Stöberjagd verwendet.
Der kleine, sympathische Begleiter wird aufgrund seiner Intelligenz und seines freundlichen, lebhaften Wesens jeden Jäger zufriedenstellen.

• Der Deutsche Wachtelhund
Der ursprüngliche Stöberhund im deutschsprachigen Raum ist im dichten Buschwerk ein schneidiger Begleiter, der mit feiner Nase und Spurlaut das Kaninchen vor die Flinte bringt. Sein dichtes Fell macht ihn gegen Verletzungen unempfindlich.

• Terrier
Der Mut der Foxterrier und Jagdterrier ist allgemein bekannt. Sie sind lebhaft und intelligent und fürchten nichts. Ihre Dickköpfigkeit verleitet sie jedoch manchmal dazu, an oder in einem Kaninchenbau zu hocken und verbissen hinter dem unerreichbaren Kaninchen her zu bellen.

• Teckel
Obwohl die Puristen diese Hundeart der Arbeit vorbehalten wissen wollen, für die sie gezüchtet wurde (Spur- und Bauarbeit), werden sie von vielen Jägern auch zum Stöbern verwendet. Aufgrund ihrer geringen Größe kommen sie selbst im dichtesten Dickicht gut zurecht. Sie passen in die kleinste Öffnung und fürchten auch Betonröhren nicht, wenn sich dort ein Kaninchen versteckt hält. Manchmal jedoch »kleben« sie regelrecht am Loch, wenn es sich um große Baue handelt, wo sie Kaninchen verfolgen sollen.
Durch Zuchtauslese wurden sogenannte Kaninchenteckel gewonnen, die mit einem Brustumfang von weniger als 30 cm klein genug sind, um in einen Kaninchenbau gelangen zu können. Sie sind zwar weniger wendig als ein Frettchen, dafür aber leichter abzurichten und auch mit anderen Jagdhunden im Zwinger zu halten.

Piroplasmose: eine Gefahr im Ausland!

Jagen Sie im west- bzw. südeuropäischen Ausland (Frankreich, Iberische Halbinsel), ist die Piroplasmose (Babesiose) zu beachten. Bei uns ist sie eher selten. Bei der Jagd im Dickicht nach Kaninchen und anderem Wild werden die Hunde von Zecken befallen, die diese malariaähnliche Krankheit übertragen können. Die einzelligen Erreger, die Piroplasmen, werden durch den Biß in die Blutbahn eingeschleust. Die Zielzelle ist das rote Blutkörperchen (Erythrozyt). Die Inkubationszeit dauert bis zu drei Wochen. Zunächst erscheint der Hund erschöpft und traurig, im allgemeinen frißt er nicht. Dann bekommt er Fieber und hat Schwierigkeiten beim Wasserlassen. Seine Haltung mit rundem Rücken und eingefallenen Flanken deutet auf die stattfindende Nervenschädigung hin. Seine Urinmenge nimmt ab, der Urin selbst ist sehr dunkel. Das kommt daher, daß bei Piroplasmose die roten Blutkörperchen zerstört werden. Bleibt die richtige Reaktion (Blutuntersuchung und darauf folgend die passende Therapie) zur rechten Zeit aus, kann der Hund daran eingehen. Beim kleinsten Verdacht sollte man einen Tierarzt aufsuchen. Geschieht dies rechtzeitig, wird sich der Hund schnell erholen. Erfolgt der Eingriff jedoch zu spät, selbst wenn es sich nur um einige Stunden handelt, kann der Hund sterben. Zur Begrenzung des Risikos sollte der Hund nach der Jagd mit einem Milbenpulver behandelt werden und im übrigen ständig ein Zeckenhalsband tragen. Für Jagdhunde empfiehlt sich in betroffenen Regionen auf alle Fälle eine Schutzimpfung.

Der Feldhase

Der Feldhase bevorzugt eine offene, abwechslungsreiche Landschaft mit Feldgehölzen und kleinen Wäldern, die ihm Schutz bieten. Im Bereich der norddeutschen Ebene und auch in Süddeutschland hat sich dieser Landschaftstyp regional erhalten. Wenn auch die Feldhasenbesätze teilweise abgenommen haben, ist eine gewisse Bejagung möglich. Wie überall machen dem Hasen die Errungenschaften der modernen Landwirtschaft am meisten zu schaffen. Obwohl keine speziellen landwirtschaftlichen Schutzmaßnahmen in Erwägung gezogen werden können, ist die Hege von Feldhasen durch jagdpflegerische Maßnahmen in Wald und Flur dennoch möglich. Auf alle Fälle aber gilt die goldene Regel der Abschußbegrenzung weiter, will man seinen Hasenbesatz auf Dauer erhalten.

__1 – Kleine Wälder in der Ebene__ bieten dem Feldhasen Schutz am Tag.

__2 – Sandhaufen__ dienen dem Feldhasen als Trockenplatz. Hierher kommen die Hasen, um sich ihre Pfoten zu trocknen, wenn der Boden feucht ist. So brauchen sie nicht zum gleichen Zweck auf die Straße zu laufen.

__3-4-5-6-7 – Dicht aufeinanderfolgende Feldgehölze:__ Alles, was die Monotonie der Landschaft unterbricht, ist für den Hasen attraktiv. Hier findet er Schutz (insbesondere bei windigem und niederschlagsreichem Wetter) und Deckung für die Jungen, die sich hier gut vor Beutegreifern verbergen können.

__8 –__ Um zu verhindern, daß der Hase auf die Straße läuft, sind __parallel zur Straße Saaten__ anzulegen. Bei seinen nächtlichen Wanderungen folgt der Hase dann vorzugsweise den Fahrwegen der landwirtschaftlichen Maschinen.

__9 –__ Gern hält sich der Hase __zwischen den Weinstöcken__ auf und legt dort im Laufe des Tages seine Sasse an.

__10 – Brachland:__ Bei großer Kälte und intensivem Frost oder bei Nordostwind zieht sich der Feldhase gern in geschützte Lagen zurück.

Ursachen für den Bestandsrückgang

Trotz eines relativ hohen Reproduktionsindexes (zwei bis drei Würfe im Jahr mit je ein bis drei Jungen) wächst eine Hasenpopulation nur langsam, da Schätzungen zufolge 60 bis 75 Prozent der Jungen bereits den Beginn der Jagdsaison nicht mehr erleben. Diese ausgesprochen hohe Sterblichkeitsrate hat verschiedene Ursachen, die sich gegenseitig verstärken und nachteilig auf die Entwicklung der Populationen auswirken. Bei einigen besonders aufschlußreichen Untersuchungen wurde festgestellt, daß die Sterblichkeitsrate regional unterschiedlich hoch ist und vor allem von der Qualität der jagdpflegerischen Maßnahmen abhängt.

Zu starker Jagddruck

In manchen Gegenden ist der allzu häufige Einsatz der Flinte als einziger Grund für einen Rückgang des Hasenbesatzes zu nennen. Die Verluste sind dort besonders groß, wo Hasen intensiv und mehrmals in der Saison bejagt werden, da dabei auch die für die Vermehrung wichtigen Häsinnen erlegt werden. Als Beweis, daß die Jagd durchaus ein wichtiger Faktor für den Rückgang des Hasen ist, genügt es, einen Blick auf andere Reviere zu werfen, die einer entsprechenden Hege unterliegen und durch wiederholte Zählungen einen guten Überblick über die Anzahl der Hasen haben. Dort haben sich die Bestände stabilisiert.

Der Strassenverkehr

Einigen Statistiken zufolge fallen 54 bis 89 Prozent der Bestände dem Straßenverkehr zum Opfer. Das mag übertrieben erscheinen, aber Untersuchungen in den Niederlanden haben bewiesen, daß pro Straßenkilometer im Durchschnitt eineinhalb Hasen ihr Leben lassen. Die Realität dürfte noch erschreckender sein, wenn man bedenkt, daß ständig neue Straßen gebaut werden und der Verkehr unaufhörlich zunimmt. Die Studie zeigte außerdem, daß mehr junge Rammler als Häsinnen überfahren werden, vielleicht ein Indiz dafür, daß sich die weiblichen Tiere vorsichtiger verhalten.

Viele der überfahrenen Hasen landen in einem fremden Kofferraum. Diese Wildereien täuschen eine niedrigere Unfallhäufigkeit vor.

Beutegreifer

Anhand einer Studie des Jagdwissenschaftlers Pielowski, durchgeführt in einem mit Hasen (50 Hasen auf 100 ha) sowie drei Füchsen und anderem Raubwild bestandenen Revier, weiß man, daß der Fuchs der größte Feind des Hasen ist. Füchse ernähren sich zeitweise von bis zu 50 Prozent Hasenfleisch. Die Hälfte der von den Füchsen verzehrten Tiere war aber bereits tot, beispielsweise Opfer des Straßenverkehrs oder von landwirtschaftlichen Erntemaschinen, was wiederum für den Fuchs spricht. Er darf nicht völlig verschwinden, da er offensichtlich vom gesundheitlichen Standpunkt aus eine wichtige Rolle spielt. Die übrigen Opfer waren Junghasen.

Die Aktivität des Fuchses hängt jedoch stark von den sonstigen Umständen ab. Bei dichter, lang anhaltender Schneedecke, wenn er Schwierigkeiten hat, sich seine tägliche Ration an Mäusen zu beschaffen, greift er verstärkt auf den Hasenbesatz zurück.

Wildernde Katzen, Krähen und Marder

Der Hase legt im Gegensatz zum Kaninchen keine Baue an. Er nutzt kleine Bodenvertiefungen als Lager, Sasse genannt, und drückt sich dort, wobei er absolut bewegungslos verharrt und optisch mit seiner Umgebung völlig zu verschmelzen scheint.

spielen ebenfalls eine Rolle. Studien mit sendermarkierten, ausgesetzten Hasen zufolge gehen die meisten Opfer unter diesen Hasen auf das Konto der obengenannten Beutegreifer. Bei genauer Auswertung kam zutage, daß etwa die Hälfte von ausgesetzten, also in der Wildbahn unerfahrenen Feldhasen im Magen der Verfolger (sogenannter »Prädatoren«) landete.

Klimatische Bedingungen

Die Härten des Winters – Frost, Regen und Schnee – können sich auf eine Hasenpopulation verheerend auswirken, insbesondere, wenn es dauerhaft zu wenig Nahrung gibt. Dann werden die geschwächten Tiere eine leichtere Beute für Beutegreifer.

Krankheiten

Der Einfluß von Krankheiten ist von Jahr zu Jahr schwankend, denn er hängt auch von den klimatischen Bedingungen ab. Regenreiche, kalte und feuchte Jahre begünstigen die Entwicklung von Tierseuchen.

• Die Tularämie
Hervorgerufen wird die Tularämie durch den Bazillus *Francisella tularensis,* der 1911 in Virginia, USA, entdeckt wurde. Wissenswert ist, daß diese Krankheit auf den Menschen übertragbar ist. Fast alle Fälle sind auf Ansteckung durch geschossene Hasen und Kaninchen zurückzuführen. Sie ist, bedingt durch ihre Seltenheit und ihre uncharakteristischen Symptome, die einer Grippe ähneln, für den Arzt schwierig zu diagnostizieren Beim Hasen macht sie sich durch starke Abmagerung und Austreten schaumigen Bluts an den Schleimhäuten bemerkbar. Tiere, die diese Symptome zeigen, sollten also nicht mit der bloßen Hand berührt, aber so schnell wie möglich in ein medizinisches Labor gebracht werden. Die Krankheit wird durch Zecken auf den Hasen übertragen, nachdem sie sich zunächst bei kleinen Nagern wie Mäusen entwickelte. Jahre mit starken Nagetierbeständen begünstigen die Ausbreitung der Krankheit.

• Die Pseudotuberkulose
Diese Krankheit wird von dem Bakterium *Yersinia pseudotuberculosis* hervorgerufen. Auf sie gehen bis zu einem Drittel der Todesfälle bei Hasen zurück (im Vergleich zu der Todesrate anderer Zoonosen). Sie hat stark saisonalen Charakter, der mit einem kalten und feuchten Herbst zusammenfällt, und grassiert von November bis Juni mit einer Spitzensterblichkeitsrate im Mai.

• Kokzidiosen
Der für diese Krankheit verantwortliche Parasit *Graphidium strigosa* ist für eine Sterblichkeitsrate von etwa einem Zehntel (im Verhältnis zu anderen Krankheiten) verantwortlich und befällt vor allem Junghasen im Alter von bis zu drei Monaten. Die Ansteckung erfolgt über die Aufnahme verschmutzter Nahrung. Kokzidiosen werden insbesondere dort beobachtet, wo es viele Kaninchen gibt. Man unterscheidet Darm- und Leberkokzidiosen, die Schwellungen dieser Organe hervorrufen und fast immer tödlich verlaufen.

• Strongyloidosen
Strongyloidosen werden von verschiedenen Würmern hervorgerufen, deren Eier an Gräsern haften. Sie verursachen starke Durchfälle, die zur Abmagerung führen und häufig auch mit dem Tod enden.

• Staphylokokken- und Pasteurella-Infektionen
Dies sind weitere Erreger von Erkrankungen vornehmlich des Darmtrakts.

Hasen hungern, wenn ihnen eine dicke Schneedecke für längere Zeit die Nahrungssuche verwehrt. Statt sich in Bauen zu verstecken, graben sie eine flache Sasse.

Landwirtschaft

Die neuen Techniken der modernen Landwirtschaft, wie etwa die Verwendung leistungsstarken landwirtschaftlichen Geräts zum Mähen, fügen dem ortsgebundenen Niederwild insgesamt beträchtliche Schäden zu. Besonders die nicht flüchtenden Junghasen sind häufige Opfer von Mähmaschinen, die bei der Grünfutterernte eingesetzt werden. Die Verluste sind drei- bis viermal so hoch, wenn die Geschwindigkeit der Erntemaschine von 3 bis 4 km/h auf 7 bis 8 km/h steigt. Einige Experten lieferten dazu folgende Zahlen:

– Bei einer Erntegeschwindigkeit von 3 bis 4 km/h werden 17 Prozent der Junghasen getötet;

– bei einer Erntegeschwindigkeit von 7 bis 8 km/h sind es 42 Prozent.

Eine große Gefahr stellen auch die großen Maschinen für die Zuckerrübenernte dar. Durch ihre enorme Spannweite von bis zu 15 m und ihre hohe Geschwindigkeit erfassen sie fast alle Säugetiere, die sich noch in sicherer Entfernung zum Gefährt wähnen. Selbst der schlaue Fuchs ist ein häufiges Opfer.

Das Walzen und Eggen im Frühjahr mit einer Arbeitsbreite von 9 m beinhaltet eine tödliche Gefahr für die Junghasen, da diese unfähig zur Flucht sind. Pestizide und mineralische Stickstoffdünger haben die Hasenbestände unter anderem wegen der Verarmung des Nahrungsangebots verringert. Es gibt aber auch Alternativen, die weniger schädlich, dafür aber teurer im Vergleich mit herkömmlichen Produkten sind. In diesem Zusammenhang sollte eine Zusammenarbeit mit den Landwirten in Erwägung gezogen werden, die Jäger könnten etwa die entstehenden Mehrkosten übernehmen.

Wildseuchen

Aufgefundene Hasenkadaver, bei denen nicht äußere Verletzungen die Todesursache sind, sollten unbedingt von Veterinärmedizinern untersucht werden. Allerdings sind für solche umfangreichen, hochspezialisierten Untersuchungen unter dem Elektronenmikroskop meist nur Institute an den Tierärztlichen Hochschulen kompetent. Insbesondere virale Seuchenerreger können so identifiziert werden. Ein aufgefundenes Tier sollte so frisch wie möglich der Untersuchung zugeführt werden. Dabei teilt man die Fundumstände und Beobachtungen mit.

Treten Wildseuchen auf, so sind diese sofort der zuständigen Veterinärbehörde anzuzeigen. Nur durch einheitliches Vorgehen der Jagdbehörden, beamteter Tierärzte und Jäger in den betroffenen Revieren gelingt eine Bekämpfung der Wildseuche. Alles Fallwild sollte tief eingegraben oder in die Tierkörperbeseitigungsanstalt eingeliefert werden.

Spezielle jagdpflegerische Maßnahmen

Vorrangig versteht man darunter eine Erhöhung der Aufnahmekapazität im Revier. Die Lebensräume des Hasen sind im allgemeinen denen von Rebhühnern sehr ähnlich: offene, baumbestandene Landschaft und mittelgroße landwirtschaftlich genutzte Flächen mit wechselnden Fruchtfolgen, die von Feldgehölzen und kleinen Wäldchen unterbrochen werden. Die landwirtschaftlichen Flächen bieten eine nicht zu vernachlässigende Nahrungsquelle. Ödflächen (Wiesen, Sandböden) dienen sozialen Kontakten. Im optimalen Biotop nutzt ein Tier eine Fläche von etwa 50 ha Größe.

Wildäcker

Wildäcker dienen als Remise und Zufluchtsort vor Beutegreifern und Witterungsunbilden. Sie liefern natürlich auch eine wertvolle Nahrungsergänzung. Ideal ist der Anbau von Gemengen, die gleichzeitig Deckungs- und Nahrungspflanzen enthalten. Zu beachten ist ferner eine gewisse Frosthärte bei den Pflanzen, damit durch den Wintereinbruch der gesamte positive Effekt nicht entwertet wird. Besonders günstig ist es, mehrere kleine Parzellen mit einer Größe von bis zu einem halben Hektar anzulegen und zu bepflanzen.

Es empfehlen sich Wildackerstreifen aus Kohl, Klee, Luzerne, Buchweizen, Radieschen, Mais, Senf und Topinambur anzulegen. Die Leguminosen (Klee und Luzerne) sollten dabei am Waldrand stehen. Die Kosten für derartige Kulturen belaufen sich auf etwa 500 bis 1 500 DM pro Hektar.

Die saisonalen Wanderungen des Hasen bei der Nahrungssuche

Im Winter wendet sich der Hase verstärkt wurzelausbildenden Früchten zu, wie etwa der Zuckerrübe. In harten Wintern und bei lang anhaltender Schneedecke frißt er auch Baumrinden. Im Sommer hingegen ernährt er sich von Körnern und Früchten, im Frühjahr mag er alles Grüne, Getreide und Hülsenfrüchte.

Diese Zuckerrübe weist die für die Schneidezähne des Hasen typischen Nagespuren auf.

Verbesserungen bei den Anbautechniken

Diesem Thema soll hier nur beschränkt Raum eingeräumt werden, da die zu treffenden Maßnahmen mit denen beim Rebhuhn identisch sind.
Zwei Punkte sind dennoch erwähnenswert, da sie speziell Hasen betreffen:
– Die Anlage von etwa 3 m breiten Streifen unbebauten Landes inmitten einer Kultur wirkt sich sehr günstig auf den Hasen aus. Dieses Brachland fördert soziale Kontakte und dient als Trockenplatz bei Regen. So wird auch verhindert, daß die Hasen zum Pfotentrocknen auf die Straße laufen.
– 5 m breite Grasstreifen inmitten größerer Anbauflächen unterbrechen die Monotonie der Landschaft und bieten Unterschlupf und Nahrung.
Man sollte jedoch nicht vergessen, daß all diese Maßnahmen, die eine Ansammlung von Tieren begünstigen, auch Beutegreifern nicht verborgen bleiben. Folgerichtig ergibt sich die Notwendigkeit von Maßnahmen zu ihrer Regulierung, ebenso wie zur Stärkung der Bestände.

Landschaftspflege

Die Bewahrung der flachen Buschlandschaft mit ausreichend dichten Feldgehölzen zum Schutz vor Beutegreifern und Witterungsunbilden ist für den Hasen von sehr großer Bedeutung. Das Feldgehölz ist hier einmal mehr das Grundelement einer jagdfreundlichen Landschaft.
In den großen Getreideanbaugebieten, wo im Herbst plötzlich Dutzende Hektar kahl stehen können, sind diese Abschnitte nach der Ernte unbedingt durch andere Feldfrüchte zu beleben, beispielsweise durch einen Streifen Mais inmitten eines Winterweizenfeldes oder durch Gründung (Senf, Mais, Futterpflanzen) oder auch durch Mischkulturen (Weizen und Luzerne werden gleichzeitig ausgesät, wobei sich die Luzerne nach der Ernte entwickelt).
In Gebieten, in denen die Viehzucht dominiert, so daß es zuweilen sehr viele Weiden gibt, sollten einige Feuchtwiesen nicht entwässert und somit erhalten bleiben. Das dort wachsende Schilf bietet dem Hasen hervorragend Deckung.

Minimierung von Verlusten bei der Mahd

Wie bereits festgestellt, ist einer der wichtigsten Mortalitätsfaktoren beim Junghasen der Einsatz landwirtschaftlichen Geräts. Beginnt man die Ernte vom Zentrum der Anbaufläche aus, wird das Wild angeregt, zu den Seiten hin zu fliehen und somit den Platz freizumachen. Diese elementare Vorsichtsmaßnahme verhütet Unfälle und rettet das Leben vieler Tiere.

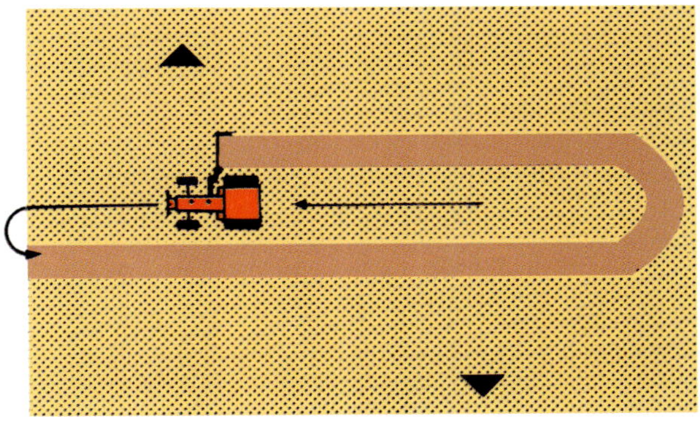

Die Hege von Hasenbeständen

Der Schlüssel zum Erhalt und zur Verdichtung eines Hasenbestandes liegt in einer sorgfältigen Hege. Allerdings sollten Hegemaßnahmen frühzeitig, bereits vor Erreichen der kritischen Schwelle von drei Tieren auf 100 ha oder weniger, eingeleitet werden, denn bei einem zu spärlichen Besatz kann sich der Bestand nicht mehr aus eigener Kraft erneuern und die Population erlischt.

Grundlagen der Hege

Der Erfolg moderner Hege beruht auf mehreren Maßnahmen:
– Bestimmung des Gebietes innerhalb einer 1 000 ha großen Jagdeinheit, die einer natürlichen Region entspricht. Abrechnung der Enklaven, die in die Maßnahmen nicht einbezogen werden;
– Entwicklung einer langfristigen Strategie zur Hege und Entwicklung des Biotops in enger Zusammenarbeit mit den Landwirten;
– Erarbeiten eines Abschußplans auf Grundlage von Zählungen und Untersuchungen der ersten Strecke;
– Begrenzung der Jagdsaison vom 16. Oktober bis zum 31. Dezember, da die letzten Würfe Anfang September (zuzüglich 45 Tage, in denen die Junghasen von ihrer Mutter völlig abhängig sind) und die ersten Würfe Anfang Februar zu erwarten sind (bei einer Tragzeit von 42 Tagen). Eine Hasenpopulation entwickelt sich auch ohne jegliche Bejagung sehr langsam, die Bestände stabilisieren sich erst nach zwei Jahren bei striktem Jagdverbot. Dazwischen liegt eine Phase, die einer Exponentialkurve gleich verläuft und dann asymptotisch wird, was mit der Herstellung des Gleichgewichts zwischen Besiedlungsdichte und Aufnahmekapazität des Reviers zusammenhängt.

Erste Etappe: Zählung der Hasen

Zweimal jährlich können mehrere Zählungsmethoden angewendet werden: Schätzung der Verluste im Winter im Februar/März, Bestimmung der Repro-

Die Entwicklung

Die beiden Fallbeispiele verdeutlichen hervorragend die Wichtigkeit jagdpflegerischer Maßnahmen beim Hasen sowie die katastrophalen Folgen einer zu starken Bejagung. Die Untersuchungen wurden in zwei benachbarten Forschungsrevieren bei gleich guter Aufnahmekapazität durchgeführt. Das Biotop sollte jeweils folgende Geländeformen aufweisen: hügelige, locker bewaldete Landschaft, landwirtschaftliche Mischnutzung (Feldfrüchte und Viehzucht), Felder, Wälder, Feldgehölze und Weinbauflächen.
Das erste Fallbeispiel zeigt eine erlöschende Population, das zweite ihr Anwachsen. Unter Berücksichtigung der Aufnahmekapazität des Territoriums und der Vielfalt der Kulturen, die über kleine Parzellen verteilt sind, ist eine Dichte von 20, ja sogar 30 Hasen auf 100 ha schnell zu erreichen. Damit wäre der Normalzustand wiederhergestellt. Ein solches Beispiel verdeutlicht anschaulich die Rolle des Jägers bei der Gestaltung der Reviere, vor allem beim Schutz von Fauna und natürlicher Umgebung. Die Begrenzung der Abschüsse ist bei weitem nicht die einzige Maßnahme, die zur Erneuerung einer Hasenpopulation notwendig ist.
Nur in einer konzertierten Aktion von Jägern und Landwirten, die sich u. a. in der Durchführung jagdpflegerischer Maßnahmen in großem Maßstab und der Bewahrung der natürlichen Gegebenheiten des Reviers ausdrückt – hier wären das der Schutz der Feldgehölze und kleinen Wälder sowie die Anlage von Wildäckern –, erreicht man eine Rückkehr des Hasen im besonderen und des kleinen Niederwildes im allgemeinen. Diese Anstrengungen sind zeitaufwendig und kostspielig. Zusätzlich zum Vergnügen, das es bereitet, ein wildreiches Revier vorzufinden, tragen sie zum Schutz des ländlichen Raumes und der lockeren Bewaldungen bei, die durch die Flurbereinigung bedroht sind.

1. Fallbeispiel:	
1. Jahr	2. Jahr
Schätzung der Population im Frühjahr	Schätzung zum Ende des Sommers (nach Ernte und Reproduktion)
20 Hasen/ 300 ha	45 Hasen/ 300 ha

2. Fallbeispiel:	
20 Hasen/ 300 ha	45 Hasen/ 300 ha

duktionsrate und Zunahme der Populationen gegen Ende des Sommers, nach der Ernte, aber noch vor Eröffnung der Jagdsaison.

• **Treiben**
Diese Erhebungsmethode bedarf eines beträchtlichen personellen Aufwands und einer ausgeklügelten Organisation. Sie wird immer häufiger von der Scheinwerferzählung ersetzt.

• **Scheinwerferzählung**
Hierbei handelt es sich um das Verhältnis zwischen der Gesamtzahl der auf einer Strecke gesichteten Hasen, die mit dem Auto zurückgelegt wird, und den gefahrenen Kilometern. Die Wegstrecke muß ausreichend lang und abwechslungsreich sein, um für das Jagdgebiet repräsentativen Charakter zu haben. Außerdem sollte sie beidseits vom Weg die Beobachtung über 250 m Breite gestatten. Die Erhebung wird nachts vorgenommen (zwei bis drei Stunden nach Einbruch der Nacht). Mit Hilfe von zwei Scheinwerfern wird der Raum senkrecht zur Bewegungsachse des Wagens beidseits abgesucht.

• **Mustersektor**
Gelegentlich wird auch die Mustersektormethode angewendet. Dabei wird ein Streifen von 100 m Breite und 10 bis 20 km Länge definiert, der zu Fuß abgeschritten wird. Jeder aufgestöberte Hase wird notiert.
Dieser Streifen muß die Gesamtheit des Reviers erfassen und repräsentativ für das ganze Biotop sein.

Während der Paarungszeit werben mehrere Rammler um eine Häsin, so daß sich ganze Hasengruppen bilden. Diese Ansammlungen können aber keinesfalls zuverlässige Hinweise für eine präzise Schätzung des Hasenbesatzes eines Reviers liefern.

eines Reviers: gute und schlechte Beispiele

Zu starker Jagddruck						
2. Jahr	2. Jahr	3. Jahr	3. Jahr	3. Jahr	3. Jahr	4. Jahr
Bejagung	winterliche Verluste	Schätzung der Population im Frühjahr	Schätzung zum Ende des Sommers	Bejagung	winterliche Verluste	Schätzungen im Frühjahr
45 Hasen, verbleiben 20	5 Hasen	15 Hasen/ 300 ha	30 Hasen	20 Hasen, verbleiben 10	5 Hasen	5/300 ha, die Population ist erloschen
Vernünftiger Jagddruck						
15 Hasen, verbleiben 30	2 Hasen, dank jagdpflegerischer Maßnahmen	28 Hasen/ 300 ha	56 Hasen	15 Hasen, verbleiben 41	2 Hasen	39/300 ha, die Population wächst

Zweite Etappe: Berechnung des Abschussplans

Allgemeinen Schätzungen zufolge ist die Abschußrate auf 40 Prozent der Gesamtpopulation eines Gebietes zu begrenzen. Tatsächlich gehen 20 Prozent der Hasen vom Ende der Jagdsaison bis März/April ein, danach sind es 15 Prozent.

Bereits nach der ersten Strecke kann eine Schätzung der Reproduktionsrate durch Feststellung des Alters der Tiere vorgenommen werden. Dazu wird der Vorderlauf abgetastet, Gewicht oder Größe sind wenig aussagekräftig. Hasen, die jünger als neun Monate sind, weisen im unteren Teil der Elle außen am Vorderlauf ein kleines knorpeliges Knötchen auf, das sogenannte Strohsche Zeichen. Es weist darauf hin, daß das Knochenwachstum noch nicht abgeschlossen ist. Wird an der Strecke ein zu großer Anteil an Alttieren festgestellt, sollte die Jagd abgebrochen werden. Die nachfolgende Tabelle soll bei der richtigen Bewertung der Lage helfen.

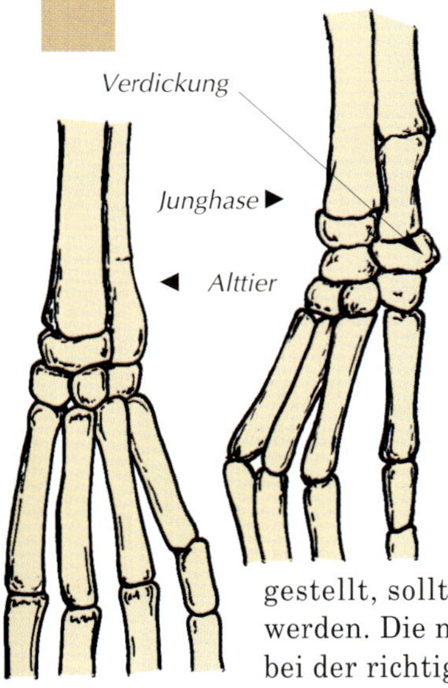

Ein Junghase ist leicht durch einfaches Abtasten eines der Vorderläufe zu erkennen. An der Außenseite im unteren Bereich der Elle befindet sich ein kleiner, gut fühlbarer Knorpelwulst, das Strohsche Zeichen.

Die Neugründung eines Bestandes als letzte Chance

Bestandsneugründungen beim Hasen sind schwierig, kostspielig und nur selten erfolgreich. Um zwei zusätzliche Tiere im reproduktionsfähigen Alter zu erhalten, sind bei günstigen Bedingungen Investitionen in Höhe von 4 000 DM pro 100 ha notwendig, in ungünstigen Fällen das Doppelte. In der Bundesrepublik hat sich das Aussetzen nicht bewährt.

Studien haben gezeigt, daß von 100 im März/April ausgesetzten Junghasen (Selbstkostenpreis etwa 200 DM/Stück) nur zehn bis 15 bis zum nächsten Frühjahr überleben. 45 Junghasen im Alter von drei Monaten wurden mit kleinen Sendern in Form eines Halsbandes versehen, um ihre Bewegungen im Gelände verfolgen zu können. 21 Junghasen fielen recht bald Beutegreifern zum Opfer. Die Kadaver von zwölf anderen Tieren wurden unversehrt aufgefunden. Sie gingen an Krankheiten ein.

Die Neugründung eines Bestandes ist demzufolge nur auf ausreichend großen jagdlichen Einheiten möglich und muß von mehreren Maßnahmen begleitet werden: formales Abschußverbot bis zur Stabilisierung der Population, entsprechende jagdpflegerische Maßnahmen, damit den Tieren ausreichende Aufnahmekapazitäten zur Verfügung stehen, Regulierung der Beutegreifer.

Vor dem Aussetzen müssen die zwei Monate alten Häschen einige Zeit in einem Auswilderungsgehege verbringen. Das umzäunte Stück Land von bis zu 10 ha Größe sollte im Zentrum des Reviers unter freiem Himmel gelegen und mit vom Hasen geschätzten Sträuchern und Gräsern bestanden sein. Die 1,50 m hohe Umzäunung reicht 30 cm ins Erdreich hinein. In dieser den natürlichen

Der Biotopschutz

Die Erhaltung naturnaher Lebensräume mit ihrer Tier- und Pflanzenwelt ist die Voraussetzung für einen wirksamen Artenschutz. Die bis in die heutigen Tage fortgeführte Flurbereinigung machte aus einst abwechslungsreichen Landschaften öde, ausschließlich auf die Landwirtschaft ausgerichtete Steppen. Sicherlich spielen auch die jeweils lokalen Gegebenheiten wie Bodenbeschaffenheit und Klima eine Rolle für den Hasenbestand, aber wo Deckung und Nahrung verschwinden, bleibt auch der Hase aus.

Vielerorts wurde jedoch aus den Fehlern der Vergangenheit gelernt, und es wurden Gebüsche und staatlich geförderte Brachen angelegt.

Aufstellung des Abschußplans

Anzahl der Jungtiere auf zwei Alttiere	4	3	2	1
Abschußrate in Abhängigkeit zur Stärke der Population bei Eröffnung der Jagd	40 %	30 %	20 %	Einstellung der Jagd

Gegebenheiten sehr ähnlichen Umgebung entwickeln die Junghasen ihre grundlegenden physiologischen Funktionen: Sie lernen, sich in der umgebenden Vegetation vor Beutegreifern zu verstecken, zu laufen und sich vor Witterungsunbilden zu schützen. Am Herbstanfang werden die Tiere ins Gehege verbracht und im Frühjahr über Auslaufklappen freigelassen. Mit dieser ausgezeichneten Methode erreicht man eine Überlebensrate von 40 Prozent. Diese Hasen aus »Qualitätszuchten« werden unter in der freien Wildbahn vergleichbaren Bedingungen und nicht in Käfigen gehalten.

Als gute Jagdherren haben sich diese Jäger zu Beginn der Jagd versammelt, um das Alter ihrer ersten erbeuteten Hasen durch Abtasten des Vorderlaufs zu bestimmen.

Die Bejagung des Feldhasen

Für die Bejagung des Feldhasen bieten sich verschiedene Jagdtechniken auch spezieller regionaler oder lokaler Traditionen an: die Suchjagd, die Jagd mit dem Vorstehhund, das Kesseltreiben in Feldrevieren mit gutem Hasenbesatz oder die Jagd mit dem Laufhund (kleine Hetzjagd, mit Feuerwaffen oder Pfeil und Bogen in Frankreich und der Schweiz).

Die kleine Hetzjagd

Die Hetzjagd auf Hasen ist in der Bundesrepublik durch das Jagdgesetz verboten. Sie erfreut sich aber in Großbritannien, Irland, der Schweiz und vor allem in Frankreich nach wie vor großer Beliebtheit. Noch etwa 120 französische Jagdgesellschaften betreiben diese traditionelle Jagdart, der Anteil der dabei erlegten Hasen ist jedoch im Vergleich zur Gesamtstrecke verschwindend gering. Die Erlaubnis zur Durchführung der kleinen Hetzjagd ist mit der Erlangung eines speziellen Meutescheins verbunden.

Außerdem müssen ein entsprechendes Revier und mindestens sechs auf die Hasenhetzjagd abgerichtete Hunde nachgewiesen werden. Alle Mitglieder der Gesellschaft tragen ein spezielles Abzeichen mit dem Gruppenmotto. Die Jagd selbst, daran sei hier nochmals erinnert, erfolgt immer zu Fuß und entspricht zu Beginn einer Jagd mit dem Laufhund bzw. mit Feuerwaffen oder Pfeil und Bogen.

Man fängt mit einer Suchjagd an, wobei die Hunde in fächerförmiger Formation suchen. Sobald sie eine nächtliche Spur entdecken, schlagen sie fröhlich an. Diese Spur wird sie zum Hasen in seiner Sasse führen, der natürlich das Weite sucht, die Meute an seine Fersen geheftet. Die Hunde jagen ihn zunächst auf Sicht und bellen dabei laut. Der Beginn der Hetze ist immer sehr spektakulär. Es folgen 2 bis 3 km schnelle Verfol-

Geeignete Jagdhunde

Für die Jagd auf den Feldhasen sind Hunderassen zu bevorzugen, die die Größe und Schnelligkeit haben, einen Hasen zu apportieren bzw. ausdauernd zu hetzen. Dies sind im allgemeinen Rassen ab mittlerer Größe wie Spaniel und Kleiner Münsterländer. Teckel und Terrier eignen sich gut für das Stöbern, für die Arbeit nach dem Schuß benötigt man aber stärkere Hunde. Es kann dann praktisch fast jede Rasse zum Einsatz kommen, vorausgesetzt Veranlagung und Gehorsam sind gut ausgeprägt. Eine feine Nase zum Aufspüren und Spurtreue zum Heraustreiben aus der Deckung bringen den Hasen vor die Flinte.

In der Bundesrepublik sind der Deutsch-Drahthaar und der Deutsch-Kurzhaar am verbreitetsten. Häufig werden auch Retriever und Labrador eingesetzt. Sie zeichnen sich durch ihr exzellentes Verlorenbringen aus. Die Domäne des Spaniels und des Wachtelhundes ist die Stöberjagd in Wald und Gebüsch.

Selbst wenn diese Art zu jagen gelegentlich von den Anhängern der Hetzjagd mit Laufhunden mit Geringschätzigkeit belegt wird, macht der Abschuß eines davonspringenden Hasen, nach einwandfreiem Vorstehen durch den Hund, immer viel Freude.

gungsjagd, wobei das gejagte Tier die Hunde schnell abhängt. Erkennt der Hase, daß er nach langer Hetze den Hunden nicht entkommt, versteckt er sich an den unglaublichsten Stellen: in einem Misthaufen, in einem Kaninchen- oder Fuchsbau, in einer Eiche oder Kopfweide oder auf einem Gehöft, was manchmal zu seiner Rettung führt.
Im gegenteiligen Fall wird der Hase zur Strecke gebracht, in kleine Stücke zerteilt und nach Jägerbrauch an die Hunde verteilt. Dazu wird das entsprechende Jagdsignal geblasen.

Der Pirschgang

Der Pirschgang, ob mit oder ohne Hund, ist für stark gegliederte Gebiete mit lockerer Bewaldung am besten geeignet, da dort aufgrund ständig wechselnder Besitzverhältnisse der Einsatz von Laufhunden nicht möglich ist. Die Pirsch ist manchmal auch die bevorzugte Jagdart älterer Jäger, die nicht mehr in der Lage sind, den ganzen Tag lang Rebhühnern querfeldein nachzustellen. Sie begnügen sich nunmehr damit, gemächlichen Schritts die Hasenplätze aufzusuchen, die sie bereits seit frühester Kindheit kennen. In den alten Jägerfamilien gibt es immer einen Großvater, der sich, während die Jugend einen ganzen Tag damit verbringt, irgendwelchen hypothetischen Rebhühnern nachzulaufen, in der gleichen Zeit damit beschäftigt, systematisch die Stellen zu kontrollieren, von denen er weiß, daß es dort Hasen gibt. Am Abend wird er dann unter den fassungslosen Blicken der beutelos heimkehrenden Jugend stolz einen Hasen aus seinem Beutel ziehen.
Die Experten der Hasenpirsch in Frankreich jagen oft ohne Hund. Sie überprüfen sorgfältig alle Stellen, die ihnen als günstig bekannt sind (s. Kasten S. 34), laufen langsam zahlreiche Schleifen und halten alle 20 bis 30 m inne. Einige Jäger geben dabei schmatzend-saugende Laute von sich, um den Todesschrei eines Junghasen zu imitieren. Oft ergreift daraufhin ein Hase, der sich entdeckt glaubt, zum Erstaunen des Jägers schnell die Flucht. Gegen Ende der Saison ist es wichtig, gegen den Wind zu gehen, da

Vorstehhunde auf der Hasenjagd

Der klassisch dressierte Vorstehhund, beispielsweise der Pointer, ist ein Spezialist für die Arbeit vor dem Schuß. Durch das meist nicht ausbleibende Hetzen verdirbt man sich den oft mühsam antrainierten Gehorsam. Hat ein Hund in jungen Jahren überdies einmal Erfolg und fängt einen Hasen, so ist ihm dieses Verhalten meist für den Rest seines Hundelebens nicht mehr abzugewöhnen. Dies wirkt sich besonders negativ bei der herbstlichen Jagd auf Federwild aus, wenn der treue Jagdbegleiter jedem aufstehenden Feldhasen hinterherläuft. Wird der Vorstehhund jedoch als Allrounder auch für die Verlorensuche eingesetzt, so ist dagegen nichts einzuwenden. Mancher Hund erlernt bei langer Praxis die Unterscheidung einer »kranken« und einer »gesunden« Spur.

jetzt die Hasen vor dem Erreichen der Schußweite flüchten, wenn man den Wind im Rücken hat.
Jagt man mit einem vorsichtigen Vorstehhund, hält der Hase das Maßnehmen im allgemeinen gut aus. Man muß aber wissen, daß er, während er sich drückt, nur sehr wenig Geruch abgibt, so daß es auch der feinsten Nase nicht immer gelingt, die Witterung früh genug aufzunehmen, damit der Hase nicht zu früh die Flucht ergreift.
Den aufstehenden »Krummen« läßt man dann etwa 20 m flüchten, um ihn in guter Schrotschußentfernung zu haben. Beim Schuß ist unbedingt darauf zu achten, daß man die Geschwindigkeit korrekt einschätzt und genug vorhält.
Im Wald hingegen erfolgt die Schußabgabe eher instinktiv, was nicht immer einleuchtend ist, wenn der Hase zwischen Baumstümpfen seine Haken schlägt. Sieht man das Hinterteil des »Krummen«, ist das Blei meist ergebnislos verschossen, und der Hase verschwunden. In Grenzsituationen wird die Reichweite der Flinte sehr häufig überschätzt.

Die Treibjagd

Diese Form der Gesellschaftsjagd wird in Niederwildrevieren im Spätherbst und Winter durchgeführt. Das Prinzip ist einfach: Ein Gebiet mit Deckung (Wald, Gebüsch) wird von Schützen umstellt und das Wild durch Treiber und Stöberhunde vor die Flinte gebracht. Meist gilt die Jagd nicht speziell dem Hasen, sondern auch anderes Wild wie Fasan und Fuchs wird erlegt.

Die Jagd mit Laufhunden

Die Jagd mit Laufhunden wird traditionell in Frankreich in den südlich der Loire gelegenen Regionen und in der Bretagne sowie in Teilen der Schweiz durchgeführt. Sie ist die Jagdart par excellence für gebirgige und schroffe Bodenprofile. Für viele Jäger ist das die einzige Art zu jagen, die ihrer Meinung nach dem königlichen Wild Hase gerecht wird. Bei der Jagd mit Laufhunden erhält der »Krumme« nämlich Gelegenheit, alle seine Tricks vorzuführen. Dies sind die gleichen Finten wie bei der kleinen Hetzjagd (s. Kasten unten). Die Jagd mit Laufhunden erreicht ihren Höhepunkt, wenn sie, wie fast immer üblich, gemeinsam von einigen Freunden oder Nachbarn aus dem Dorf durchgeführt wird, die gemeinschaftlich das Jagdfieber ergriffen hat.
Die Hasenjagd mit Laufhunden ist eine wahrhaft traditionelle Jagd und gehört

Die Finten des Hasen

Der Franzose Gaston Phébus, Herr von Béarn, beschrieb in seiner Abhandlung über die Jagdkunst aus dem Jahre 1391 die kleine Hetzjagd des Hasen wegen der teuflischen Finten dieses außergewöhnlichen Wildes als ein schwieriges Unterfangen.
Dem Hasen gelingt es immer, aufgrund seines unterschiedlich schnellen Laufs, aber vor allem wegen seiner unübersichtlichen Streckenführung, die Hunde auf die falsche Fährte zu locken. Sobald er merkt, daß die Hunde losstürmen und sich an seine Fersen heften, verstärkt er seine Täuschungsmanöver. Er schlägt zahlreiche Haken, kehrt auf seine alte Spur zurück, so daß die Hunde einem anderen Hasen hinterherlaufen. Einer seiner besten Tricks besteht darin, aus dem vollen Lauf heraus einen gewaltigen Sprung zur Seite zu machen und sich dann zu ducken. Er benutzt auch mit Steinen befestigte Fahrwege und Asphaltstraßen, wo sich seine Spur schnell verliert. Ist er erschöpft, stürzt er sich ins Wasser und überquert Wasserläufe und Seen. Er kann sich aber auch in die Krone einer Kopfweide, den Bau eines Kaninchens oder in eine Scheune flüchten.

Wo kann man Hasen finden?

Die Plätze, die ein Hase belegt, variieren je nach Windrichtung, Jahreszeit, Stunde und Witterungsbedingungen.

Eröffnung der Jagd bei warmem Wetter und Sonne
Ist es warm und sonnig, zieht sich der Hase an kühle, schattige Plätze zurück, etwa in ein Luzerne- oder Rübenfeld. Im buschreichen Gelände und bei großer Hitze sucht er oft Brombeerdickichte in der Nähe von Wasserläufen oder sumpfige Wiesen mit Schilfbestand auf. Wichtig ist zu wissen, daß Hasen ihre Sasse oft in der Nähe eines Bezugspunktes anlegen, z. B. eines Brombeerstrauchs inmitten einer großen Ebene, eines Strommasts oder eines einzelnen Baums. In einem Feld lagert er im allgemeinen in 4 bis 5 m Abstand vom Rain, auf einer Wiese findet man ihn in gleichem Abstand zu einem Feldgehölz. Kurz gesagt, alles, was die Monotonie einer landwirtschaftlich genutzten Landschaft unterbricht, ist mit Sicherheit eine gute Stelle, um Hasen zu finden. Beispielsweise gibt es einen kleinen, ausgetrockneten Teich voll von Brombeergestrüpp mit einem einzigen Baum, einer kleinen Kopfweide. Nur selten kommt es vor, daß man dort zur Jagderöffnung keinen Hasen in unmittelbarer Umgebung des Baums, versteckt unter hohem Gras, findet. Wenn sich die Umgebung nicht ändert, ändern sich auch die bevorzugten Hasenplätze nicht, ganz so, als ob ein mysteriöses Wissen von Generation zu Generation weitergegeben würde.

Eröffnung der Jagd bei strömendem Regen
Bei strömendem Regen duckt sich das Wild im dichten Gestrüpp, die Hunde habe die Nase voll Wasser und können keine einzige Spur aufnehmen. Bei extremen Witterungsbedingungen wird die Jagd eingestellt. Sonst sucht man den »Krummen« an geschützten Stellen.
– In den gleichen Wäldchen und Baumgruppen, die man auch bei großer Hitze absuchen sollte und wohin sich der Hase zurückzieht, wenn er Abkühlung sucht. Diese Biotope dienen ihm aber auch und vor allem zum Schutz vor ausgiebigen Niederschlägen. Wenn der letzte Holzeinschlag noch nicht zu lange zurückliegt, halten sich die Hasen dort oft in der Nähe des Saums, in 5 bis 15 m Entfernung auf. Im Flachland sind im übrigen gute Hasenwäldchen nicht breiter als 500 m. In einem lichten Gehölz drückt sich der Hase im Unterholz, das sich an besonnten Stellen entwickelt, oft wenige Meter von einem Weg entfernt und zwischen Grasbüscheln, die zu ihrer Entwicklung ebenfalls Licht benötigen.
– Auch das Feldgehölz bietet im Flachland einen ausgezeichneten Unterschlupf gegen Witterungsunbill, besonders wenn es von einem Weg gesäumt ist. Am Ende seiner nächtlichen Wanderungen kommt der Hase hierher, um sich seine Pfoten zu trocknen, bevor er sich in die schützenden Brombeeren und den Schlehdorn drückt.

In Gegenden mit großen Ebenen verstekken sich die Hasen gern in kleinen Wäldern, oft dicht am Feldrain.

zum regionalen bzw. lokalen kulturellen Erbe. Jede Region hat dazu ihre spezielle Hunderasse entwickelt, die den natürlichen Gegebenheiten des Gebietes am besten entspricht. Es handelt sich dabei immer um lebhafte, mutige und ausdauernde Hunde mit feiner Nase, im allgemeinen um Bassets oder Kleine Laufhunderassen wie Beagles oder Brackenarten. Die Meute kann aber auch aus einer bunten Mischung verschiedener Hunde bestehen, die sich in ihrem Gebiet ausgezeichnet auskennen und ebenso leistungsfähig sind.

Die Meute wird von einem Hundeführer geleitet, der das Gebiet systematisch durchstreift. Einige Schützen haben bereits vorher Position

Die osteuropäischen Hasen sind dafür bekannt, größer als die Exemplare aus West- und Mitteleuropa zu sein. Aufgrund der ausgezeichneten Hege und der guten landschaftlichen Voraussetzungen werden hohe Strecken erzielt (hier ein Bild aus Polen).

Herbst

Mit Beginn der schlechten Jahreszeit, wenn die Blätter zu fallen beginnen, kann auch der Hase sein Verhalten ändern. An sehr windigen Tagen können Blätter und Zweige auf den Hasen fallen, was diesen erschreckt und veranlaßt, sich in der offenen Landschaft aufzuhalten.

Winteranfang bis zum Ende der Jagdsaison

In der kalten Jahreszeit zieht es den Hasen auf die Äcker. Nur bei starkem Schneefall oder Regen kehrt er in den Wald zurück. In Gegenden mit überwiegender Bewaldung bleiben jedoch immer einige Exemplare zurück.

an allen strategisch wichtigen Posten eingenommen. Die Hunde laufen in fächerförmiger Formation, bis einer von ihnen auf eine heiße Spur stößt, die er laut bellend anzeigt. Der Rest der Meute gesellt sich zu ihm, und sie hetzen alle gemeinsam immer lauter bellend in Richtung des sich drückenden Wildes. Das Ganze wird furios, wenn der Hase aus seinem Versteck hervorschießt, oft unter den Augen der Hunde. Es ist allgemein üblich, nicht sofort zu schießen, sondern die nun folgende Verfolgungsjagd lange zu genießen. Erst dann beendet einer der postierten Schützen das Schauspiel mit einem gezielten Schuß. Die Puristen dieser Technik sehen jedoch nicht im Töten des Feldhasen den Zweck dieser Jagd, sondern vor allem im herrlichen Bild der Laufhunde bei der Arbeit.

Der Kessel oder die »Hasenrunde«

Für diese besondere Jagdtechnik, die im Flachland angewendet wird, benötigt man relativ viele Teilnehmer und ein Terrain, das mindestens 10 ha groß ist. Die im Kreis aufgestellten Jäger bewegen sich langsam auf ein fiktives Zentrum zu, das vor Beginn des Kesseltreibens definiert wird und in dem sich im allgemeinen eine Kultur befindet, die als Rückzugsgebiet für Wild bekannt ist, beispielsweise ein Rüben-, Luzerne- oder Maisacker.

Zu Beginn durchbrechen die aufgestö-

Waffen und Munition

In den ersten Tagen nach Eröffnung der Jagd, wenn man aus kurzer Entfernung auf einen anlaufenden Hasen schießt, wird eine gute Nr. 6 Meister Lampe problemlos zur Strecke bringen. Die alte Redensart, nach der das Hinterteil eines Hasen keinen Schuß Pulver wert sei, bewahrheitet sich insbesondere dann, wenn sich das Ziel bereits außerhalb der Reichweite der Flinte befindet. Bei der Jagd mit Schußentfernungen bis 35 m kompensiert man die Distanz mit größerem Schrotdurchmesser. Bei einer Entfernung von über 35 m muß man auf den Schuß verzichten, besonders wenn der Hase spitz von hinten zu beschießen wäre. Hat der Hase bereits sein Winterkleid angelegt oder ist die Entfernung beachtlich, sollte man Patronen mit Bleien der Nr. 3 (3,5 mm) bis 5 (3,0 mm) verwenden. Feldhasenjäger verwenden Flinten mit der Laufgröße 12 und Patronen mit über 30 g Schrotladung. Eine gewisse Verbreitung findet neuerdings das »alte« Kaliber 20 mit den 76 mm langen Patronen.

berten Hasen die Kessellinie und werden seitlich von hinten beschossen, oder, was häufiger der Fall ist, sie ziehen sich in die Mitte zurück, um sich im Unterholz in Deckung zu bringen.
Hat der Kreis einen Durchmesser von etwa 100 m erreicht, bleiben die Jäger stehen und schicken die Hunde vor, um das Wild aufzustöbern. Dieses flüchtet dann durch die Linie der Schützen. Diese Jagdtechnik bringt zwar hohe Abschußquoten, kann aber nur dort praktiziert werden, wo es wirklich genug Feldhasen gibt.

Der Schneehase – ein Tier höherer Lagen

Der Schneehase ist ein enger Verwandter des Feldhasen. Er ist etwas kleiner (Durchschnittsgewicht beim ausgewachsenen Rammler 2,3 kg), seine Löffel sind kürzer, die Hinterläufe länger und kräftiger als bei jenem. Die Vermehrung ist geringer als beim Feldhasen. Aufgrund seines weißen Haarkleides im Winter, das ihm ein unauffälliges Erscheinungsbild beschert, ist der Schneehase ein Anpassungskünstler.
Im Sommer ist der Balg rötlichbraun und wird mit dem herbstlichen Haarwechsel nach und nach weiß, wobei die Löffelspitzen schwarz sind. Der Schneehase kommt in den Alpen und Nordeuropa (Schottland, Skandinavien) vor und besiedelt im Sommer vornehmlich die höheren Bergregionen, insbesondere die Matten und mit Alpenrosen bestandenen Geröllfelder. Im Sommer findet man ihn bis in 3 700 m Höhe, bis hoch hinauf zu den schneebedeckten Kämmen.
Die meisten Schneehasen überwintern in den Wäldern im Schatten der Tannen, Lärchen und Buchen. Zum Schutz vor der Kälte graben sie manchmal Tunnel in den Schnee. Ihre wichtigsten natürlichen Feinde sind Fuchs und Marder sowie einige Greifvögel wie Uhu und Steinadler.
Der Schneehase wird gelegentlich mit dem Vorstehhund erlegt. Bei der Verfolgung durch Laufhunde zeigt er seine Intelligenz und Verschlagenheit. Die Jagd auf den Schneehasen ist richtiger Sport, denn das Wild schenkt den Hunden nichts, die sich mit ihm in einem sehr schwierigen Gelände messen müssen. Rustikale Rassen wie der Schweizer Laufhund oder andere alpenländische Bracken sind für diese außergewöhnliche Jagd besonders geeignet.
In einigen Ländern, wo es sehr wenig schneit, behält der Schneehase das ganze Jahr über seine rötliche Färbung.
Er kommt in allen nördlichen Ländern zahlreich vor, wovon einige jährliche Strecken Zeugnis ablegen: 200 000 Stück in Schweden, 500 000 in Finnland. Die Abschüsse gehen zum großen Teil auf Touristen zurück, da dieses Wild von den Einheimischen wenig bejagt wird.

1 – Eine Waldung im Flachland *dient den Vögeln als Schlafplatz. Der Anstand des Jägers wird am besten am Waldrand eingerichtet, um dort auf die Tauben zu warten.*

2 – Der Intensivanbau von Getreide *hat die Vermehrung der Ringeltaube am Niederrhein und in Holland in den letzten Jahrzehnten begünstigt.*

Die Ringeltaube

Von den vier Arten von Wildtauben – Ringeltaube, Hohltaube, Turteltaube und Türkentaube –, die es in der Bundesrepublik gibt, hat nur die Ringeltaube jagdliche Bedeutung. Sie ist die größte und häufigste Art. Für viele Jäger in ganz Europa ist die Bejagung der Ringeltaube selbstverständlich. Sie jagen diesen Zugvogel auf unterschiedliche Weisen, wie etwa im Baskenland mit dem Vogelnetz. In der Bundesrepublik, in Österreich und der Schweiz lohnt sich die Bejagung vor allem in Gebieten mit hoher Wilddichte, wie am Niederrhein. Dort sind die Vögel standorttreu, während sie in den anderen Gebieten über den Winter in wärmere Gefilde ziehen. Besonders in Frankreich haben sich einige traditionelle Jagdarten bewahrt.

Die Bejagung der Ringeltaube

Die schieferblau gefiederte Ringeltaube wird in ganz Europa bejagt. In einigen Regionen haben sich traditionelle Jagdarten bewahrt.

BASKENLAND: DIE ZEHN LETZTEN *PANTIÈRES* DER WELT

Die Jagd mit dem Vogelnetz hat im Baskenland, wo es *pantière* genannt wird, eine lange Tradition, die bis ins 16. Jahrhundert zurückreicht. Zumeist wird sie von Familien praktiziert, die seit Generationen die Rituale und Geheimnisse dieser Jagdtechnik beherrschen und weitergegeben haben.

Eine *pantière* ist ein großes, vertikales Netz von 10 bis 20 m Höhe. Es wird zwischen zwei Bäumen bzw. Pfosten gespannt und mit Hilfe von Seilen und Rollen an seitlichen Stützen hochgezogen. Traditionell wird es von den Fischern der baskischen Küstenregion angefertigt, die dafür mittlerweile Nylon verwenden.

Heute gibt es nur noch zehn *pantières,* neun davon im Baskenland und eines im Béarnais. Die Fänge mit diesen Vogelnetzen sind eher unbedeutend (weniger als 0,5 Prozent der insgesamt in Frankreich gefangenen Tiere) und belaufen sich auf 18 000 bis 32 000 Stück, die je nach Jahr vom 1. Oktober bis zum 20. November erbeutet werden.

Die Jagd mit dem Vogelnetz bedarf eines gutorganisierten und eingespielten Teams. Die Späher befinden sich auf den Abhängen des Passes verteilt und übermitteln die Ankunft der Schwärme und ihre Stärke durch Zuruf. Flink werden sie durch andere Jäger, *chatar* bzw. *chatarlis* genannt, abgelöst, die große weiße Tücher an langen Stangen schwenken, um den Flug der Vögel in Richtung des Passes zu lenken, wo sich die Vogelnetze befinden. Wenn sich dann der Schwarm direkt in Richtung Netz bewegt, schreiten die sogenannten *abataris* ein. Sie haben die wichtige Aufgabe, eine tischtennisschlägerförmige Scheibe aus hellem Buchenholz zu werfen, die einen Habicht oder Sperber darstellen soll. Beide Vogelarten sind Feinde der Tauben und greifen diese immer von unten an.

Der abataris bereitet sich auf das Werfen der tischtennisschlägerförmigen Holzscheibe vor, die einen Habicht darstellen soll. Der Köder fliegt unter den Tauben hindurch, die daraufhin ihren Flug in Richtung Netz fortsetzen werden.

Die Scheibe wird also geworfen (ein gezielter Wurf bedarf einiger Übung und Erfahrung) und rauscht unter den Tauben entlang. Diese suchen den Boden zu erreichen, um dem vermeintlichen Räuber zu entgehen und nehmen dabei den Weg durch den Engpaß, direkt in Richtung der Netze. Die perfekte Imitation eines im Anflug auf die Tauben befindlichen Greifvogels zwingt die Vögel, schnell und in gewisser Weise unüberlegt zu reagieren. Das ist sehr wichtig, damit die Falle nicht im letzten Augenblick erkannt wird. Die Tauben beschleunigen also ihren Flug und befinden sich plötzlich direkt gegenüber dem zumeist dreiflügeligen Vogelnetz, das in einer Waldschneise steht. Die Vögel scheinen einen Fluchtweg gefunden zu haben, aber jetzt schreitet der *filetier* ein, ein Jäger, der in einer Hütte versteckt sitzt und genau im richtigen Moment einen Mechanismus auslöst, wodurch das Netz auf die Vögel fällt. Diese für den Jagderfolg besonders wichtige Aufgabe wird in der Regel dem erfahrensten oder ältesten Jäger anvertraut. Danach werden die Tauben eingesammelt. Die Jäger, die diese Aufgabe wahrnehmen, tragen die *chamara,* eine Art Jacke aus blauem oder schwarzem Stoff mit einer Jagdtasche am Rücken, in der die Tauben verstaut werden. Danach wird das Netz eingeholt.

Hinter dem Vogelnetz stehen während der Jagd außerdem einige Schützen, die auf flüchtende Tauben schießen.

Früher wurden die verletzten Vögel abgetan und die unverletzten an die Lerchenfänger im Flachland als Lockvögel verkauft. So verdiente man sich etwas Geld in einer sehr armen Gegend.

Das »Fahrtenbuch« der Taube

Die Ringeltaube kommt bei uns als Zugvogel und als seßhafter Vogel vor. Im Süden und Osten der Bundesrepublik verlassen die Ringeltauben Mitte Oktober das Land in Richtung Süden, um Mitte März zur Brut wieder zurückzukehren. Die Route führt die in Spanien und Nordafrika überwinternden Vögel über die Pyrenäenpässe, die restlichen Tauben fliegen über den Bosporus.
Durch die Intensivierung des Getreideanbaus in klimatisch milderen Gebieten, wie beispielsweise am Niederrhein, in den Beneluxstaaten und in Großbritannien, haben sich die Gewohnheiten der Ringeltaube beträchtlich verändert. Die Vögel haben sich eine wichtige Nahrungsquelle erschlossen: Sie picken im Winter liegengebliebene Körner von Feldern, die erst im nächsten Frühjahr umgepflügt werden.
So stellten die Tauben ihre Zugvogelgewohnheit radikal um und wurden zum seßhaften Wild. In diesen Gegenden nahmen sie beträchtlich an Zahl zu und wurden dort, wo sie in Schwärmen einfallen, zum Schädling. Die Ringeltaube besiedelt auch Parkanlagen und Gärten nahe von Dörfern.

Die Ringeltaube überquert die Pässe je nach Witterungsbedingungen in jeweils unterschiedlichen Flughöhen: fast unerreichbar hoch, wenn es sehr schön ist, oder dicht über dem Boden, wenn der Himmel bedeckt ist.

Südfrankreich: Vogelfang mit den *pantes*

Die das Bergland besiedelnden Basken, die die dortigen landschaftlichen Gegebenheiten hervorragend zu nutzen verstehen, verwenden zur Vogeljagd in den Pässen die sogenannten *pantières*. Die Vorrichtungen zum Vogelfang im Flachland des aquitanischen Landes hingegen heißen *pantes*. Es handelt sich dabei um Horizontalnetze mit 40 mm großen Maschen, die zu beiden Seiten einer ebenen, freien Fläche von 10 bis 15 m Länge und 5 bis 8 m Breite – genannt *sol* (Boden) – flach ausgelegt werden. Diese Netze werden im Wald einander gegenüberliegend angeordnet. Sie sind mit Federn versehen, die von einem Unterschlupf aus fernbedient werden. Von dieser »Schaltzentrale«, über der sich ein Anstand befindet, werden die verschiedenen *sol* überwacht, die untereinander und mit der »Zentrale« durch getarnte Tunnel verbunden sind. In den Tunneln kann man sich bewegen, ohne gesehen zu werden, und sie enden in unmittelbarer Nähe eines *sol* in der sogenannten *sol*-Hütte. Von hier aus werden die »Hühnchen« ausgesetzt: lebende Tauben mit gestutzten Flügeln, die ausgelegte Maiskörner picken. Weitere Tauben wurden bereits in den Wipfeln der umgebenden Bäume abgesetzt. Da sie Scheuklappen tragen, sind die Vögel blind. Sie sitzen auf unterschiedlichen Vogelstangen:

– dem *balancier*, einem elastischen Zweig, auf dem sich die Vögel nur durch Flügelschlagen halten können, sobald sich dieser bewegt;
– dem *papillon*, einem Stab, der von der Horizontalen in die Vertikale schwenkbar ist und auf dem der Vogel ebenfalls nur durch Flügelschlagen sein Gleichgewicht halten kann;
– der *pompe*, einem Zweig, auf dem Tauben befestigt sind;
– der *raquette*, einem komplizierteren System, das mit einer Schnur aus der Ferne ausgelöst werden kann.

Der Erfolg der Jagd hängt von der Geschicklichkeit des Vogelfängers ab. Bei Annäherung eines Schwarms hat er zu entscheiden, welche Lockvögel in Aktion treten und wie viele »Hühnchen« ausgesetzt werden müssen. Nachdem sich die Ringeltauben auf den Bäumen niedergelassen haben, wartet er ab, bis sie auf den Boden herunterkommen, und klinkt dann die Netze aus, die sich über die Vögel legen.

Korsika, Zentralmassiv und Pyrenäen: Die Passjagd

Das Warten auf die Tauben, die auf ihren herbstlichen Wanderungen in den Süden über die Pässe fliegen, beschert unvergeßliche

Auf Korsika, hier in der Region von Petreto-Bichisano, wird die Ansitzjagd auf Tauben am Paß hoch geschätzt.

Augenblicke. Zu den Hauptwanderzeiten bilden sie schier unendliche blaue Schwärme, die oft von Raubvögeln oder Sperlingen begleitet werden. Manche Jäger halten die Paßjagd für unwaidmännisch bzw. unsportlich. Diese Kritiker scheinen nicht zu wissen, was es bedeutet, vier bis fünf Stunden im korsischen Bergland zu klettern, um dann auf einem schwierig zu erklimmenden Paß Stellung zu beziehen, und können auch nicht einschätzen, wie schwierig die Schußabgabe ist und welche Leistung sie darstellt, wenn die Tauben hoch oben mit dem Wind im Rücken vorbeiziehen. Die besten Pyrenäenpässe werden zu schwindelerregenden Preisen gemietet. Als Umweltschützer einen Paß aufkauften, den Orgambideska, um dort Zählungen und Beobachtungen durchzuführen, löste dies eine lebhafte Diskussion zwischen Naturschützern und Jägern aus, die sich einer hervorragenden Jagdmöglichkeit beraubt sahen. In den Pyrenäen verstecken sich auch einige Jäger in kleinen Hütten auf den Kämmen. Im Chantal tarnen sie sich in der spärlichen Vegetation bzw. den benachbarten Felsen.

Für eine erfolgreiche Jagd ist die Hochebene günstig, weil dort die Vögel an Höhe verlieren, währenddessen sie sonst unerreichbar am blauen Himmel vorbeiziehen.

Waffen und Munition

Tauben stehen in dem Ruf, sehr zäh zu sein. Selbst wenn sie bereits tödlich getroffen sind, kommt es vor, daß sie auffliegen und noch einige Hundert Meter zurücklegen. Deswegen sollte jeder beschossene Vogel lange beobachtet werden, auch wenn er anscheinend verfehlt wurde; er könnte plötzlich an Höhe verlieren und sich wieder auf dem Boden niederlassen, obwohl er schon weit weg und nur noch ein Pünktchen am Horizont war.

Der Durchmesser des Bleis muß diesen Anforderungen Rechnung tragen und entsprechend groß sein, um den zähen Flieger zu Boden zu bringen: Nr. 7 (2,5 mm) im ersten und Nr. 5 (3 mm) im zweiten Lauf. Manche Jäger, die vom Anstand, also dem Paß aus auf Tauben in großer Entfernung schießen, verwenden sogar Patronen Nr. 4 (3,3 mm) und stark gechokte Läufe, Magnum oder Halbmagnum. Auch wenn diese Waffen eine große Reichweite haben, steht doch die relativ unkontrollierte Schußabgabe im Widerspruch zur Ethik der Jagd, insbesondere wenn es sich um Ringeltauben handelt, die oft zwar verletzt, aber nicht sauber zur Strecke gebracht werden.

Die grossen Getreideanbaugebiete in der Bundesrepublik und den Beneluxstaaten: die Ansitzjagd vom Ansitzschirm mit Lockvögeln

Der scheue Vogel wird im deutschsprachigen Raum vorwiegend mit Locktauben aus Kunststoff bejagt, die im wohlsortierten Jagdgeschäft oder -versand erhältlich sind. Diese Jagdtechnik wird auch in England und Irland sehr häufig angewendet, insbesondere dann, wenn die Bestände dort reguliert werden sollen, wo sie zu Schädlingen geworden sind.

In den obengenannten Gebieten sollte der Ansitzschirm idealerweise am Saum eines Wäldchens in der Nähe von

bei Tauben beliebten Kulturen wie Getreide, Raps oder Mais errichtet werden. In diesen Gegenden sind die Vögel praktisch seßhaft geworden. Gut ist auch ein Platz an einer von Tauben besuchten Wassertränke. Der Ansitzschirm ist 2,50 bis 3 m lang, 2 m breit und 2 m hoch. Dazu müssen vier solide Pfosten in den Boden gerammt und diese mit verzinktem Draht umwunden werden, der diverse Zweige (Heidekraut, Farnkraut, Ginster) hält. Der Jäger muß sich dort vollständig verbergen können, um der hohen visuellen Aufmerksamkeit der Vögel zu entgehen.
Danach werden in etwa 30 m Entfernung vom Ansitzschirm in der Ebene Lockvögel aus Kunststoff aufgestellt. Da die Taube ein Schwarmtier ist und sich durch andere Artgenossen angezogen fühlt, sind mindestens zehn Attrappen vorzusehen, die mit dem Schnabel gegen den Wind zeigen. Ohne diese Vorsichtsmaßnahme würde man riskieren, daß die Vögel den Schwindel bemerken. Eine weitere »Taube« auf einer mit Hilfe einer Schnur fernsteuerbaren, beweglichen Holzscheibe ergänzt das Ganze.
Werden die Attrappen von einem Taubenschwarm umkreist, ist ab 2 m Höhe zu schießen, wenn die Ringeltauben ihre Flügel für die Landung ausbreiten (am Boden sind sie unempfindlicher).

Hunde

Jagdhunde sind bei der Taubenjagd für die Arbeit nach dem Schuß notwendig. Sie stellen weitgehend sicher, daß angeschossene Vögel nicht verlorengehen. In einigen Regionen, wie etwa auf Korsika, wo man Tauben im Flug schießt, die dann in ein undurchdringliches Dickicht fallen, kann ein guter Hund eine große Hilfe sein. Er nimmt dem Jäger die mühsame Suche im Gestrüpp ab. Für diese Aufgabe eignen sich neben dem Apportier-»Spezialisten« Labrador praktisch alle kontinentalen Jagdhunderassen.
Bei dichtem Gebüsch verfängt sich das Wild manchmal in den oberen Schichten der Vegetation.

Die Lockjagd im Wald

In Gegenden mit großen Waldbeständen jagt man im Frühjahr den balzenden Tauber auf der Pirsch. Mit der hohlen Hand oder einem Taubenlocker ahmt man sein Lied »gruh-rúh, ru ru« nach. Antwortet er, muß man ihn äußerst vorsichtig anpirschen. Der »Auerhahn des kleinen Mannes« hat nämlich dem Sprichwort nach »auf jeder Feder ein Auge«.
Wenn auch die Beute meist klein bleibt, so ist diese Jagdart sicherlich die interessanteste auf die Ringeltaube, da sie Anforderungen an die Geschicklichkeit des Jägers stellt.

Die Pirschjagd auf die Ringeltaube verspricht immer ein schönes und spannendes Erlebnis zu sein, obwohl die Strecke meist klein ist.

Der Anstand am Schlafbaum

Hat man in seinem Revier einen Wald mit einem Schlafbaum der Ringeltaube, so ist es auch möglich, den am frühen Abend heimfliegenden Vögeln unter dem Baum aufzulauern. Wichtig ist eine gute Tarnung und ein Platz, von dem man möglichst viel vom »Bauminneren« sehen kann. Man beschießt die in den Baum einfallenden Tauben mit Schrot. Es erfordert allerdings oft einige Geduld, bis man den Vogel, der schon zu hören ist, im dichten Blattwerk erspäht.

Die Waldschnepfe

*1-2 – **Diese Wiesenlandschaft** (1), begrenzt von einem kleinen Bach (2), stellt für die Schnepfe einen hervorragenden Einstand zur nächtlichen Nahrungsaufnahme dar. Wie die Analyse des Mageninhalts von erlegten Exemplaren bewies, ernährt sich die Waldschnepfe zu drei Vierteln von Regenwürmern, die insbesondere auf Viehweiden reichlich vorhanden sind, zumal wenn ein in unmittelbarer Nähe befindlicher Wasserlauf für einen konstanten Feuchtigkeitsgehalt des Bodens sorgt.*

*3-4-5 – Die Schnepfe schätzt den **vielschichtigen Wald** und den Niederwald aus vier- bis 15jährigen, Unterholz ausbildenden Laubbäumen und Freiflächen, die mit Brombeeren bestanden sind. Aufgrund des ständig zunehmenden Jagddrucks scheint sie heutzutage dem fast undurchdringlichen und deshalb sicheren Brombeergestrüpp den Vorzug zu geben.*

Diese Zeichnung zeigt ein fast ideales Biotop für die Waldschnepfe mit einem Unterholz ausbildenden Wäldchen im Hochwald am Rand einer Feuchtwiese. Der Wald liefert ihr den tagsüber geschätzten Unterschlupf, die Wiese ist eine üppige Nahrungsquelle, da in dem feuchten Boden viele Regenwürmer leben.
Der kleine Bach, in der Bildmitte dargestellt, ist ein wesentliches Element einer idealen Schnepfenlandschaft. Bei starkem Frost, der den Boden mehrere Zentimeter tief gefrieren läßt, findet die Schnepfe im Uferschlick eine wichtige Nahrungsergänzung.

Ursachen für den Bestandsrückgang

Der einzige dem Jagdrecht unterliegende Vertreter der Familie der Schnepfenvögel war früher das Jagdjahr eröffnende Wild. Seit dem Verbot der Bejagung auf dem Frühjahrsstrich (im Jahr 1978) hat die Waldschnepfe nunmehr geringe jagdliche Bedeutung, da der Beginn der Jagdzeit am 15. Oktober schon mit dem Vogelzug in den Süden zusammenfällt. In Westeuropa hingegen, besonders in Frankreich mit einer Strecke von einer geschätzten Million, steht der »Vogel mit dem langen Gesicht« im Zentrum des jagdlichen Interesses. Als Faktoren für den dortigen Rückgang der Waldschnepfe sind neben der Vernichtung von Biotopen durch Entwässerungen und der intensiven Landwirtschaft eine zu starke Bejagung zu nennen.

Der Jagddruck in Frankreich

In diesem Kapitel soll nicht der Polemik neue Nahrung gegeben werden, die sich hauptsächlich auf den Jagddruck in Frankreich konzentriert, sondern ganz im Gegenteil, die Wirkung der Jagd objektiv analysiert werden, um dann entsprechende Schlußfolgerungen ziehen zu können. In einer Zeit, in der nur einige der vorhandenen Wildarten zu den wirklich natürlichen zu rechnen sind, darunter auch die Waldschnepfe, wäre es fatal, wenn sich die echten Liebhaber dieses Wildes, die Jäger, maßgeblich an seiner Ausrottung beteiligten. Viele

Ein zu starker Jagddruck kann für den Rückgang der Schnepfenbestände verantwortlich sein, der in einigen Gebieten Frankreichs beobachtet wird.

Schnepfenjäger beklagen einen starken Rückgang der Bestände, was sich im Gelände durch eine geringere Anzahl streichender Schnepfen und durch eine steigende Anzahl beutelos heimkehrender Jäger bemerkbar mache. Auch soll die Schnepfe, die einigen Stimmen zufolge über überraschende Fähigkeiten zur Anpassung an die Wechselfälle ihres Lebens verfügt, radikal ihre Gewohnheiten geändert haben, was sich negativ auf die Chancen, ihr zu begegnen, auswirke. So beschreibt auch der Schnepfenspezialist Noël Lefeuvre die derzeitige Situation der Waldschnepfe in Frankreich wie folgt: »Ich bin von den Änderungen der Lebensgewohnheiten der Schnepfe, die seit einigen Jahren beobachtet werden, überrascht: bessere Verteilung auf nationaler Ebene, fast völlige Aufgabe der traditionellen Biotope, der Wälder und Wäldchen, insbesondere in der Bretagne, zugunsten von Feldgehölzen, Hohlwegen, Feldern und kleineren Baumgruppen; Häufung von Ansammlungen auf kleinen Flächen, währenddessen weite Gebiete nicht besiedelt werden.« Auch wenn man der Meinung eines solchen Experten nicht unbedingt widersprechen möchte, werfen die obengenannten Tatsachen doch eher Fragen auf. Sind die Verhaltensänderungen nicht vielmehr eine Antwort des Vogels auf immer häufigere und unerträgliche Störungen? Der Jagddruck, der heute in Frankreich auf die Schnepfe ausgeübt wird, ist oft beträchtlich: Kein anderes Wild wird wie sie flächendeckend und immerwährend bejagt, von Oktober bis Ende Februar, oft ohne jegliche Begrenzung der Strecken. Ein

Welche Bedeutung hat die Waldschnepfe heute?

Mit dem Verbot der Bejagung der streichenden Schnepfe im Frühjahr bereitete man einer alten Jagdtradition das Ende. Auch wenn erwiesen war, daß die Abschüsse kaum einen Einfluß auf den Bestand hatten, setzten sich die Gegner dieser Jagdform durch.
Die etwa 10 000 Stück, die pro Jahr in der Bundesrepublik erlegt werden, sind meistens Gelegenheitserfolge bei Treibjagden oder beim Buschieren. Überall dort, wo man schonungslos die Feuchtgebiete entwässerte und den Mischwald durch Fichtenmonokulturen ersetzte, ist die Waldschnepfe selten geworden. Nennenswerte Strecken werden neben Frankreich noch in Skandinavien und Nordosteuropa erzielt.

Druck, der zweifelsohne für die Verringerung des Besatzindexes (darunter ist die Anzahl der gesehenen und geschossenen Schnepfen an einem Jagdtag zu verstehen) von 0,25 im Jahr 1976 auf 0,10 im Jahr 1989 verantwortlich zeichnet.
Der Vereinigung der Schnepfenjäger zufolge werden in Frankreich jedes Jahr über eine Million Waldschnepfen erlegt. Solche Zahlen sind möglich, da es klimatisch milde Gegenden an der Atlantikküste gibt, in denen die Schnepfen im Winter bleiben, also Standwild sind.
Neben den üblichen Jägern haben sich wahre Spezialisten herausgebildet, die, obwohl sie nur knapp zwei Prozent der Jägerschaft ausmachen, für etwa ein Drittel der Abschüsse verantwortlich sind. Solch intensive Jagdausübung sorgt aber auch unter den Jägern für Diskussionsstoff, da große Strecken niemals wichtiger als die Freude am Naturerlebnis sein sollten.
Die in Frankreich auch übliche Suchjagd bis in den Februar hinein verringert die Zahl der für den Nachwuchs wichtigen Weibchen. Bei der in der Bundesrepublik früher praktizierten Jagd am Schnepfenstrich kamen dagegen ausschließlich Männchen zur Strecke. Da die Schnepfen polygam leben und sich nur das Weibchen um die Jungen kümmert, hatte dies keinen Einfluß auf die Reproduktionsrate.

Die Bejagung der Schnepfe in Frankreich während des Rückzuges im Februar und März wird heute heftig diskutiert. In der Bundesrepublik ist die Bejagung der Schnepfe während des Rückzuges nicht mehr gestattet.

Weitere Faktoren für den Rückgang der Besätze in Frankreich sind Wilderei und organisierte Jagden auf rückkehrende, erschöpfte Zugvögel, die eine leichte Beute darstellen. Antrieb für solch unwaidmännisches Tun ist der Schwarzmarkt. Gourmets zahlen oft erstaunlich viel für die mit einem Verkaufsverbot belegten Vögel.

Land- und Forstwirtschaft

Die Verteilung der Schnepfe sowie ihr Einstand und ihre Überwinterung hängen eng mit ihren Ansprüchen an die Ernährung zusammen, wobei der Regenwurm ihre Nahrungsgrundlage darstellt (s. Kasten S. 46). Alle landwirtschaftlichen Maßnahmen, die die Regenwürmer bedrohen, schaden also direkt der Schnepfe.

• Abnahme von Weidelandschaften
Die größten Regenwurmkonzentrationen finden sich in intakten, feuchten Biotopen, wo sich Weideflächen und Feldgehölze abwechseln. Durch die Flurbereinigung wurden viele Gebiete entwässert sowie gerodet und der landwirtschaftlichen Produktion einverleibt. Durch die Praxis der Subventionen lohnt es sich für die Landwirte, auch das letzte »feuchte« Eckchen zu pflügen und zu bebauen.
Auch die Milchwirtschaft hat sich drastisch verändert. Lebten früher die

Der Regenwurm als Grundnahrungsmittel

Die Schnepfe erfreut sich eines gesunden Appetits. Die Ansprüche an ihre Ernährung haben eine direkte Auswirkung auf ihre Verteilung und Besatzdichte. Auch wenn ihre Speisekarte sehr abwechslungsreich zu sein scheint, da sie auch diverse Wirbellose nimmt (kleine Mollusken, Insekten, Tausendfüßler) und pflanzliche Teile, macht der Anteil des Regenwurms 50 Prozent der Gesamtmenge der Beutetiere und 80 bis 90 Prozent des Gesamtgewichts der vom Vogel aufgenommenen Nahrungsmenge aus. Diese Zahlen gehen auf eine Untersuchung von Philippe Grandval, eines großen Schnepfenspezialisten, zurück, der den Mageninhalt zahlreicher Vögel analysierte und dabei Zählungen des unverdaulichen Borstenkleides der Regenwürmer vornahm. Er wies nach, daß besonders Flächen mit extensivem Landbau, vor allem Grünland und Weideflächen mit ihrem Reichtum an Regenwürmern, die beste Nahrungsquelle sind. Auf einer Weide leben in der Tat 1 400 kg Regenwürmer pro Hektar. In manchen Waldgebieten hingegen sind es nur 250 kg, und zwar insbesondere dort, wo der Boden »zäh« und damit für Regenwürmer ungünstig ist (unter Eichen, Buchen und Nadelbäumen), da sie die verrottenden Blätter bzw. Nadeln nur schwer verdauen. Wenn man weiß, daß die Schnepfe über mehr als 400 kg Regenwürmer pro Hektar verfügen können muß, liegen folgende Schlußfolgerungen auf der Hand: Vorkommen und Lebensrhythmus der Regenwürmer erklären zu einem großen Teil die Verteilung der Überwinterungs- und Reproduktionsgebiete der Schnepfe. Jeder Eingriff in den Lebensraum der Regenwürmer trifft unausweichlich auch die Schnepfe.

Kühe auf der Weide und fraßen dort ihr Gras, sind sie heute in volltechnisierten Großraumställen untergebracht. Die Wiesen wurden gepflügt und in Grünfutteranpflanzungen umgewandelt. Die anfallende, konzentrierte Gülle wird auf die Felder ausgebracht und vernichtet dort die für die Ernährung der Waldschnepfe wichtigen Würmer und anderen Kleintiere.

• Nadelhölzer

Überall in der Bundesrepublik entstanden große Fichtenmonokulturen. Die strikte Orientierung vom artenreichen Mischwald hin zum ertragsstarken Fichtenwald brachte es mit sich, daß weite Gebiete kaum mehr Waldschnepfen beherbergen. Zum einen erzeugen die abgefallenen Nadeln eine saure, zähe Schicht, in der nur wenige Würmer leben, zum anderen bietet der kahle Waldboden keine sichere Nistmöglichkeit.

In diesem Stadium ihrer Entwicklung sind die Schnepfen stark von Räubern bedroht.

• Andere Probleme

Die Umwandlung von Niederwald oder von Unterholz im Hochwald in reinen Hochwald, der den Anforderungen der Forstwirtschaft entspricht, wirkt sich negativ auf die Schnepfe aus, da sie gern im Niederwald lebt.

Das tiefe, wiederholte Umbrechen des Bodens im Zuge der Bewirtschaftung der Felder erschwert den Regenwürmern das Überleben. Einfache Techniken der Bodenbearbeitung, die auf ein Umpflügen der Erde verzichten, schaden diesen weniger. Einige Pestizide wie Carbamate und Benomyl haben eine sehr toxische Wirkung auf die Bodenfauna im allgemeinen und die Regenwürmer im besonderen.

Beutegreifer

Da die Schnepfe am Boden nistet, wird ihre Brut von verschiedenen Beutegreifern wie Füchsen und Mardern bedroht. Bei Verlust der ersten Brut zu einem frühen Zeitpunkt wird ein Nachgelege an anderem Standort vorgenommen.

Unfälle während des Schnepfenzuges

Vor allem bei Nebel kommen Zusammenstöße mit elektrischen Leitungen und ähnlichem vor. Die Scheinwerfer von Autos fordern ebenfalls viele Opfer.

Gegenmaßnahmen

Wie bei den meisten Wildarten erreicht man einen wirksamen Schutz der Schnepfenpopulationen über eine Verbesserung der Aufnahmekapazität der Biotope, angemessene jagdpflegerische Maßnahmen und umweltfreundliche Anbautechniken.

Verbesserung der Anbautechniken

Wünschenswert wäre ein Verbot des Tiefpflügens, das sich negativ auf die Entwicklung der Regenwürmer auswirkt, zugunsten oberflächlicherer Bodenbearbeitungsmaßnahmen. Der Verbleib des gehäckselten Strohs auf den Feldern und das Ausbringen von Mist begünstigen die biologische Aktivität der Wirbellosen in den oberen Bodenschichten.

Außerdem sollte von der intensiven Verwendung chemischer Dünger und von Pestiziden, die auf Regenwürmer toxisch wirken, Abstand genommen und statt dessen organische Dünger und Kalk eingesetzt werden. In jedem Fall sinnvoll wäre es natürlich auch, sich für den Erhalt regelmäßig beweideter Wiesen in der Nähe von Waldgebieten einzusetzen.

Verbesserung der Rückzugsgebiete im Wald

Hier bedeutet Verbesserung das Schaffen von Strukturreichtum. Dazu gehören der Erhalt des Niederwaldes sowie des Unterholzes im Hochwald, die bei der Schnepfe sehr beliebt sind, aber auch von Lichtungen, auf denen Brombeeren und anderes Gestrüpp als bevorzugte Rückzugsorte der Schnepfe wachsen.

Wälder, die nur aus einer Baumart, meist Nadelgehölzen bestehen, bilden eine zähe Bodenschicht aus, in der Regenwürmer kaum leben können. Sinnvoll wäre es daher, Arten anzupflanzen, die einen weicheren, wurmreichen Boden ausbilden, wie etwa Ahorn, Esche und Vogelkirsche.

Einrichtung eines Netzes von speziellen Schutzgebieten

Darunter ist die Schaffung von Ruhezonen für den Vogel zu verstehen, insbesondere dort, wo er sehr zahlreich vorkommt (Atlantikküste, Ärmelkanal). Vorhaben, solche jagdfreien Zonen einzurichten, rufen natürlich meist den Widerspruch der dortigen Jäger hervor, die sich einer guten Jagdmöglichkeit beraubt sehen.

Der Schnepfenstrich

Mit dem Frühjahr beginnt die Fortpflanzungszeit der Schnepfe. Die Kopulation wird durch eine recht originelle Balz eingeleitet, von den Jägern »Schnepfenstrich« genannt. Das Lied der männlichen Schnepfe wird in der Jägersprache als »Quorren« bezeichnet. Es besteht aus drei bis vier schnarchenden Lauten (»Quorr-Quorr«) und wird alle zwei bis vier Sekunden wiederholt. Mit der Dämmerung beginnt das Männchen in Höhe der Wipfel von Bäumen, die an Waldwegen oder Lichtungen stehen, zu streichen und stößt dabei seinen Liebesschrei aus. Mit zunehmender Dunkelheit fliegt es immer tiefer. Bei Nacht stellt der Vogel seine Kunstflüge ein und zieht sich in sein Versteck zurück oder beginnt zu wurmen. Kurz vor dem Morgengrauen streicht er noch einige Runden über sein Revier. Der Sinn dieser von dunklen Rufen begleiteten Flüge liegt auf der Hand: Der Schnepf setzt sich in Szene, er sucht die Huld einer begattungsbereiten Schnepfe zu gewinnen. Ist dies der Fall, antwortet sie ihm, indem sie mit ihm gemeinsam streicht oder ihn auffordert, zu ihr auf den Boden zu kommen.

Dann beginnt die Balz: Der Schnepf spreizt elegant seine Schwanzfedern, so daß die weißen Federn zu sehen sind, und reckt seine Schwingen leicht angewinkelt nach unten. Die Paarung findet statt, sobald sich das paarungswillige Weibchen niederhockt. Begegnen sich zwei balzende Männchen, was häufig vorkommt, mündet das in keine tätliche Auseinandersetzung, lediglich einige Quorrer werden durch aggressivere Töne ersetzt.

Der Schnepfenstrich findet im März/April statt und hängt eng mit den herrschenden Witterungsbedingungen zusammen, insbesondere mit der Temperatur. Ungünstig sind Regen, Nebel und kalter Nordostwind. An schönen Frühlingsabenden mit mildem Wind aus Südwest hingegen läuft die Balz auf Hochtouren.

Es ist untersagt, während des Schnepfenstrichs zu jagen.

Das »Fahrtenbuch« der Schnepfe

Die ersten Vögel, die aus dem Süden kommen, machen sich Anfang März in Deutschland bemerkbar. Ende März sind dann meist alle Schnepfen heimgekehrt. In der kalten Jahreszeit zieht die Schnepfe nach Südeuropa und in Gebiete, die dank des Golfstroms einen milden Winter haben. Die wenigen Exemplare, die nicht fortfliegen, werden als »Lagerschnepfen« bezeichnet.

Der Rückzug beginnt Ende September und ist in der Regel Anfang November abgeschlossen. Die mitteleuropäischen Schnepfen ziehen nach Italien, Spanien und in warme Gegenden Frankreichs. Skandinavische Schnepfen überwintern auf den britischen Inseln, in der Bretagne und in Spanien. Die in Osteuropa geborenen Schnepfen zieht es in den Maghreb, nach Griechenland und nach Italien.

Bedingung für das Bleiben der Waldschnepfe in den Wintergebieten ist neben dem adäquaten Nahrungsangebot eine über dem Gefrierpunkt liegende Durchschnittstemperatur. Der hartgefrorene Boden macht es ihr unmöglich, mit ihrem langen Schnabel, dem »Stecher«, die tägliche Nahrungsration zu finden.

Frosteinbrüche an den Überwinterungsplätzen können die Tiere zu einem Standortwechsel veranlassen. Dann ziehen sie weiter gen Süden, bis sie wieder ein ausreichend mildes Klima vorfinden.

Schätzungen zufolge bildet die Isotherme von 2 °C im Januar die Grenze für eine regelmäßige Überwinterung der Schnepfe. Ist die Isotherme höher oder sinkt auf 0 °C, schwankt der winterliche Aufenthalt je nach Härte der Jahreszeit.

Die Schnepfe zieht meistens nachts, allein oder in Gruppen zu acht bis zehn Tieren, insbesondere bei Unwetter. So erklärt sich auch, weswegen man manchmal mehrere Tiere im gleichen Wäldchen oder der gleichen Einfriedung findet.

ABSCHUSSBEGRENZUNGEN

In Gegenden Frankreichs, in denen der hohe Abschuß den Bestand gefährdet, wird schon seit längerem eine Begrenzung der maximalen Quote praktiziert. Durch Limitierung der Tagesbeute auf drei Schnepfen pro Jäger und 50 Stück pro Saison soll den teilweise enormen Strecken entgegengewirkt werden. Solche Regelungen sind orthodoxen Schnepfenjägern natürlich ein Dorn im Auge, durch Mißachtung der Bestimmungen demonstrieren sie ihren Protest. Echte Jäger befürworten Maßnahmen, die zur Bestandssicherung des urwüchsigen Wildes beitragen.

Schätzung der Anzahl der Paare und Abschüsse in einigen europäischen Ländern

Land	Anzahl der Brutpaare	jährliche Abschüsse
Schweden	75 000	10 000 – 20 000
Dänemark	1 500 – 2 000	17 000
BRD (West)	?	8 000
BRD (Ost)	4 000 – 5 000	10 000 – 20 000
Niederlande	2 000 – 3 000	5 000
Luxemburg	320	4 000
Belgien	2 000 – 3 000	10 000
Frankreich	?	1 321 000
Italien	150	600 000 – 1 500 000
Britische Inseln	80 000	128 400
Spanien / Portugal	100 – 200	80 000
ehemalige UdSSR	?	1 000 000
Ungarn	30 – 40	2 000

QUELLE: LE SAINT-HUBERT, NOVEMBER 1990, NR. 9

Die ersten Neuankömmlinge besetzen oft die merkwürdigsten Orte wie Hecken, Gärten, Stadtparks, insbesondere wenn es neblig ist: Die Schnepfe ist ebenso wie die Gans und die Ente ein hochziehender Zugvogel, der regelmäßig in Höhen von 2 000 m und mehr fliegt. In den Alpen wurden Schnepfen sogar in 3 000 m Höhe beobachtet. Ohne Zwischenstop kann die Schnepfe Strecken von 400 bis 500 km Länge bei einer durchschnittlichen Geschwindigkeit von 50 km/h zurücklegen. Ihre Tagesetappen reduzieren sich bei Gegenwind oder schlechtem Wetter wie Regen und Schnee auf 40 bis 50 km.

Faktoren, die den Schnepfenzug beeinflußen

Wind: Nord-, Nordost- und Südostwinde begünstigen den Beginn der Wanderungsbewegungen der Schnepfe in Richtung Süden, die sich bei klarem Wetter oder Vollmond wesentlich lieber auf die Reise begeben. Diese Bedingungen sind nicht unbedingt für den Jäger von Vorteil, da sich die Vögel nur kurz auf ihren gewöhnlichen Plätzen niederlassen, dafür aber Süd-, Südwest- und Westwinde, weil die Schnepfe dann gegen den Wind fliegen muß und ihren Abflug zu dieser vorhochzeitlichen Wanderung zu verzögern sucht.

Regen: Heftige, kalte Regenfälle verzögern den Schnepfenzug wie auch reichlicher Schneefall. Trockenperioden regen die Vögel an, ihren Standort zu verlassen, da sie in dem harten Boden nicht mehr genügend Nahrung finden.

Drüsentätigkeit: Die Rückkehr an die Orte der Fortpflanzung im Frühjahr ist ebenfalls daran gebunden, daß die Tage länger werden (Dauer des Lichteinfalls), wodurch die Hormonproduktion in den Fortpflanzungsorganen angeregt wird. Gegen Ende des Sommers hingegen bewirkt die abnehmende Tageslänge eine Einstellung der Fortpflanzungstätigkeit, die mit einer Rückbildung der Sexualdrüsen einhergeht; der Vogel wird angeregt, in die Winterquartiere zu ziehen.

In Frankreich beteiligen sich zur Zeit etwa 20 Verbände an den Festlegungen einer maximal zulässigen Abschußmenge, um etwa die organisierten Massaker in den Dünengürteln der Somme während der Rückwanderung der Tiere einzudämmen.
Außerdem wäre an wochenweise Jagdbegrenzungen und -verbote zu denken, beispielsweise bei längeren Kälteperioden, die die Tiere schwächen und verletzlich machen. Natürlich ist auch die Wilderei während der Wanderung und des Schnepfenstrichs zu unterbinden.
Eine gute Möglichkeit, die Entnahmen zu vermindern, bestünde darin, bestimmte Uhrzeiten für die Jagd im Flachland bzw. Wald zu bestimmen, die nicht mit der Dämmerung korrespondieren.
Über die Einführung einer Schnepfen-Gebührenmarke wird noch geschwiegen, und zwar aus Angst, sich unbeliebt zu machen. In der Tat ist die Jagd ein kostspieliges Vergnügen. In einigen Regionen Frankreichs muß bereits eine nationale Gebührenmarke für Hochwild erworben werden, die mit einer Gebührenmarke für Hochwild des Departements verbunden ist.

Die Malerfeder ist 30 bis 32 mm lang. Früher wurden aus ihr feine Pinsel gefertigt. Schnepfenjäger nehmen sie gern als Trophäe an sich.

Die Bejagung der Schnepfe

Die einzig vorstellbare und angemessene Art zur Bejagung eines so vorzüglichen Wildes wie der Schnepfe ist die Jagd mit dem Vorstehhund. Es gibt Universalisten, für die eine Schnepfe ein glücklicher Zufall auf der Suchjagd oder der Jagd nach einem Fasan oder Hochwild bedeutet, und es gibt die echten, reinen Schnepfenjäger, die nur Schnepfen und kein anderes Wild jagen.

Die Jagd mit dem Vorstehhund

Schnepfenjäger haben ausgezeichnete Kenntnis über ihr Revier, die Gewohnheiten des Vogels und dessen Verstecke, die sich manchmal von Jahr zu Jahr in Abhängigkeit vom Pflanzenwuchs oder den momentanen klimatischen Bedingungen ändern. Die regelmäßigen Rückzugsgebiete des Vogels werden

Die Wahl der Waffen

Seit nicht allzu langer Zeit gibt es Schnepfenbüchsen mit kurzen Läufen und Streumunition, dank derer die Anzahl der gelungenen Schüsse auf die zu Recht als schwierig angesehenen Ziele beträchtlich zugenommen hat. Aber hat es die Schnepfe wirklich verdient, auf diese Weise auch noch vom linkischsten aller Jäger getroffen zu werden? Echte Schnepfenjäger meinen nein, denn diese Ausrüstung entspricht nicht ihren ethischen Überzeugungen. Außerdem können Patronen mit Streukreuzen gefährlich werden, da das Risiko von Querschlägern und die Häufigkeit der Ablenkung von der Flugbahn steigen.

Die Schußabgabe auf eine Schnepfe erfolgt zumeist reflexartig, was Schnelligkeit voraussetzt, um nicht zu sagen, eine sofortige Reaktion. Oft ist der steil zwischen den Bäumen aufsteigende Vogel nur flüchtig zu sehen, denn eine Schnepfe zeigt ihre Silhouette nur während einiger Sekundenbruchteile, bevor sie hinter den nächsten Bäumen verschwindet.

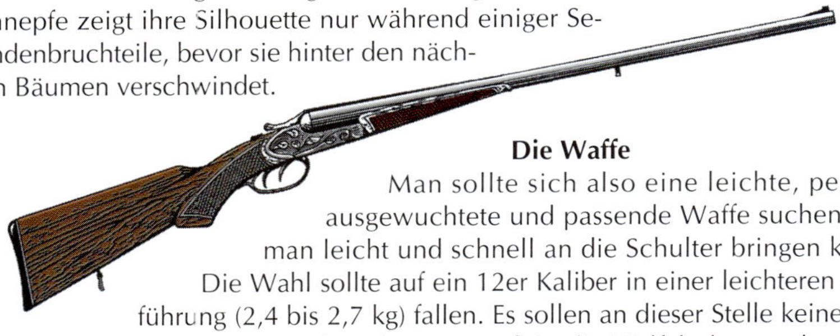

Die Waffe

Man sollte sich also eine leichte, perfekt ausgewuchtete und passende Waffe suchen, die man leicht und schnell an die Schulter bringen kann. Die Wahl sollte auf ein 12er Kaliber in einer leichteren Ausführung (2,4 bis 2,7 kg) fallen. Es sollen an dieser Stelle keine einzelnen Hersteller genannt werden, denn zu groß ist die Vielfalt der angebotenen Flinten. Generell sind Bockdoppelflinten und Doppelflinten gleichermaßen geeignet. Für den Schuß auf kurze Entfernung im dichten Wald eignen sich wenig gechokte Läufe am besten. Sie ermöglichen eine weite Garbe. Für den ersten Schuß sind ein Zylinderlauf oder Viertelchoke, für den zweiten Schuß ein Viertel- bis Halbchoke empfehlenswert.

Das Kaliber 16, der Liebling unserer Vorväter, dessen Leichtigkeit und gute Handhabbarkeit sprichwörtlich sind und das fast ebenso leistungsfähig ist wie ein gutes 12er, ist heute außer Gebrauch gekommen. Das ist bedauerlich, denn es handelte sich dabei um einen ausgezeichneten Kompromiß und um eine zu dieser Zeit sehr geschätzte Waffe zur Jagd auf ein anderes Wild, das auch schnelle Reflexe erfordert und zum Basiswild der Niederjagd gehörte: das Wildkaninchen.

Viele Schnepfenjäger, insbesondere ihre wahren Fans jagen aus ethischen Gründen mit einem Kaliber 20: Es ist leicht, wendig und elegant, oft handelt es sich um sehr schöne, mit handwerklicher Meisterschaft verarbeitete Stücke, deren Leistungsfähigkeit völlig ausreichend ist, wenn man die üblichen Schußdistanzen einhält.

Patronen

Auch der Schrotdurchmesser ist Gegenstand leidenschaftlicher Diskussionen. Die einen schwören auf Schrote mit der Größe Nr. 9 (2 mm), da die Waldschnepfe nicht sehr schußhart ist, und kleinere Kaliber eine besser deckende Garbe ergeben. Die anderen bestehen auf einer Größe von Nr. 7 oder Nr. 6 (2,5 bzw. 2,7 mm), da diese besser das Zweigwerk und das Federkleid des Vogels durchschlagen.

Die Schnepfe hat zwar eine sehr feine Haut, was man beim Präparieren bemerkt, ist deswegen aber nicht leichter verwundbar als eine Taube oder ein Rebhuhn. Als vernünftiger Kompromiß bietet sich daher folgendes an: in den ersten Lauf Schrot der Nr. 8 oder Nr. 9 und in den zweiten Lauf der Nr. 6 oder Nr. 7 geben. Patronen ohne Schrotbeutel sind vorzuziehen, da sie der Garbe eine größere Streuung auf die meist kurze Schußdistanz verleihen.

Letztendlich spielen die Übung und das Talent des Schrotschützen eine größere Rolle als die Schrotstärke und das Fabrikat der Patrone.

durch »Kölken« – so wird der Schnepfenkot bezeichnet – angezeigt. Diese weißen Flecken schimmern und haben in der Mitte einen dunklen, erdfarbenen Punkt. Die Suche nach Schnepfenverstecken erfolgt bei gutem Wind. Der Jäger folgt aufmerksam seinem Hund, der weder zu schnell noch zu langsam vorgehen darf. Sobald das rhythmische Klingeln des Hundeglöckchens verstummt, nähert sich ihm der Jäger vorsichtig und versucht dabei, eine möglichst günstige Abschußposition einzunehmen. Bestenfalls fliegt die Schnepfe heftig flügelschlagend hoch und steigt steil zu den Wipfeln auf. Einige Jäger raten, mit der Schußabgabe zu warten, bis der Vogel die Höhe der Baumkronen erreicht hat, wo er vor Übergang in den Horizontalflug einige Augenblicke innezuhalten scheint.

Oft fliegen Schnepfen aufgrund starker Bejagung nur noch selten so auf. Sie schlagen raffinierte Haken durch die Zweige hindurch, um sich so schnell wie möglich außer Reichweite der Flinte ihrer Verfolger zu bringen, oder laufen zunächst fort und fliegen dann hinter einem Vorhang aus Blättern auf, der den Jägern den Blick verstellt. Sie können auch zunächst den Platz wechseln, um sich im Rücken des Jägers aufzuschwingen.

In jedem Fall hängt der Erfolg angesichts des blitzschnell vorgetragenen Steilflugs des Vogels von der Schnelligkeit eines reflexartig abgegebenen Schusses ab. Dabei muß der mögliche Aufprallpunkt des Vogels beobachtet werden, der im Dickicht nicht immer leicht zu finden ist. Eine verletzte Schnepfe läuft fort (recht selten) oder drückt sich in der Deckung.

Tadelloses Vorstehen eines Deutsch-Kurzhaars bei einer Schnepfe, die sich sicherlich in nächster Nähe drückt. Der Jäger bereitet sich darauf vor, das vom Hund angezeigte Wild zu schießen.

Hunde für die Schnepfenjagd

Ohne einen guten Vorstehhund ist die Schnepfenjagd nicht vorstellbar. Ein richtiger Schnepfenjagdhund muß, auch wenn diese Behauptung snobistisch klingen mag, auf diesen Vogel geprägt sein und darf nur Schnepfen jagen. Letztere Bemerkung richtet sich natürlich an die Jäger, die sich ausschließlich der Schnepfensuchjagd widmen.

Geeignete Rassen

Zur Schnepfenjagd geeignet sind mehrere Rassen. Die Wahl kann durchaus vom persönlichen Geschmack abhängig gemacht werden, sollte aber die Art des Geländes berücksichtigen. Jeder Hund, der vorsteht und apportiert, kann prinzipiell ein Schnepfenhund werden. Einige Eigenschaften sind jedoch unbedingt wichtig: eine feine Nase, Kraft, die Fähigkeit zum Durchstehen, Schnelligkeit, Widerstandsfähigkeit, Mut im Gestrüpp und natürlich Intelligenz, die sich im Laufe der Jahre und mit zunehmender Erfahrung entwickelt.

Die Schnepfenjäger scheinen heute britischen Rassen den Vorzug zu geben. Der lebhafte und bei der Suche eifrige Englische Setter wird sehr geschätzt. Da er ein helles Fell hat, kann man ihn bei der Suche im Unterholz gut sehen. Er ist der Prototyp der Schnepfenhunde.

Aggressives Verhalten der Schnepfe gegenüber dem Hund

Dies mag unwahrscheinlich klingen, aber solche Szenen haben sich wiederholt abgespielt. Die Schnepfe, wütend auf das haarige, vierbeinige Wesen, das es wagt, sie zu stören, plustert sich als Zeichen eines emotionalen Schocks auf und greift den Hund flügelschlagend hoch erhobenen Kopfes und schrille Töne von sich gebend an. Der in neun von zehn Fällen überraschte Hund reagiert nicht, und der Vogel fliegt ihm vor der Nase davon, aber nicht ohne ihm vorher einen Klaps mit dem Flügel auf seine Schnauze zu versetzen.

Der Pointer wird sehr gern in trockenem Gelände eingesetzt. Er ist also für die Region rund um das Mittelmeer geeignet und scheint dort mehr Verwendung zu finden als der Setter. Sein glattes Fell stellt jedoch im Gebüsch ein Handicap dar.

Von den kontinentalen Rassen wäre der Epagneul Breton zu nennen, der bereits von Gaston Phébus für die Schnepfenjagd empfohlen wurde. Seitdem hat die Rasse mehrere Einkreuzungen erfahren und ist ein ausgezeichneter Schnepfenhund mit einer fleißigen, methodischen und hartnäckigen Suche, die er mit dem für einen echten Bretonen typischen Eigensinn durchführt.

Der Deutsch-Kurzhaar ist ebenfalls geeignet, ebenso rauhaarige Vorstehhunde wie Drahthaar und Griffon, die sich aufgrund ihres derben Fells ganz hervorragend im Unterholz bewähren.

Die Engländer und Iren verwenden Cocker- oder Springerspaniel, um sehr dichtes Unterholz zu durchsuchen. Zum Aufstöbern von Schnepfen in selbst undurchdringlichen Gehölzen gibt es keine besseren Hunde.

Retriever sind bedingt geeignet, da sie nicht vorstehen, wodurch ein Teil der Jagdfreude verdorben wird.

Die Tricks des Schnepfenhundes

Zunächst möchte ich einige Anekdoten über ungewöhnliche Verhaltensweisen meines Bretonischen Vorstehhundes Kim zum besten geben. Damit will ich einen treuen Begleiter ehren, dem ich viele spannende Augenblicke und Freude seit nunmehr elf Jahren verdanke. Kim ist eigentlich kein richtiger Schnepfenhund, sondern gehört eher zu den eigenwilligen Universalisten. Deswegen eigenwillig, da er es sich trotz seines fortgeschrittenen Alters nicht versagt, obwohl er bereits fast alle in Europa und Nordafrika vorkommenden Wildarten gejagt hat, die Fährte eines Rehs aufzunehmen oder einen Hirsch aufzuspüren und zu jagen. Lediglich das Wildschwein macht ihm instinktiv Angst, was zweifelsohne auf einige kräftige Stüber mit dem Rüssel zurückzuführen ist, die er schon von kampfeslustigem Schwarzwild erhalten hat.

Im Laufe der Jahre hat Kim solide Erfahrungen bei der Jagd auf Schnepfen erworben, er hat Tricks und ein Verhalten entwickelt, das für einen Schnepfenhund als intelligent bezeichnet werden könnte. Abgesehen von anderen Kniffen, die Ausdruck einer engen Verbindung sind, die sich zwischen Hund und Herr entwickeln kann, treibt er die Schnepfen regelmäßig gut zu, ebenso Wildkaninchen, wenn ich allein im Feldgehölz jage, so daß diese immer zur »guten« Seite hin die Flucht ergreifen.

Eine andere Eigenheit ist sein Ruf. Wenn ich mich

Der Epagneul Breton, eine vielseitige Rasse, ist sehr gut für die Schnepfenjagd geeignet. Er ist intelligent, hat eine feine Nase und stöbert gern, wobei ihm jedoch manchmal ungenügende Ausdauer bei der Suche vorgeworfen wird.

Rehe und Schnepfen: ein schwieriger Kompromiß für den Hund

Einem passionierten Hund ist es sehr schwer abzugewöhnen, jedem Stück Schalen- oder Hasenwild hinterherzujagen, das vor seiner Nase erscheint.
Hundetrainer raten, den Welpen ab dem dritten Monat mit dem warmen Lager sowie Fege- und Plätzstellen des Rehwildes in Kontakt zu bringen. Sobald er sein Interesse zeigt, wird ihm mit einem leichten Schlag mit der Leine auf die Schnauze zu verstehen gegeben, daß das unerwünscht ist. Man kann ihn auch am Ohr ziehen und ihn zum *down* veranlassen.
Die Abrichtung muß von grundlegenden Vorsichtsmaßnahmen begleitet sein:
– immer allein jagen, auf alle Fälle nie in Begleitung eines Hundes, der auf Haarwild anspricht und
– nur Schnepfen jagen, nie ein anderes Wild vor den Augen des Hundes erlegen.
Berücksichtigt man diese Forderungen, wird man einen auf die Schnepfe geprägten Hund erhalten, der einen Schnepfenjäger zufriedenstellt, aber eben keinen Universalisten, der einen vielseitig einsetzbaren Jagdhelfer vorzieht.

entfernt von ihm befinde und er einer Schnepfe vorsteht, zeigt er mir dieses durch zwei bis drei sehr kurze Laute an. Er kläfft auf die gleiche Art und Weise, wenn er auf eine Schnepfe stößt, die sich laufend in Sicherheit bringt, was sich aber deutlich von dem Gebell unterscheidet, mit dem er einen Hasen oder ein Reh anzeigt.
Manche Hunde unterbrechen sogar das Vorstehen und führen ihren Herrn an die Stelle, wo die Schnepfe sitzt.

Wie gewiefte Schnepfen dem Jäger entwischen

Die Schnepfe ist immer für eine Überraschung gut und täuscht ihre Verfolger oft. Das tut sie mit so viel Perfektion, daß man sich berechtigterweise die Frage stellen kann, ob ihre Verteidigungsreflexe nicht auf eine Form von Intelligenz zurückzuführen sind. In diesem Kapitel soll es um die erstaunlichen Anpassungsfähigkeiten der Waldschnepfe an jede neue Situation gehen, auch an die Gefahr in Gestalt des Jägers und seines Hundes. Wenn die Schnepfe sich angegriffen fühlt, kann sie sich sehr gut verteidigen. Diese Aspekte zählen zu den spektakulärsten Verhaltensweisen der Schnepfe und haben zwei gegensätzliche Lager herausgebildet – die Anhänger und Gegner der Theorie, daß der Vogel über eine besondere Form einer entwickelten Intelligenz verfüge.
Die Fähigkeit, Geruchsabsonderungen zu kontrollieren, die Flucht zwischen die Zweige, die Tricks vor dem Hund – sind das angeborene Reflexe oder willentlich gesteuerte Handlungen? Die Schnepfe hat ihre Geheimnisse noch nicht preisgegeben, und es wird noch viel Papier zu dem Thema beschrieben werden. Auf alle Fälle sind sich Gegner und Anhänger in einem Punkt einig: Sie werden sich nie einig sein! Und die Ungewißheit bietet immer neuen Stoff, der die Leidenschaften anheizt.

Die Phantomschnepfe

Diese Bezeichnung wurde für Schnepfen gewählt, die nicht zu fassen sind und ungesehen und ungehört verschwinden. Der Hund steht dem noch warmen Platz vor, währenddessen der Vogel bereits das Weite gesucht hat. Es handelt sich dabei oft um Tiere, die bereits mehrmals beschossen wurden und die ihr Versteck beim geringsten Geräusch verlassen.

Die Fähigkeit, Geruchsabsonderungen zu kontrollieren

1962 schrieb der bekannte italienische Schnepfenjäger Dante Fraguglione: »Jede Gefahr löst bei der Schnepfe einen emotionalen Zustand aus, der sie in die Lage versetzt, die Funktionsweise einiger Drüsen radikal zu ändern.« Damit ist die Bürzeldrüse gemeint, das

Die Chirurgenschnepfe

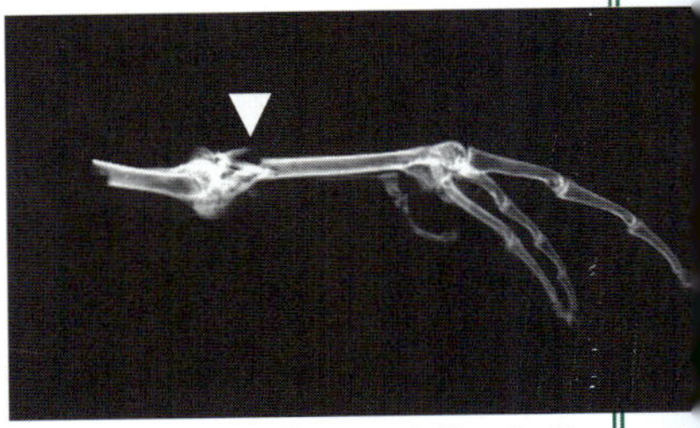

Es gibt mehrere Berichte über Mißbildungen bei Schnepfen, die insbesondere die Ständer betreffen. Konkret handelt es sich dabei um »Pflasterverbände«, die dazu dienten, durch Jagdschrot hervorgerufene Brüche zu heilen (s. Röntgenaufnahme solch eines »gegipsten« Flügelbruchs). Das verwendete Material ist eine Ton-Speichel-Gras-Federmischung (kleine weiche Brustfederchen), die mit so viel Sorgfalt und so viel Können appliziert wurde, daß jeglicher Zufall mit Sicherheit auszuschließen ist.

wichtigste duftaussendende Zentrum der Schnepfe.
Mit dieser These entbrannte eine leidenschaftliche Debatte, in der sich Anhänger und Gegner gegenüberstanden. Garavini, ein Landsmann Fragugliones, ist einer seiner schärfsten Gegenspieler. Ihm zufolge gibt es keine Geruchsbeherrschung, sondern nur eine Reduzierung von Ausdünstungen aufgrund von Hindernissen, oder der Hund ist unaufmerksam, oder die Schnepfengerüche vermischen sich mit denen aromatischer Pflanzen.
Es ist sicherlich zutreffend, daß die Aufmerksamkeit des Hundes am Ende eines langen Jagdtages nachläßt, aber es gilt heute als erwiesen, daß das Phänomen existiert, zumindest teilweise, und es wird von einem anderen Verteidigungsreflex des Vogels begünstigt: der Immobilität. Solche Fälle wurden vielfach bei verletzten Rothühnern und bei Hasen in ihrer Sasse beobachtet.

Der Totstell-Reflex

Oft greift die Schnepfe zuerst auf den Totstell-Reflex zurück, wenn ihr ein Hund vorsteht: Sie vertraut ihrer Schutzfärbung und nimmt eine starre Haltung ein, die fast einer totalen Starre entspricht. Der gleiche Verteidigungsreflex wird von den Küken angewendet, denen sich ein Räuber nähert.

Verfolgte Schnepfen fliehen immer häufiger zu Fuß.

Die Flucht zu Fuss

Einer der gewöhnlichen Tricks besteht darin, nach einem 2 bis 3 m weiten Sprung zur Seite, von den Schnepfenjägern »Froschsprung« genannt, so schnell wie möglich davonzulaufen, um dann zu erstarren. Nur ein alter, erfahrener und an die Finten der Schnepfe gewöhnter Hund kann ihre komplizierte Spur wiederfinden, die die Schnepfe mit seltener Geschicklichkeit ins dichteste Gebüsch nimmt, um dann außerhalb der Reichweite der Flinte oder hinter einigen Bäumen, die ihre Flucht verbergen, aufzufliegen.

Die Schnepfe im Baum

Diese Erscheinung ist außergewöhnlich, denn so wie die Zehen einer Schnepfe ausgebildet sind, ist es für sie schwierig, sitzend einen Zweig richtig zu umklammern. Trotzdem tut sie es, über solche Fälle wurde mehrmals berichtet. Es handelte sich dabei zumeist um verletzte Vögel, die sich, um ihren Verfolgern zu entgehen, in den Kronen einer Eiche oder Konifere versteckten. Es kann auch vorkommen, daß das Tier, durch Schüsse erschreckt, mehr oder minder unfreiwillig auf einem Baum landet.
Im November 1993 hatte ich das folgende Erlebnis mit einer Schnepfe, die allerdings weder verletzt noch beschossen worden war. Im Rahmen einer Treibjagd auf Schwarzwild befand ich mich im Anstand am Waldessaum, als ich eine Schnepfe bemerkte, die direkt auf mich zuflog. Zweifelsohne hatte sie das Gebell der Meute aufgescheucht. Sie kam aus einem Wäldchen 300 m weiter unten und war auf dem Weg zu dem Waldrand, wo ich mich befand. Ich konnte also ihren Flug in aller Ruhe beobachten, der im Wipfel der Eiche endete, gegen die ich mich lehnte. Ich ging um den Stamm herum, um sie zu suchen, und veranlaßte so ihren Weiterflug.

Die Turteltaube

1 – Der Hochsitz, *ein 15 bis 18 m hoher Sitz, überragt leicht die Wipfel der Bäume.*

2 *– Seit dem Morgengrauen überfliegen Turteltauben* ***die Dünengürtel*** *in unmittelbarer Nähe der Kiefernwälder.*

Die Turteltaube, auch Wegtaube genannt, hat in der Bundesrepublik keine Jagdzeit. Sie ist bei uns nur mancherorts in warmen Gebieten ein Sommervogel. Wer aber Gelegenheit haben sollte, einmal in Südeuropa oder in Nordafrika auf sie zu jagen, wird sein blaues Wunder erleben, da ihr Flug unregelmäßig mit Richtungs- und Tempoänderungen versehen ist.

Die Bejagung der Turteltaube

In der Bundesrepublik ohne Schußzeit, hat die Turteltaube bei unseren Nachbarn in Frankreich jagdliche und politische Bedeutung. An der südlichen Atlantikküste gibt es jedes Jahr im Mai große Jagden auf die über das Meer kommenden Tauben mit in die Hunderttausenden gehende Strecken. Mit der gleichen Regelmäßigkeit reisen Tierschützer zu diesen »Veranstaltungen« und versuchen auch mit körperlichem Einsatz das Treiben der Jäger zu beenden. Echte Turteltaubenliebhaber können ihrer Leidenschaft nur in den Winterquartieren der Vögel frönen oder sie auf dem Durchzug in Ländern wie Marokko oder Algerien Ende April und Anfang März schießen.

Jagdmöglichkeiten

Als Jäger aus der Bundesrepublik, der Schweiz oder aus Österreich wird man kaum jemals Teilnehmer einer Turteltaubenjagd werden. Es entspricht auch wenig den waidmännischen Grundsätzen, auf vom Vogelzug geschwächte Tiere zu jagen.

In Südeuropa (Iberische Halbinsel) und vor allem in Nordafrika ist die Situation völlig anders. In Marokko, Tunesien und Algerien kann man Turteltauben bejagen, ohne ein schlechtes Gewissen haben zu müssen. Da auf große Entfernung geschossen wird, sind enge Flinten zu empfehlen, wobei die Schrotgröße Nr. 8 oder 9 (2,2 oder 2 mm) betragen sollte.

Bei der Turteltaubenjagd in Frankreich gibt es alljährlich die gleichen Auseinandersetzungen zwischen Jägern und Umweltschützern. Hinter diesen Auswüchsen, die sich im Festhalten an überlieferten Traditionen der einen und dem Willen der anderen, dem Gesetz zu seinem Recht verhelfen zu wollen, manifestiert, verbirgt sich mit Sicherheit folgendes: Hier prallen zwei Welten aufeinander, eine ländliche Welt, die Errungenschaften bewahren möchte, die eng mit einer bestimmten Art und Weise zu leben und zu arbeiten verbunden und deren Jagdgewohnheiten mit dem lokalen kulturellen Erbe verflochten sind, und eine städtische Welt, die sich von den Werten des Landes und den regionalen Traditionen eher entfernt hat und, von den Medien beherrscht, ihrer Grundfreiheiten, Lebensfreude und ihres Gemeinsinns beraubt ist. Daher rührt auch das Un-

Hunde

Wie auch bei der Ringeltaube benötigt man bei der Jagd auf die Turteltaube einen Jagdhund für die Arbeit nach dem Schuß. Ein guter Verlorenbringer findet bei allen Ansitzjagden am Waldrand seine Verwendung, etwa in Nordafrika, wenn man den Tauben beim Anflug auf ihre Schlafplätze auflauert. Er muß dann die Vögel finden, die ins Dickicht gefallen sind.

Mutig im Gestrüpp und mit einer feinen Nase ausgestattet, hat dieser Epagneul Breton Turteltauben im dichten Unterholz, hier in Algerien, gefunden.

Das »Fahrtenbuch« der Turteltaube

Der Zug der Turteltaube gen Süden beginnt im August. Dann bilden die Tiere große Ansammlungen, die auf Stromleitungen zu beobachten sind. Die letzten Nachzügler machen sich Anfang Oktober auf die Reise. Die Turteltaube fliegt tagsüber, d. h. morgens und abends, sowie nachts. Der Rückzug findet von Mitte April bis Mitte Mai statt.
Die Hauptwanderungsrichtungen der mitteleuropäischen Turteltauben sind:
– Spanien-Marokko-Mauretanien,
– Italien-Tunesien,
– Griechenland, Ägypten.

verständnis füreinander und das Risiko des Bruchs zwischen den beiden, sich mittlerweile antagonistisch gegenüberstehenden »Zivilisationen«.

Die Suchjagd und die Ansitzjagd

Über die Jagd auf die Turteltaube soll hier mehr am Rande berichtet werden, da sie lediglich in Südeuropa eine gewisse jagdliche Bedeutung hat. In Nordafrika hingegen, insbesondere in Marokko, wird die Turteltaube aktiv im Rahmen von Ansitzjagden verfolgt, und zwar morgens und abends, wenn sie zwischen Wasserstelle, Freßplatz und Schlafplatz, der sich oft in einem Eukalyptushain befindet, hin- und herfliegt. Die Schußabgabe auf Turteltauben gilt als schwierig, da der Vogel schnell fliegt, seine Flugbahn unregelmäßig und mit Haken sowie Steil- und Sturzflugpassagen gespickt ist.

Jagd auf die Türkentaube

Die Türkentaube ist in der Bundesrepublik eine Taubenart mit Jagdzeit. Nach 1946 wanderte sie nach und nach vom Balkan kommend bei uns ein und wurde mittlerweile im ganzen Raum heimisch.
Äußerlich ähnelt sie der Turteltaube, lediglich ihre Schwingen sind einheitlich grau gefärbt. Sie siedelt gern in der Nähe menschlicher Behausungen, was die Bejagung erschwert. Von den vier in der Bundesrepublik heimischen Tauben sind die Türkentauben am zutraulichsten.
Der Vollständigkeit halber ist noch die seltene Hohltaube zu erwähnen, die gern in größeren Mischwaldbeständen lebt. Der ganzjährig geschonte Vogel ähnelt den Stadt- und Haustauben. Diese dürfen je nach regionalem Recht bei Aufenthalt im Jagdgebiet erlegt werden.

Turteltauben kann man auch vom Anstand am Fuße eines Baumes aus jagen, wenn sie früh am Morgen zu ihren Freßplätzen fliegen. Diese Jagdart wird besonders in Nordafrika ausgeübt.

Schwierig davon zu unterscheiden sind allerdings wertvolle Brieftauben, die ähnlich den Haustauben auch manchmal »feldern«, aber natürlich nicht geschossen werden dürfen.

Waffen und Munition

Im Gegensatz zur Ringeltaube reagieren Turtel- und Türkentaube empfindlich, wenn sie getroffen werden. Man muß sie oft auf größere Distanz beschießen, wozu Munition mit Schrotbeutel dienlich ist. Am besten verwendet man Schrotgröße 8 und 9 (2,2 bzw. 2 mm).

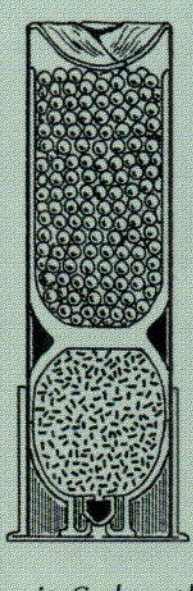

Moderne Patrone mit Schrotbeutel

Das Rebhuhn

1 – Ein grasbewachsener Streifen *von mindestens 2 m Breite sollte unbedingt erhalten bleiben, da er für den Nestbau der Rebhühner unabdingbar ist.*

2 – Feldgehölz *bietet Schutz vor Beutegreifern und Witterungsunbilden und dient als Nistplatz. Feldgehölze gehören im übrigen immer zu den wichtigen Elementen einer jagdfreundlichen Landschaft.*

3 – Das Getreidefeld *liefert den Rebhühnern die notwendige Nahrungsergänzung in Form von Keimlingen und später von Körnern.*

Obwohl das Rebhuhn die landwirtschaftlich genutzten Flächen der Ebene und des Hügellandes bewohnt, schätzt es eine abwechslungsreiche Landschaft nicht weniger als andere Tiere. Große, monotone und freie Landschaften, die es inzwischen leider fast überall gibt, werden besser angenommen, wenn diese durch Hohlwege, vielfältigen Feldbau und einige Feldgehölze aufgelockert sind. Auch hier gelten die universellen Regeln der Reviergestaltung: Will man die Aufnahmekapazität des Territoriums verbessern, ist die Monotonie der Landschaft zu unterbrechen.

4-5 – Ein einzelnstehender Baum *dient den Rebhühnern, die ganz in der Nähe ihre Nester bauen, als Bezugspunkt.*

6 – Auf kahlen Flächen *nehmen die Rebhühner zur Gefiederpflege Sandbäder.*

7 – Abwechslungsreicher Feldbau: *Ein mit anderen Feldfrüchten bestandener Streifen inmitten eines Kornfelds dient zur abwechslungsreichen Gestaltung der Landschaft und erhöht das Ernährungspotential des Milieus.*

Ursachen für den Bestandsrückgang

Beim Rebhuhn gelten die gleichen Faktoren für einen Populationsrückgang wie bei den meisten anderen Arten des ortsgebundenen Niederwildes wie etwa Feldhase und Wachtel. Dazu gehören vor allem die Zunahme von Beutegreifern und die intensiv betriebene technisierte Landwirtschaft mit ihren altbekannten Auswirkungen: Pestizide, Monotonie der Landschaft ohne Deckungsmöglichkeiten, intensive Bodenbearbeitung und Flurbereinigung. Studien über das Rebhuhn zufolge liegt die Mortalitätsrate bei Alttieren im Sommer um fünf Prozent bei Hähnen und um ein Prozent bei Hennen. Im Winter erreicht sie 25 bis 40 Prozent, ohne Jagdverluste. Die Reproduktionsrate liegt je nach Jahr und Aufnahmekapazität des Reviers zwischen zwei bis sechs Küken pro Henne auf etwa 14 gelegte Eier. Das Rebhuhn ist vielerlei Gefahr ausgesetzt. Die beiden Hauptrisiken bestehen in einer mangelnden Aufnahmekapazität des Gebietes und in schlechten Witterungsbedingungen im Mai und Juni, wenn die Küken am empfindlichsten sind. Zumindest einer unzureichenden Aufnahmekapazität kann größtenteils durch entsprechende Hegemaßnahmen abgeholfen werden.

Bei Rebhuhnhähnen (1) ist der Scheitel fein gestreift, bei den Hennen (2) überwiegen Tupfen.

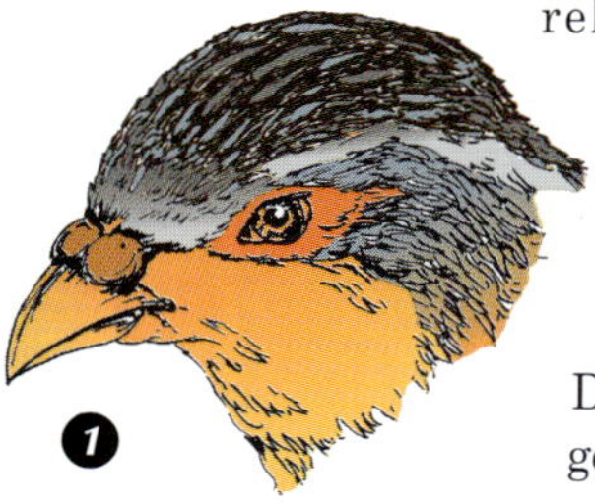
1

2

Witterungsunbill

Ungünstige Witterungsbedingungen im Mai und Juni können direkt oder indirekt katastrophale Auswirkungen auf das Überleben der Küken haben.
Direkt, weil bei heftigen Gewittern Eier und Jungvögel ertrinken können. Indirekt, weil es bei zu niedrigen Temperaturen in dieser Zeit zuwenig Insekten gibt, die in den ersten drei Lebenswochen die Hauptnahrungsquelle der Küken darstellen. Dann sind die Kleinen gezwungen, lange Strecken zurückzulegen, auf denen sie mehr Energie verbrauchen, als ihnen Kalorien über die Nahrung zugeführt werden, und gehen bald an Erschöpfung ein.
Die durch abfließendes Wasser (Regen, aber auch Bewässerung) feuchten Gräser wirken sich ebenfalls sehr negativ aus. Um sich aufzuwärmen, sitzen die völlig durchnäßten Küken stundenlang unter den Flügeln der Mutter, anstatt ununterbrochen zu fressen, um zu überleben. Sie entkräften also nach und nach und erkälten sich. Bald zeigen sich erste Anzeichen von Erschöpfung: Bei Kontakt mit dem feuchten und kalten Boden werden die Füße steif, und die Küken können ihre Gelenke nicht mehr bewegen, sich also überhaupt nicht mehr fortbewegen. Regen und Wasser aus Bewässerungssystemen auf lehmigen Böden können indirekt ebenfalls eine zerstörerische Wirkung haben. Die klebrige Erde haftet an den Füßen der Küken und bildet Klumpen, die für die Fortbewegung hinderlich sind. Der zusätzliche Kräfteverlust beim Laufen kann für sie, wenn es gleichzeitig zuwenig Nahrung gibt, tödliche Folgen haben.

Beutegreifer

Die größten Feinde der Küken sind streunende Katzen, Marder (Steinmarder, Iltis), Füchse, Elstern und Raben, die sowohl Gelege als auch wandernde Küken mit bemerkenswerter Sicherheit ausmachen. Bei den Rebhühnern übernimmt der Hahn die Aufgabe, Eindringlinge abzuwehren (oft spielt er einen verletzten Vogel), währenddessen sich die Henne in Begleitung ihrer Küken in der Vegetation zu verstecken versucht. Die Küken selbst können sich nur durch Reglosigkeit verteidigen.
Sollte dieses Manöver fehlschlagen, muß die Henne den Beutegreifer ablenken. Sie markiert den an der Schwinge verletzten Vogel, der zu entkommen versucht. Hat sie es schließlich geschafft, die Katze, den Fuchs oder den Marder 30 bis 50 m von ihrer Nachkommenschaft fortzulocken, fliegt sie, wie durch ein Wunder geheilt, auf.
Unabhängig davon, ob das Revier mit wilden oder

aufgezogenen Rebhühnern besetzt ist, eine Regulierung der Beutegreifer ist auf jeden Fall unerläßlich.

Auswirkungen der Landwirtschaft

Die Folgen der intensiven technisierten Landwirtschaft sind heute allgemein bekannt. Durch Maßnahmen zur Bodenbehandlung, wie Anwendung von Herbiziden, verschwinden sämtliche Wildkräuter (Veronika, Kornblume, Klatschmohn), von denen sich Rebhühner häufig ernähren und die eine große Menge Insekten tragen, die von den Küken aufgenommen werden. Insektizide haben eine doppelt schädigende Wirkung: Eine direkte, da sie die wichtigsten physiologischen Funktionen der Rebhühner beeinträchtigen (Sterilität der Eier), diese also vergiften, und eine indirekte, die in der Zerstörung der für das Überleben der Küken so wichtigen Insektenfauna besteht.
Durch Flurbereinigung werden Feldgehölze, Böschungen und Altgrasstreifen vernichtet, die dem Rebhuhn Schutz, Nahrung und insbesondere Nistmöglichkeiten bieten. Beträchtliche Verluste resultieren aus der Verwendung landwirtschaftlichen Geräts, insbesondere beim Mähen der Wiesen (Heumahd) im Juni. Selbst wenn die Küken der Mähmaschine entwischen sollten – wird die Henne getötet, ist damit ebenfalls das Schicksal ihrer Nachkommenschaft besiegelt. Auch bei der Ernte geraten zahlreiche Rebhühner unter die landwirtschaftlichen Maschinen.
Auch die verschiedenen Maßnahmen des Feldbaus wie das Abbrennen der Stoppeln sowie die Bewässerung wirken sich negativ auf das Überleben der Vögel aus.

Eine solche Stange mit hängenden Ketten, vorn am Traktor befestigt, verhindert viele Unfälle, die auf landwirtschaftliches Gerät zurückzuführen sind, insbesondere während der Nistperiode.

Gegenmaßnahmen

Zur Entwicklung von Rebhuhnpopulationen eignen sich vor allem reviervebessernde Maßnahmen und Neuansiedlungen, letztere allerdings in geringerem Umfang.

Verbesserung der Aufnahmekapazität des Reviers

Pflanzenwuchs, der für eine abwechslungsreiche Landschaft (Feldgehölze, Grasstreifen am Wegesrand) und gute Nistplätze sorgt, muß erhalten bzw. neu eingerichtet werden. Böschungen sind ebenfalls wichtig, da sie das Ablaufen von Wasser begünstigen und ein Überschwemmen der Eier verhindern.
Es können auch Flächen aufgewertet werden, die für eine wirtschaftliche Nutzung nicht geeignet sind, etwa unter Hochspannungsmasten. Dort wären Gräser und Hülsenfrüchte auszusäen sowie Büsche zu pflanzen.

Bereicherung der Landschaft durch Erhöhung der Anzahl der Schläge

Die Größe eines Schlages sollte auf etwa 10 ha begrenzt werden. Rebhühner leben vor allem am Rand der Kulturen, so daß mehrere kleine Felder zwangsläufig mehr Feldraine bilden als ein einziger, großer Schlag. In den großen, landwirtschaftlich genutzten Ebenen, in denen riesige Schläge überwiegen, sollten diese alle 25 ha durch Streifen anderer Kulturpflanzen unterbrochen werden.
Auch bieten sich diverse Flächen mit

Ein Feldgehölz bietet Schutz und Nistmöglichkeiten. Auf dem Streifen Ödland können sich Feldhasen die Pfoten trocknen und Rebhühner ihr Sandbad nehmen.

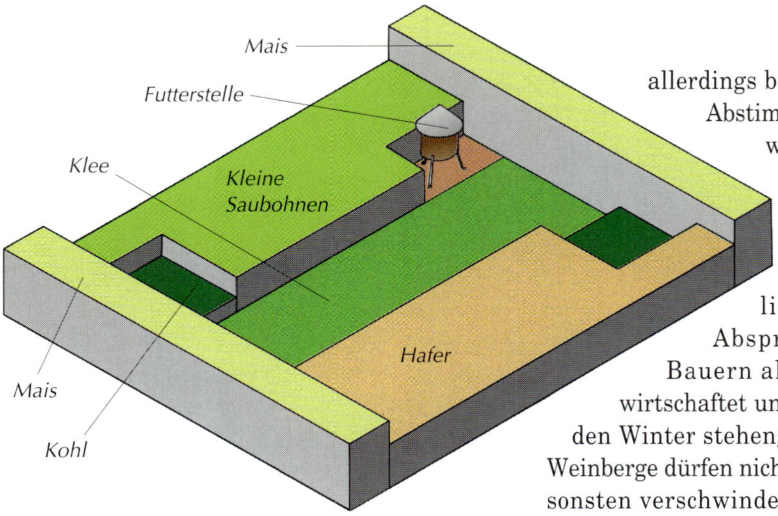

Gestaltung einer Rebhuhnkultur mit mehreren unterschiedlichen Feldfrüchten

abwechslungsreichen Fruchtfolgen an, die, über das Jahr verteilt, für den Bedarf an Nahrung und Deckung der Vögel lückenlos sorgen. Das Grün der Luzerne sowie Getreideschößlinge liefern im Frühjahr eine wichtige Nahrungsergänzung.
Im Sommer besteht die Nahrung zu 30 Prozent aus Getreidekörnern (Weizen, Gerste, Mais). Auch beachtliche Mengen Zuckerrübenblätter werden in dieser Jahreszeit vertilgt.
Mit wilden Gräsern bestandene Brachen (s. Kasten S. 87) erhöhen die Aufnahmekapazität des Gebietes beträchtlich, allerdings bedarf es dazu der Abstimmung mit dem jeweiligen Landwirt. Flächen, die aufgrund der Produktionsbegrenzung brachliegen, sollten in Absprache mit dem Bauern als Wildacker bewirtschaftet und am besten über den Winter stehengelassen werden. Weinberge dürfen nicht brachliegen, ansonsten verschwinden die Rebhühner ganz.
Des weiteren könnten die durch den Feldbau verursachten Verluste minimiert werden, wie beispielsweise durch Verwendung weniger schädlicher Pestizide (dem Landwirt sollte gegebenenfalls eine Entschädigung angeboten werden). Zur Erhöhung der Anzahl der Brutpaare pro Hektar sind spezielle Einrichtungen (s. Zeichnung), wie Schutzstreifen, Unterstände, Futterstellen, geeignet.

Auswilderungen haben noch keine dauerhaften Erfolge gebracht, da die gezüchteten Tiere dem Überlebenskampf in der freien Natur nicht gewachsen sind.

Die Hege von Rebhuhnbesätzen

Jagdpflegerische Maßnahmen schützen die Zukunft des Rebhuhns. Der Fortbestand der Art ist gesichert, wenn die Anzahl der Abschüsse an die Dynamik des Besatzes angepaßt und entsprechende Jagdpläne aufgestellt werden.
Hegemaßnahmen stützen sich auf zwei wesentliche Punkte:
– Zählung der Brutpaare im Frühjahr und
– Schätzung der Reproduktion nach der Ernte.
Auf der Grundlage dieser Zahlen können dann die möglichen Abschüsse in Abhängigkeit des avisierten Ziels berechnet werden.

1 – Oberseitenfeder eines Rebhuhns
2– Flügeldeckfeder bei der Rebhenne
3 – Schulterfeder beim Rebhahn

Frühjahrszählungen

Frühjahrszählungen werden im März/April durchgeführt, wenn sich die großen Ketten aufgelöst und sich die einzelnen Brutpaare gebildet haben. Man nennt sie dann »Paarhühner«. Sie verstecken sich in der noch niedrigen Deckung aus Wintergetreide, Raps und anderen Grünpflanzen. Mit einem oder zwei guten Vorstehhunden lassen sich große Flächen absuchen, und mit einer gewissen Systematik kann man Doppelzählungen vermeiden.
Die für die große Suche am besten geeigneten Rassen sind die englischen Vorstehhunde, insbesondere der Pointer.
Eine Alternative zur Hundesuche ist das Durchkämmen des Geländes mit Treibern. Dabei wird das jeweilige Gebiet in einer Reihe abgegangen, um die Anzahl der dort lebenden Vögel genau festzustellen. Der personelle Auf-

wand für diese Methode ist aber recht hoch, so daß sie nicht sehr praktikabel in der Anwendung ist.

Schätzung der Reproduktionsrate

Die Reproduktionsrate wird nach der Ernte geschätzt. Dazu werden Stoppelfelder und Raine morgens und abends langsam abgefahren. Jedes Rebhuhn in der Kette wird sorgfältig mit dem Fernglas beobachtet, und Hähne, erwachsene Hennen sowie Junghühner werden inventarisiert.
Ein guter Zeitpunkt für die Zählung ist auch nach einem heftigen Gewitterregen gegeben, da dann die Kette aus der Deckung auf die freien Wege läuft, um sich zu trocknen.
Um zuverlässige Zahlen zu erhalten, müssen etwa 40 Prozent der Paare der Frühjahrszählung gefunden werden. Die Reproduktionsrate wird durch Division der Anzahl der Junghühner durch die Anzahl der Hennen ermittelt. Sie kann je nach Jahr von weniger als zwei bis fünf oder sechs schwanken, manchmal aber auch höher liegen. Danach wird der Rebhuhnbesatz vor Eröffnung der Jagdsaison berechnet, indem man die Zahl der erwachsenen Hähne und die Zahl der Hähne im Frühjahr abzüglich zehn Prozent (Sommerverluste), die Zahl der erwachsenen Hennen und der Hennen im Frühjahr abzüglich 20 Prozent (Sommerverluste) sowie die Zahl der Junghühner und der erwachsenen Hennen addiert und mit der Reproduktionsrate pro Sommerhuhn multipliziert.

Durch Analyse der Strecke, d.h. Bestimmung der Alters- und Geschlechtskennziffern, können Entnahmen an die Populationsentwicklung angepaßt werden.

Rebhahnfeder

Der Abschußplan

Der Abschußplan wird so berechnet, daß bei Ende der Jagdsaison zweimal mehr Vögel verbleiben als abgeschossen werden, damit nachjagdliche und Winterverluste ausgeglichen werden können.

Berechnung des Abschußplans	
Prozentsatz der Junghühner im Verhältnis zu den Altvögeln	mögliche Entnahme
Anzahl der Junghühner = Altvögel	1/4 des Gesamtbesatzes
zweimal mehr Junghühner als Altvögel	1/3 des Gesamtbesatzes
dreimal mehr Junghühner als Altvögel	1/3 des Gesamtbesatzes

Die Bejagung des Rebhuhns

Die gängigste Jagdart auf Rebhühner in den großen Kornebenen ist die Treibjagd. Zu Saisonbeginn bietet sich allerdings auch die Suchjagd an, wenn die Kulturen noch nicht hoch stehen.

Die Treibjagd

Die Treibjagd kommt nur für große Getreideebenen mit reichlichem Rebhuhnbesatz in Frage. Bei dieser schönen Kollektivjagd können innerhalb weniger Stunden mehrere hundert Rebhühner zum Auffliegen gebracht und außerordentlich hohe Strecken erzielt werden – allerdings nur unter der Voraussetzung, daß die Schützen Geschicklichkeit beim Schießen auf Rebhühner zeigen. Die Vögel durchbrechen nämlich Linien in bis zu 10 m Höhe mit einer Geschwindigkeit von 80 km/h.

Sollen die Rebhühner bereits gut fliegen können, ist es angeraten, die Treibjagd nicht vor Oktober zu organisieren. Dann sind die jungen Rebhühner bereits vier Monate alt und damit ausgewachsen, d. h. auf der Höhe ihrer Flugfähigkeit.

Von der Kesseljagd einmal abgesehen, unterscheidet man zwischen zwei Treibjagdarten.

Bei der ersten Treibjagdart, auch »Böhmische Streife« genannt, bilden Schützen und unbewaffnete Treiber eine gemischte, hufeisenförmige Linie mit zwei vorgeschobenen Flügeln. Das Wild wird von hinten geschossen, etwa so wie bei der Suchjagd. Der einzige Unterschied besteht darin, daß sich alle Teilnehmer in einer Linie auf einen bestimmten Punkt hinbewegen. Der andere Typ, die Treibjagd in der Ebene mit postierten Schützen, das Standtreiben, ist am gängigsten. Dabei wird das Wild von den bewaffneten oder auch unbewaffneten Treibern auf eine Schützenlinie zugetrieben.

Eine gute Vorbereitung ist die wichtigste Voraussetzung bei einer Treibjagd, ihr Gelingen hängt von einer perfekten Organisation ab. Soll sie auf freien Flächen stattfinden, beginnen die Vorbereitungen schon zwei Monate zuvor durch Einrichtung von Anständen unmittelbar nach der Ernte, wenn es, was die Regel ist, im Gelände keine Deckung wie Feldgehölze, Hohlwege und Böschungen gibt, hinter denen sich die Jäger verstecken können. Warum aber diese Eile bei der Einrichtung von Anständen? Ganz einfach deswegen, damit die Rebhühner genug Zeit haben, sich an diese »Vogelscheuchen« zu gewöhnen, die sie systematisch meiden würden, wenn man die Strohmatten im letzten Moment aufstellen würde.

Ein Anstand ist 1,60 m hoch und 1 m breit. Er besteht wahlweise aus Flechtwerk (Zweige, Ginster, Schilf) oder einem Holzgerüst mit Tarnnetz. Eine solide Verankerung im Erdreich macht ihn widerstandsfähig gegen Wind. Der Abstand der einzelnen Anstände voneinander beträgt etwa 50 m, um jedem Jäger die Schußabgabe sowohl nach rechts als auch nach links zu ermöglichen. Aus Sicherheitsgründen müssen die Anstände unbedingt in einer geraden Linie angeordnet werden. Jeder Anstand erhält eine Nummer.

Rückkehr von einer Treibjagd auf Rebhühner in einer großen Kornebene

Auch der Tag, an dem die Treibjagd stattfindet, muß einwandfrei organisiert werden, was an sich schon eine Kunst ist. Der Erfolg einer Treibjagd hängt in hohem Maße von der Kompetenz des Jagdleiters ab, der sein Revier und die Gewohnheiten der Vögel sehr gut kennen muß. Bei der Aufstellung der Schützen kommt es auf mehrere Faktoren an, die er beurteilen können muß:

– die Windrichtung: Rebhühner fliegen immer gegen den Wind auf und drehen dann bei, um mit dem Wind bei maximaler Beschleunigung weiterzufliegen. Die Linie steht also vorzugsweise in Gegenwindrichtung;

– die Deckung: Insbesondere im Oktober ziehen sich die aufgestörten Vögel systematisch in Maisfelder oder eine andere noch stehende Deckung zurück. Die Anstände befinden sich also oft zwischen der Treiberlinie und einem größeren, Deckung bietenden Areal;

– die Treibjagd ohne künstlich eingerichtete Anstände: Der Jagdleiter beordert seine Schützen hinter alle Hindernisse, die geeignet sind, diesen Deckung zu bieten.

Bei großen Treibjagden in rebhuhnreichen Gebieten arbeitet man mit etwa 20 postierten Schützen und 30 bewaffneten oder unbewaffneten Treibern, die in einem Zug Gebiete von 50 bis 150 ha in Richtung der Schützenlinie durchkämmen.

Es ist sehr wichtig, daß sich der Leiter der Treibjagd oder ein anderer Jäger, der das Revier ebenfalls ausgezeichnet kennt und das richtige Gespür für diese Jagdart hat, mit den Treibern geht. Er hat darauf zu achten, daß die Linie eine hufeisenähnliche Form annimmt, wobei sich die Flügel etwa 200 m vor dem U-Bogen befinden. Damit wird gewährleistet, daß ältere, erfahrene Rebhühner in Richtung Schützenlinie fliegen und nicht etwa seitlich entwischen.

Die Schußabgabe auf ein Rebhuhn während einer Treibjagd stellt für einen Jäger eine der größten Herausforderungen dar. Ein Erfolgsrezept gibt es nicht, häufiges Üben auf dem Schießstand ist eine Voraussetzung für den Erfolg. Fliegt ein Rebhuhn los, sieht der Jäger lediglich einen winzigen Punkt, der bereits wenige Sekunden später über ihn hinwegzufliegen versuchen wird. Am besten sollte man deswegen einen Vogel anvisieren, der so weit wie irgend möglich entfernt ist, insbesondere dann, wenn man zweimal schießen möchte. Der erste Schuß sollte auf etwa 30 m Entfernung abgegeben werden, der zweite ist dann ein Überkopf-Schuß.

Englischer Schaft

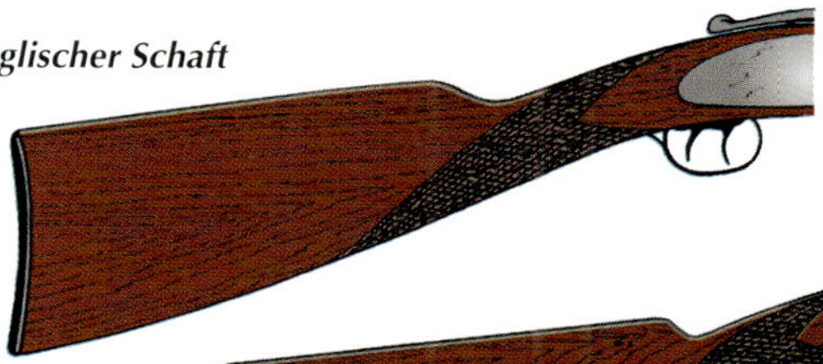

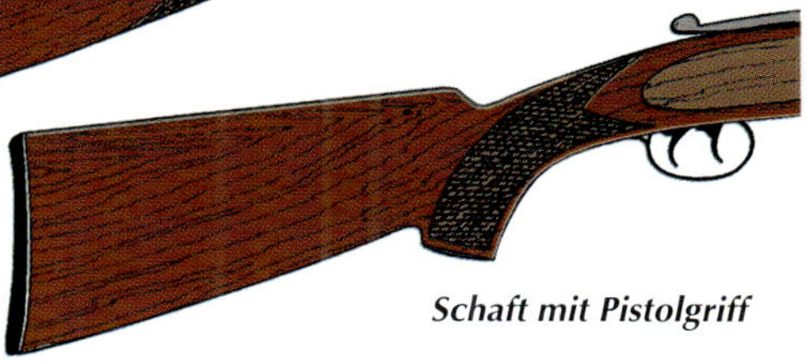

Schaft mit Pistolgriff

Hochwertige Flinten haben oft einen englischen Schaft. Der Schaft mit Pistolgriff hingegen wird insbesondere von Sportschützen geschätzt, die auf Tontauben schießen.

Waffen und Munition

Für die Suchjagd, die einen Schuß auf nicht allzu weite Entfernung erwarten läßt, verwendet man am besten Flinten mit wenig gechokten Läufen (1/4–1/2). Als Schrotgröße sind Nr. 8 (2,2 mm) und Nr. 7 (2,5 mm) etabliert.

Bei Treibjagden, wo häufig auch auf weite Entfernung geschossen wird, empfiehlt es sich, eine enge Flinte (3/4-Vollchoke) zu führen. Die Patronen sollten dabei Kaliber 6 (2,7 mm) oder 7 mit Schrotbeutel aufweisen.

Da die Schußabgabe bei einer Treibjagd schwierig ist, muß insbesondere der Schaft an die Statur des Schützen perfekt angepaßt sein.

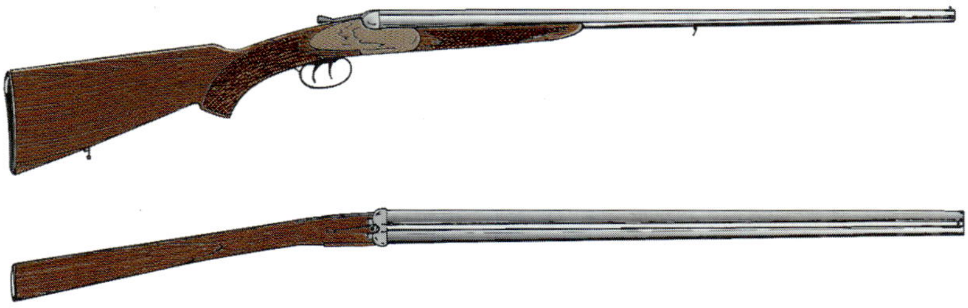

Dieser erfordert jedoch erhebliches Können und muß auf dem Schießplatz am Skeet-Stand geübt werden.
Da man es mit Vögeln zu tun hat, die häufig in Mannhöhe fliegen, hat die Schußabgabe diszipliniert zu erfolgen, außerdem sind alle weiteren, damit verbundenen Sicherheitsbestimmungen einzuhalten.

Die Kesseljagd

Diese traditionelle Technik, die in früheren mit Rebhühnern gesegneten Zeiten in den großen Ebenen angewendet wurde, ist heute mit der Ethik des modernen Jägers nicht mehr vereinbar, der seinen Wildtierbestand bewahren möchte. Die Kesseljagd bedeutet für Hasen-, aber auch für Rebhuhnpopulationen eine sehr große Belastung.
Als die Bestände noch dicht genug waren, wurden Kesseljagden in großen Anschnitten von etwa 50 ha durchgeführt. Eine Gruppe Jäger kreiste dabei die Tiere ein, wobei das Ideal darin bestand, die Tiere in ein Areal in der Mitte des Kreises zu treiben, das ihnen trügerisch Deckung versprach. Auf dieses Zentrum bewegten sich die Schützen gemeinsam hin, wenn der Kreisdurchmesser 300 m erreicht hatte.
Dann wurden in angemessener Entfernung die Hunde losgelassen und die abstreichenden Hühner nach außen hin beschossen, da sich der Schuß in den Kessel hinein aus Sicherheitsgründen verbat.

Die Suchjagd

Die Suchjagd ist sicherlich die edelste Art, das Rebhuhn zu bejagen. Da es vorzugsweise die offene Feldflur besiedelt, wird das Rebhuhn traditionell in allen Regionen, wo es große Kornschläge gibt, im Rahmen von Treibjagden gejagt. Diese Landschaften lassen allerdings nur noch entfernt erahnen, von welcher Schönheit sie früher waren. Heute handelt es sich zumeist um monotone, langweilige, freie Flächen, die im Ergebnis großangelegter Flurbereinigungen entstanden. Weder Relief noch Hindernis

Hunde

Das Rebhuhn ist für den Hund ein anspruchsvolles Wild, mehr noch als die Schnepfe oder das Rothuhn. Die Schwerpunkte liegen auf der Qualität seiner Suche und seiner Nase. In den großen Kornebenen schwören einige Jäger auf britische Vorstehrassen, also Setter oder Pointer, die weiträumig suchen (Areal von 150 m Breite und 30 m Tiefe). Sobald diese Hunde Witterung aufnehmen, müssen sie sich ausgesprochen vorsichtig nähern, da die Vögel anderenfalls auffliegen würden.
Haben sie eine gewisse Nähe zur Kette erreicht, sollten sie ihr Nachziehen im rechten Moment verlangsamen und in einer Entfernung verharren, in der die Vögel aufgrund dieses Verhaltens in Panik geraten und sich nicht mehr bewegen. Bei ausreichender Dekkung gelingt es einem geübten Vorsteher, sich auf geringe Entfernung den Vögeln zu nähern. Die Vögel haben die Angewohnheit, bei Annäherung des Hundes zu Fuß zu fliehen. Beträgt die Distanz nur noch etwa 10 m, muß man mit ihrem Auffliegen rechnen.

Bei einer Treibjagd leistet ein Verlorenbringer (hier ein Labrador) dem Jäger nützliche Dienste beim Suchen angeschossener Hühner.

Für die Suche in noch nicht abgeernteten Kulturen und Gestrüpp eignen sich alle kontinentalen Vorstehhunderassen, wenn sie schnell suchen und schußruhig sind. Es versteht sich von selbst, daß ein Hund, der sich den Vögeln, die sich vor ihm drücken, zu schnell nähert, unausweichlich ihr Auffliegen außerhalb der Schußdistanz provoziert. Der Jäger sollte, um seinen Hund zu schonen und zu gewährleisten, daß er einen heißen und trockenen Jagdtag ohne Schwierigkeiten übersteht, als elementare Vorsichtsmaßnahme eine Feldflasche mit Wasser mit sich führen, damit der Hund regelmäßig trinken kann.

verbergen die Silhouetten von Jäger und Hund, und es scheint schier unmöglich zu sein, sich den Vögeln zu nähern.

Folglich erscheint in solchem Gelände auch jegliche Suchjagd unmöglich zu sein. Sie ist jedoch weiterhin durchführbar, wenn es kleine Wälder gibt, aus denen der Rebhuhnbestand noch nicht verschwunden ist, oder zu Saisonbeginn, wenn die meisten Kulturen noch stehen.

Die Suchjagd auf Rebhühner ist also in erster Linie eine Eröffnungsjagd. Sie ist schwierig, dafür aber sehr fesselnd, wenn man es mit echten Wildvögeln zu tun hat, die keinerlei Annäherung tolerieren.

Häufig ist es zu Saisonbeginn warm und trocken. In den Stunden großer Hitze halten sich die Vögel vorzugsweise an Plätzen auf, die ein Minimum an Schatten und Frische bieten, wie Luzerne-, Rüben- oder Maisfelder. Auch findet man sie am frühen Morgen auf Stoppelfeldern, wenn reichlich Tau gefallen ist.

Erfolgt die Eröffnung der Jagdsaison an einem verregneten, windigen Tag, zieht sich das Rebhuhn auf der Flucht vor Feuchtigkeit in ein Feldgehölz oder Wäldchen zurück.

Später, gegen Saisonmitte, ist es immer schwieriger auffindbar: Das Rebhuhn liebt es, sich bei Trockenheit in tiefen Feldfurchen zu verstecken. Jetzt gilt es, eine Kette zu finden und zum Auffliegen zu bringen, möglichst in die Nähe von Vegetation. Ziel muß es sein, die Gruppe zu teilen, da sich einzelne Rebhühner viel besser vor dem Hund drükken als mehrere gleichzeitig.

Dazu sucht man bei gutem Wind alle bearbeiteten Felder ab und läßt den Hund sorgfältig suchen (anderenfalls drücken sich die Vögel vor dem Jäger, ohne aufzufliegen, oder sie fliegen außerhalb der Schußweite weg). Natürlich ist dabei eine permanente hohe Aufmerksamkeit nötig, denn die Suchjagd könnte durchaus einmal »nach hinten losgehen«: Einzelne Rebhühner warten, bis Jäger und Hund an ihnen vorbeigelaufen sind, und fliegen dann hinter dem Rücken ihrer Verfolger auf. Hat man eine Kette mehrmals zum Auffliegen gebracht, kehrt sie oft an ihren Ausgangspunkt zurück. Findet man den Hund reglos beim Vorstehen vor, nähert man sich ihm langsam, bevor das Wild heraustritt und man es beschießt.

Neulinge werden oft von dem spektakulär zu nennenden Auffliegen einer aus zehn bis 15 Rebhühnern bestehenden Kette überrascht und begehen den klassischen Fehler, einfach ohne zu Zielen zu schießen. Manchmal bringt das sogar, entgegen jeglicher vernünftigen Voraussicht, den gewünschten Erfolg, und man holt mit nur einer Patrone mehrere Vögel vom Himmel. Meistens jedoch muß man hilflos zusehen, wie all die schönen Rebhühner das Weite suchen und kein einziges Federchen zurücklassen. Am besten ist es, wenn man mit der Schußabgabe wartet, bis der betreffende Vogel etwa 20 m zurückgelegt hat. Dabei ist es ausreichend, flüchtig zu zielen, wenn seine Fluglinie gerade voraus verläuft.

Der Deutsch-Kurzhaar ist ein Vorstehhund, der sich gut für die Rebhuhnjagd eignet.

Nach der Schußabgabe ist genau zu beobachten, wo der getroffene Vogel niedergeht, um den Retriever gezielt verlorensuchen zu lassen. Ein verletztes Rebhuhn drückt sich mit so viel Geschicklichkeit und erstaunlicher Geschwindigkeit, daß es nur sehr schwer zu finden ist. Es hat eine hervorragende Tarnfärbung und weiß sich sehr erfolgreich in einer Furche zu verstecken, wo es praktisch unsichtbar ist.

In einer Zeit, in der es nur noch wenige Rebhühner gibt, wird jeder Jäger auf eitles Punktezählen verzichten und sich mit zwei Rebhühnern als Belohnung für einen schönen Jagdtag zufrieden geben.

Das Rothuhn

1 – *In der trockenen Jahreszeit benötigen Rothühner unbedingt eine* ***Tränke.*** *Hierbei kann es sich um eine einfache Vertiefung handeln, die durch Auslegen mit einer Plastikfolie, eine Schicht reinen Tons oder als Ausführung in Beton wasserundurchlässig ist. Da das Wasser immer sauber sein muß, ist das Becken etwa einmal wöchentlich zu reinigen. Eine gute Kenntnis des Reviers bzw. seine Überwachung verlangen mindestens einen Besuch pro Woche.*

2 – Wiese mit Mittelmeerlilien: *Auf der verbrannten Erde Korsikas stäuben sich die Rothühner gern. Diese freien Flächen sind bei allem Niederwild beliebt; man kann hier im übrigen gut jagen und sich problemlos vorwärts bewegen. Die Suchjagd mit dem Vorstehhund bietet sich in besonderer Weise an.*

3 – Getreidefeld: *Landwirtschaftliche Mischkulturen unterbrechen die Monotonie und stellen ein zusätzliches Nahrungsangebot für das Rothuhn dar.*

4 – Olivenhaine *bieten Rothühnern, Drosseln und zahlreichen anderen Vögeln Deckung und Nahrung.*

5 – *Während der heißesten Stunden des Tages ziehen sich die Rothühner* ***in den Schatten der Olivenbäume*** *zurück, insbesondere wenn diese auf terrassiertem Gelände stehen.*

6 – *Auch* ***Weingärten*** *sind beliebte Rückzugsgebiete der Rothühner.*

7-8-9 – *Die meiste Zeit des Tages halten sich die Rothühner im undurchdringlichen* ***Gestrüpp*** *auf, das für sie eine Schutzzone darstellt.*

Das Rothuhn, ein enger Verwandter des auch in den Alpen vorkommenden Steinhuhns, ist in der Bundesrepublik nicht beheimatet. Es kann aber im benachbarten Ausland, in Frankreich und Spanien, bejagt werden. Seine Verbreitung reicht vom südlichen Frankreich über Korsika und Sardinien bis zur Iberischen Halbinsel. Besonders in Spanien können deutsche Jäger an organisierten Jagden teilnehmen. Vielerorts litten die Besätze unter der Entwicklung der modernen Landwirtschaft und hoher Abschüsse, doch strenge Maßnahmen, die von Jagdbegrenzungen bis zum totalen Jagdverbot reichten, konnten die Schäden begrenzen. Um zur früher üblichen Besatzdichte zurückzufinden, bleibt es aber noch ein langer Weg.
Der natürliche Lebensraum des wilden Rothuhns ist vielfältig und der Feldmark ähnlich. Mediterrane Biotope wie Heide und Karstlandschaft, die von einigen Kulturen und Wasserstellen unterbrochen sind, liegen ihm ganz besonders.

Ursachen für den Bestandsrückgang

Trotz einer recht hohen Reproduktionsrate von zehn bis zwölf Eiern pro Gelege wird der Alterskoeffizient im Sommer – das ist das Verhältnis von Jung- zu Altvögeln – lediglich auf eins zu fünf je nach Jahr und Revier geschätzt.
In mittleren Jahren beträgt die Reproduktion pro Altvogel vier Jungvögel. Unter sehr günstigen Bedingungen kann diese Zahl auf sechs ansteigen, aber auch auf zwei oder sogar null in sehr schlechten Jahren abfallen.

Verluste vor dem Schlüpfen

Die Verluste vor dem Schlüpfen sind beträchtlich. Man schätzt, daß etwa 40 bis 50 Prozent der Nester zerstört oder verlassen werden.

• Die Rolle der Landwirtschaft
Durch die Bearbeitung von grasbewachsenen Weg- und Feldrainen, das Heumachen und Mähen der Luzerne werden viele Nester zerstört, manchmal sogar der brütende Altvogel getötet. Etwa 30 bis 40 Prozent der Gelege fallen landwirtschaftlichen Aktivitäten zum Opfer.

• Die Aufgabe von Nestern
Lang anhaltende und starke Niederschläge sowie häufige Störungen können dazu führen, daß Nester aufgegeben werden. In der Reproduktionszeit sollte man sich also diskret verhalten.

• Beutegreifer
Zahlreiche Nester werden von Füchsen, Mardern, aber auch streunenden Katzen und Hunden zerstört, wie eine in Frankreich in zwei Revieren durchgeführte Studie eindrucksvoll bewies. Während in dem einen Revier, in dem regelmäßig Fallen aufgestellt wurden, 55 Prozent der Gelege erbrütet wurden, lag die Erfolgsrate in dem anderen, nicht »regulierten« Revier nur bei 30 Prozent.

Das Rothuhn ist an seiner weißen Kehle erkennbar, die von einer schwarzen, konturlosen Kropffleckung gesäumt wird, die sich bis hinunter zur Brust erstreckt. Die Flanken zeigen schwarze Streifen.

Verluste nach dem Schlüpfen

• Schlechte klimatische Bedingungen
Rothühner besiedeln vorzugsweise Regionen mit einer jährlichen Niederschlagsmenge von 300 bis 760 mm. Kälte und Regen schaden insbesondere den Küken, die ihre Körpertemperatur nicht selbst regulieren können und deswegen ständig von der Henne gewärmt werden müssen. Der nasse Boden klebt schwer an ihren Füßen, und die Klumpenbildung behindert die kleinen Vögel in ihrer Bewegungsfreiheit. Heftige Gewitter fordern ebenfalls zahlreiche Opfer unter ihnen.

• Maßnahmen zum Pflanzenschutz
Pflanzenschutzmaßnahmen schädigen das Rothuhn sowohl direkt als auch indirekt: zum einen durch Vergiftungen, verursacht durch Aufnahme der Chemikalie, zum anderen durch Verringerung ihrer Fruchtbarkeit. Auch werden wichtige Nahrungsquellen vernichtet: Insekten, von denen sich die Küken bis zu ihrer dritten Lebenswoche ernähren, und Unkräuter, die von den Altvögeln bevorzugt gefressen werden.

• Aufgabe von Lebensraum
Verschlechtern sich die Aufenthaltsbedingungen mancher Gebiete und gibt es dort zu wenig Nahrung, werden diese Lebensräume aufgegeben.

• Krankheiten
In der freien Natur ist das Rothuhn nur wenig krankheitsanfällig. Wird es hingegen in Aufzuchtstationen gehalten, reagiert es dafür um so empfindlicher auf Parasitenbefall (Kokzidien) und Bakterien (Mykoplasmen).

Der Einfluss des Menschen

Wie sich das Rothuhn in einer Region entwickelt, hängt entscheidend vom Menschen ab. Sowohl Eingriffe in die Landschaft als auch die Landflucht, die immer mit der Aufgabe traditioneller Nutzungen verbunden ist, verursachen den starken Rückgang oder das völlige Verschwinden der Rothühner. Dies ge-

Der Bussard, ein Feind des Rothuhns

Dem Bussard fallen insbesondere ausgesetzte, noch zu zahme Rothühner oder Küken zum Opfer. Die Zeichnung zeigt, daß Bussarde sehr standorttreu sind und ein Bussardpärchen nur in einem eng umgrenzten Gebiet jagt, das mehr oder weniger konzentrisch ist. (Quelle: ONC)

schah auf mehreren Hochplateaus in Zentralfrankreich, wo heute ehemals abwechslungsreich bebaute Felder Ödland sind, oder auch im Mittelmeerraum, wo die wenig oder gar nicht genutzte Heide immer undurchdringlicher wird, was sich hinderlich auf eine gute Hege der Populationen auswirkt.

Dort, wo man in der Feldmark viele Feldgehölze abholzte, wurden gleichzeitig zahlreiche Möglichkeiten für Nestbau, Deckung und Nahrung vernichtet. Die Verringerung der für den Getreideanbau genutzten Flächen zugunsten von riesigen Viehweiden hatte ebenfalls negative Auswirkungen.

Problemlösungen

Will man eine Rothuhnpopulation stärken, ist vor allem für eine Verbesserung der Aufnahmekapazität der Reviere zu sorgen, die ein offenes, abwechslungsreiches Gelände bieten sollten. Konkrete Lösungsansätze müssen immer auf den jeweiligen Biotoptyp abgestimmt werden.

Heide und Karst

Grundsätzlich mögen Rothühner diese Pflanzenformationen auf trockenem, felsigem Boden. Der Pflanzenwuchs darf aber nicht zu einförmig und insbesondere nicht zu dicht sein, weil sonst die Vögel in ihrer Bewegungsfreiheit behindert werden würden, was die Aufgabe dieses Standortes zur Folge hätte.

• Lichten des Dickichts

Jean Blayac, ein Experte für den Lebensraum von Rothühnern im Mittelmeerraum, empfiehlt in seinem Buch *La perdrix rouge*, das betreffende Gelände zunächst mit schwerem Gerät zu lichten, damit es seinen gleichförmigen Charakter verliert. Gleichzeitig kann man Feuerschutzschneisen anlegen. Diese Aktion begünstigt ebenfalls das Wachstum von Gräsern, die für die Ernährung der Rothühner wichtig sind.

• Wildäcker

Als zweite Maßnahme empfiehlt Blayac die Anlage einiger Wildäcker, die aus etwa acht bebauten Flächen bestehen (5 bis 10 Ar Wildäcker auf 100 ha Heideland). Viele kleine Parzellen sind dabei besser als ein einziges großes Feld. Die Kulturen müssen natürlich an die Trockenheit des Bodens angepaßt sein. Die Wahl sollte also auf widerstandsfähige Arten fallen, die einen Beitrag zum Abwechslungsreichtum der Anpflanzungen leisten. Der gutgeeignete Weizen wird im Herbst ausgesät. Ihm kann man Wickensaat beimischen; Wicken haben ganzjährig zarte Blätter.

Einige Parzellen können mit Luzerne bestellt werden, die ebenfalls das ganze Jahr über üppiges Grünfutter liefern und überdies eine ausgezeichnete Deckung für den Nestbau abgeben. Aber auch andere Saaten, wie Hirse, Futtererbsen und Senf, sind denkbar.

Was frißt das Rothuhn?

Der tägliche Nahrungsbedarf eines Rothuhns beläuft sich auf 70 g. Davon müssen mindestens 50 Prozent Körner sein, das entspricht etwa 40 g pro Tag und 14 kg pro Jahr für einen Vogel.

• Die Ernährung des Wildes
Trotz Wildäcker reichen manchmal die Ressourcen eines Gebietes nicht aus, um den Bedarf einer Population zu dekken. Als Ergänzung bietet sich die Einrichtung einer zusätzlichen Futterstelle an einem festen Ort oder von Futterpfaden an Feldgehölzen oder Wegen entlang an – ein ausgezeichnetes Verfahren, um die Vögel am Ort zu halten.

• Die unverzichtbare Tränke
Insbesondere im Sommer ist es wichtig, den Rothühnern zusätzliche Gelegenheiten zum Trinken zu geben. Dazu richtet man alle 25 ha eine Tränke aus Beton oder Kunststoff ein (etwa 20 cm tief, 2 m im Durchmesser, 300 l Fassungsvermögen), die einmal wöchentlich versorgt werden muß.

Feldmark

Zusätzlich zu den beschriebenen Hegemaßnahmen bietet sich in der Feldmark der Schutz bzw. die Neuanlage von Feldgehölzen an, die für die Reproduktion sowie den Schutz vor Beutegreifern und Witterungsunbill wichtig sind.
Jedes schützende Feldgehölz muß senkrecht zur Hauptwindrichtung stehen. Es liegt vorzugsweise auf einer Böschung, damit die Tiere einen trockenen Lebensraum vorfinden, aus dem das Wasser schnell abfließen kann. Es ist ringsum von Graswuchs für den Nestbau umgeben. Für die Anlage von Feldgehölzen sind besonders Beerensträucher wie Schwarzdorn oder Brombeere geeignet. Ein gutes Rothuhngehölz ist mindestens 2 m breit, 2 m hoch und liegt auf einer 80 cm hohen Böschung. Von einzelnen, hohen Bäumen ist möglichst abzusehen, da diese von Greifvögeln als Warte benutzt werden.

Die Altersbestimmung beim Rothuhn

Im Gelände
Junge Rothühner erkennt man etwa bis zu ihrem dritten Lebensmonat an ihrer geringeren Größe im Verhältnis zu den Altvögeln, deren Alter nicht unterscheidbar ist.

Beim gefangenen Rothuhn
Bei den im laufenden Jahr geschlüpften Jungvögeln sind die Spitzen der ersten beiden Schwungfedern mit weißgelben Flecken versehen. Werden die Vögel älter, verliert sich diese Zeichnung, die Federn sind dann auch nicht mehr spitz.

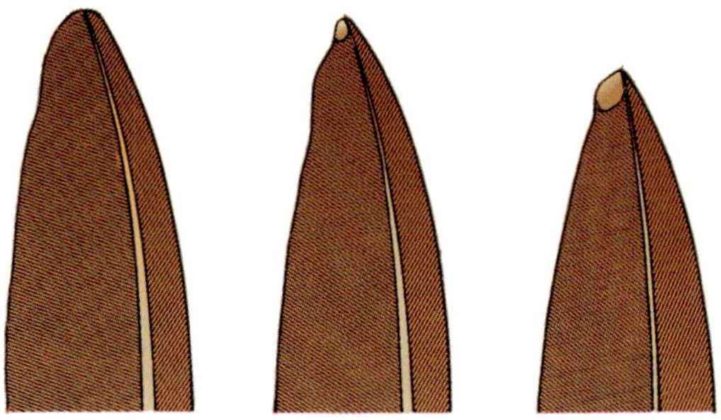

Altvogel — *Jungvogel des laufenden Jahres* — *Vogel im Alter von etwa drei Monaten*

Alter (in Wochen)	2	3	4	5	6	7	8	9	10	11	12
Durchschnittliches Gewicht (in g), beide Geschlechter	50	90	120	160	200	230	260	290	320	340	360

Die Pflege des Rothuhnbesatzes

Die Pflege des Rothuhnbesatzes im Revier beginnt mit seiner zahlenmäßigen Ermittlung, auf deren Grundlage mögliche Entnahmen berechnet oder Maßnahmen zur Bestandsstärkung geplant werden können.

Schätzung der Bestandsstärke und Berechnung der möglichen Entnahmen

Zwei Zählungen erweisen sich als notwendig: eine Frühjahrszählung, um die Dichte der Nistpaare im Revier festzustellen, und eine Sommerzählung, um Reproduktionsrate und Bestandsstärke (jährliches Wachstum der Population) zu ermitteln. Im offenen Gelände werden dazu Treiben durchgeführt (s. auch das Kapitel »Das Rebhuhn«). Ist das Revier bewaldet, geht man nach der sogenannten Teilflächenmethode vor, bei der einzelne, durch Feldgehölze, Wegraine und Parzellenränder begrenzte Revierteilstücke von Beobachtern abgesucht werden.
Der Abschußplan kann nach folgender Tabelle aufgestellt werden:

	Reproduktionsindex	Entnahme durch Bejagung
gutes Jahr	5 Jungvögel pro Henne	1/3 der Gesamtpopulation
mittleres Jahr	3 Jungvögel pro Henne	1/4 der Gesamtpopulation
schlechtes Jahr	1 Jungvogel pro Henne	–

Die Neuansiedlung

Zu dieser Maßnahme wird nur dann gegriffen, wenn die Besiedlungsdichte weniger als drei Paare auf 100 ha beträgt. Stärkere Populationen rechtfertigen das Auswildern künstlich aufgezogener Tiere nicht, vielmehr sollte der Jäger ermutigt werden, seinen Wildhuhnbestand entsprechend zu pflegen, um die Besiedlungsdichte zu erhöhen. Allerdings werden auch sorgfältig durchgeführte Maßnahmen zur Neuansiedlung von hohen Mortalitätsraten überschattet:
– 70 Prozent der Vögel überleben ihre Auswilderung zwei Monate;
– 50 Prozent überleben vier Monate (Anfang Januar);
– nur 20 Prozent paaren sich im darauffolgenden Frühjahr.
Auswilderungsmaßnahmen hängen in hohem Maße von der Aufnahmekapazität des Reviers ab. Sollte diese nicht ausreichend sein, sind zuvor die nachfolgend beschriebenen Hegemaßnahmen in der Reihenfolge ihrer Nennung durchzuführen:
– Ermittlung des Ist-Zustandes, Definition und Analyse der Gründe für einen Populationsrückgang, Berechnung der Bestandsdichte im Revier.
– Ermittlung der Aufnahmekapazität des Territoriums. Welche Hegemaßnahmen könnten geplant werden?
Günstiger ist es, junge Rothühner von zehn bis zwölf Wochen im Sommer, nach der Ernte, auszusetzen, da sich diese besser an ihre neue Umgebung anpassen. Die Auswilderung wird in Gruppen von zehn bis 15 Tieren vorgenommen, will man im kommenden Frühjahr ein neues Brutpaar haben. Vor der Auswilderung verbringen die Tiere fünf bis 15 Tage in einer Auswilderungsvoliere, die im Jagdrevier aufgestellt wird.
Die Voliere hat eine Grundfläche von 4 x 8 m^2. Zu ihrem Bau verwendet man Netze (keinen Maschendraht, damit die Vögel sich nicht verletzen können). Sie wird in der Nähe dichten Pflanzenwuchses aufgestellt und gegen den Zugriff von Raubzeug durch eine Umzäunung geschützt. Zur Vermeidung von Streß werden die Vögel in der Dämmerung freigelassen, dann wird die Voliere de-

Die Rothuhn-Auswilderungsvoliere muß am Rand eines Ackers errichtet werden.

montiert. Tränke und Futternapf bleiben allerdings zurück, um die Tiere an den Ort zu binden.
Eine Beringung der Tiere hilft, die Entwicklung der Population zu beobachten. Jede Neuansiedlung muß unbedingt von Maßnahmen zur Regulierung der Beutegreifer begleitet werden.

Vor jeder Neuansiedlung müssen Maßnahmen zur Regulierung von Beutegreifern getroffen werden. Das Aufstellen von Fallen auf Wildpfaden, wie hier gezeigt, ist heute verboten.

Die Bejagung des Rothuhns

Die Rothuhnjagd mit dem Vorstehhund ist sicherlich die sportlichste aller Jagdarten. Da sie oft in schwierigem, bergigem Gelände stattfindet, bedarf es einer soliden physischen Konstitution und der Unterstützung eines Hundes mit tadellosem Betragen. Wie die Waldschnepfe hat auch das Rothuhn seine Anhänger, die, getrieben von ihrer Leidenschaft, einen regelrechten Rothuhnkult entwickelt haben, der sie den Vogel auch in den steilsten, unzugänglichsten Geländeabschnitten verfolgen läßt.

Die Suchjagd mit dem Vorstehhund

Gleich, ob man das steinige Bergland Korsikas oder die karge Landschaft Andalusiens absucht oder ob man in Feldgehölzen, Weingärten oder buschbestandenen Wiesen der Feldmark stöbert, diese Jagd ist immer ein besonderes Erlebnis, geht es doch um die Erbeutung eines echten Wildvogels, der sein Gebiet bestens zu nutzen versteht und der sehr trickreich Jäger und Hund vor manche Herausforderung stellt.
Bevor sich ein Rothuhn zum Auffliegen entschließt, wird es zunächst so schnell es kann davonlaufen und alle Möglichkeiten des Geländes nutzen, um zu ver-

Die Unterscheidung der Geschlechter

Beim Rothuhn ist es nicht möglich, die Geschlechter durch einfache Betrachtung des Gefieders zu unterscheiden, da es bei Hahn und Henne gleich aussieht. Auch junge Rothühner weisen bis zum dritten bzw. vierten Monat keinerlei differenzierende Merkmale auf. Mit zunehmendem Alter, beginnend ab dem vierten Monat, wird die Geschlechtsbestimmung immer sicherer und kann am zuverlässigsten um den Reproduktionszeitraum herum vorgenommen werden.
In den meisten Fällen haben Hähne an jedem Bein einen oder zwei Sporne, die dick und gut entwickelt sind.
Hennen haben keinen Sporn, oder er ist nur schwach entwickelt und nur an einem Bein ausgebildet.
Der Hahn hat an der Kloake eine gut sichtbare Penisknospe.
Hähne wiegen im allgemeinen mehr als 450 g und sind kräftiger als weibliche Rothühner.

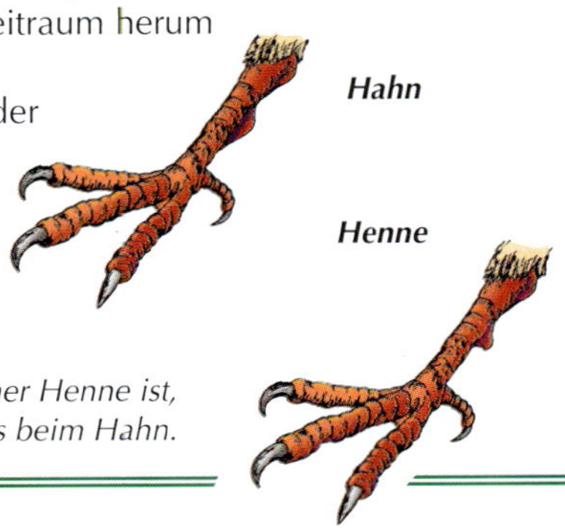

Der Sporn am Bein einer Henne ist, sofern vorhanden, kleiner als beim Hahn.

Andere Hühnervögel

Nicht weit von Korsika entfernt gibt es noch andere Rothuhn-Unterarten, vom Felshuhn, einer Kreuzung von Rothuhn und Steinhuhn, einmal ganz abgesehen. Die erste Unterart *Alectoris barbara* ist in Nordafrika beheimatet, wo sie, wenn der Jagddruck nicht allzugroß ist, fast jedes Milieu besiedelt: von der buschreichen Küste über den Mittelgebirgsraum bis hin zu wüstenähnlichen Gebieten, wo sich die Vögel zwischen Felsblöcken und Alfagrasbüscheln aufhalten. Deutlich erkennbar sind sie an einem rötlichen, vertikalen weiß gesäumten Band, ihrer grauen Kehle und einem fahlroten Strich hinter dem Auge. Ihre Bejagung im Gebirge hat sportliche Elemente und verlangt eine gute Kondition. Zu Saisonbeginn kann man auf Gruppen von 50 und mehr Tieren treffen, was viel Spannung verspricht.

Das Chukarhuhn *(Alectoris chukar)* ist im Mittleren Orient beheimatet und sieht dem Steinhuhn zum Verwechseln ähnlich. Zusätzlich zu einigen, weniger deutlich ausgeprägten Unterscheidungsmerkmalen hat es breitere, dafür aber in geringerer Anzahl vorhandene Streifen auf den Flanken. Es lebt gern in der Halbwüste im Dickicht der Büsche sowie in der Nähe zu Feldern und terrassiertem Gelände. Zum Zwecke des Abschusses wurde es in vielen Gebieten Frankreichs eingeführt, was sich aber als nachteilig herausstellte. Nun ist die genetische Reinheit der hier heimischen Rothühner durch Einkreuzungen bedroht, woraus sich wiederum andere Risiken entwickeln könnten, wie etwa eine Verschlechterung der Anpassungsfähigkeit an die Umwelt.

Chukarhuhn

bergen, daß es eigentlich flieht und sich in Gefahr fühlt.

Diese ärgerliche Angewohnheit, sich so aus dem Staub zu machen, die insbesondere bei Rothühnern in der Kette beobachtet wird, ist bei alleinlebenden Exemplaren weniger ausgeprägt, da diese lieber in ein Feldgehölz oder Buschwerk ausweichen. Dort bleiben sie reglos sitzen und verfügen über so erstaunliche Fähigkeiten zur Tarnung, daß selbst sehr erfahrene Jäger an ihnen vorbeilaufen.

Ihr Auffliegen, vor allem in den Bergen, ist ein besonders spektakuläres Ereignis. Ein Rothuhn streicht pfeilschnell mit heftigem Flügelschlagen ab. Insbesondere unerfahrene Jäger reagieren manchmal überrascht und vergessen, den Schuß rechtzeitig abzugeben. Der Vogel fliegt zunächst einige Meter parallel zum Relief – das ist der günstigste Moment für die Schußabgabe –, bevor er sich mit hoher Geschwindigkeit unter Zuhilfenahme einiger Flügelschläge den Abhang hinuntergleiten läßt und in weite Ferne entweicht. Oft taucht er dann am entgegengesetzten Abhang des Tals wieder auf, wohin man sich – wenn der zu hastig abgegebene Schuß ins Leere ging – auf ermüdenden Fußmärschen begeben müßte, um ihn dort zu suchen.

Die Spielregeln stehen damit fest: Sowohl bei der Jagd in der Feldmark als

Jagd im Bergland Korsikas. Der Zufall beschert dem Jäger manche Begegnung mit einer Schnepfe, Ringeltaube oder natürlich einem Rothuhn.

auch im Bergland muß der Jäger zunächst versuchen, eine Kette aufzulösen, damit der Hund überhaupt in die Lage versetzt wird, einige Tiere durch das Vorstehen anzuzeigen. Ein einzelnes Rothuhn zieht sich mit Vorliebe in einen Busch zurück, um sich einige Stunden später wieder zur Gruppe zu gesellen. In der Feldmark sucht man zu zweit, jeweils links und rechts am Feldgehölz entlang. Ein dritter Jäger kann an einem der Enden Aufstellung nehmen, um dort die Vögel abzufangen, die versuchen, sich vor seinen beiden Jagdgenossen durch Weglaufen außerhalb der Schußweite zu bringen.

Ein waidgerechter Jäger schießt natürlich nicht auf den am Boden laufenden Vogel. In bewaldeten Gegenden muß man jedoch immer damit rechnen, daß das Huhn nach dem Auffliegen scheinbar verschwindet, so als ob es sich in Luft aufgelöst hätte. In diesem Fall ist der Blick in Richtung der Kopfeichen-Wipfel zu lenken, wo man den Vogel häufig in der hohen Baumkrone versteckt auf einem Ast sitzend vorfindet.

Die schönsten Jagderlebnisse bietet zweifelsohne die Mittelmeerregion, insbesondere Korsika und die provenzalische Heide. Die vom Zufall bestimmte, unter sehr ungewöhnlichen Umständen ablaufende Suche nach dem Wild wird zurecht als nobler Sport verstanden. Der Jäger bewegt sich in einer außergewöhnlichen Natur: unter grünen Eichen, unter denen rosa Granitfelsen liegen, vorbei an steil abfallenden Kreidefelsen, durch Olivenhaine und, in der Nähe des Mittelmeeres, auf duftenden Wegen, die die Heide oder auch den Maquis durchziehen. Das sehr schwierige

»El Hadjel«, der Hühnervogel Nordafrikas

Das Rothuhn Nordafrikas unterscheidet sich von seinem europäischen Vetter durch die Kopfzeichnung: Es trägt am Hals eine rostrote Binde mit hellen Punkten, seine graue Kehle glänzt metallisch. Es kann ein Gewicht von 700 g erreichen. In seiner Heimat besiedelt »El Hadjel« sehr viele Biotope, wie die Dünengürtel in Küstennähe, Weiden und Äcker, bergige Regionen, aber auch höher gelegene Gebiete, wo man es zwischen Büschen finden kann. Den Jäger fordert dieses königliche Wild oft durch mannigfaltige Tricks heraus. Als Beispiel für sein ungewöhnliches Verhalten soll eine Kette Rothühner dienen, die wir seit nunmehr fünf Jahren beobachten. Die Tiere leben in den Schluchten des Chiffa-Gebirges in Algerien. Sie werden wahrscheinlich gleich nach dem Auffliegen von einem »Djenoune« – einem bösen Geist der arabischen Mythologie – besessen, der sie einen Felsen senkrecht hinabfliegen und nach einer scharfen Kurve auf einem unzugänglichen Felsen Platz nehmen läßt. In den Halbwüsten Marokkos südlich von Ouarzazate, einem eintönigen, flachen Landstrich, scheinen die Ketten, sobald sie sich einmal aufgeschwungen haben, auf mysteriöse Weise zu verschwinden. Tatsächlich verstekken sich die Vögel in Erdbauen unter am Boden liegenden Felsplatten.

Die Jagd auf das nordafrikanische Rothuhn ist aufgrund der natürlichen Gegebenheiten des Geländes eine sportliche Angelegenheit. Die Anstrengung wird jedoch belohnt, da man es mit einem königlichen Wild in einer beeindruckenden Landschaft zu tun hat. Das Foto zeigt den Beginn einer Jagd in einem algerischen Djebel, die bereits einige Jahre zurückliegt. Obwohl die Hunde mehr Schakalen als Jagdhunden ähneln, sind sie wegen ihrer Widerstands- und Anpassungsfähigkeit wertvolle Helfer.

Gelände erfordert lange und manchmal ermüdende Fußmärsche. Daher muß der Hund ausdauernd sein, im Dickicht Mut beweisen und eine feine Nase haben, um die auf dem trockenen Boden sehr flüchtige Spur aufnehmen zu können.
Man durchkämmt also das Gebirge und sucht vorzugsweise die Plätze auf, die als Futterstellen bekannt sind – alte Weinstöcke, Bäume und beerentragende Büsche wie Myrten, Oliven und Erdbeerbäume – aber auch Tränken, insbesondere während der heißen Stunden des Tages. Selbst wenn diese langwierige Suche zwischen Felsblöcken und Gestrüpp ermüdet und in den Augen unwaidmännischer Jäger, die auch auf Vögel jagen, die am gleichen Morgen ausgesetzt wurden, wenig produktiv ist – für den Anhänger einer authentischen, naturbelassenen Jagd ist ein perfekt vom Vorstehhund inmitten einiger Felsblöcke oder auf einer Klippe über dem Meer angezeigtes und durch einen gezielten Schuß korrekt vom Himmel geholtes Huhn die schönste aller Belohnungen. Was zählt, ist die Qualität: die der Suche, der Arbeit des Hundes und das Gefühl, richtiges Wild erlegt zu haben.

Ein erfolgreicher Jäger: zwei Rothühner auf einen Streich!

Die traditionelle Jagd auf Korsika

»U Cachadoru di parnicci« – Rothuhnjäger – werden im korsischen Bergland respektvoll die Großen unter den Jägern genannt. Sie streifen tagelang durch den Maquis und klettern über Stock und Stein, um sich mit magerer Beute wie einigen Tauben oder zufällig geschossenen Schnepfen zufriedenzugeben.
Zwei unterschiedliche Jagdtechniken werden angewendet: Die erste besteht darin, daß ein Fährtenhund (oft ist es ein Epagneul Breton) die Spur eines laufenden Rothuhns aufnimmt. Diese verlassen jeden Morgen ihren nächtlichen Unterschlupf auf den Hochplateaus oder in den Weinbergen, um aus den Bächen im Tal zu trinken.
Am Abend nehmen die Vögel den gleichen Weg zu ihren Schlafstellen zurück. Um dieses Durcheinander von Spuren,

die tagtäglich entstehen, zu entwirren, braucht man einen außerordentlichen Hund, der sich durch eine feine Nase, Mut im Gebüsch und natürlich Gehorsam auszeichnet.

Die Schußabgabe auf das sich vor dem Vorstehhund drückende Tier erfolgt oft unter akrobatischen Umständen, da die Vögel versuchen, um ihr Auffliegen zu verbergen, schnell zwischen den Zweigen zu verschwinden. Der Bewuchs ist dicht genug, daß man sein Wild durchaus aus den Augen verlieren kann, wenn es sich in den Wipfeln grüner Eichen, in mannshohem Gestrüpp oder in Zistrosen niederläßt. Dort ist es auch für den Hund unerreichbar.

Eine andere Möglichkeit besteht darin, mit einem echten Suchhund zu jagen, wobei der Pointer zu den beliebtesten Rassen auf Korsika zählt. Mit ihm werden die Stellen abgesucht, wo die ursprüngliche Vegetation durch Feuer vernichtet wurde und heute nur noch ein verkümmerter Maquis und einige Mittelmeerlilien wachsen. Diese Umgebung ist bei Rothühnern sehr beliebt, und es jagt sich auch einfacher.

Waffen und Munition

Zu Saisonbeginn kann das Rothuhn mit Schrot der Größen 7 (2,5 mm) bis 8 (2,2 mm) geschossen werden. Bei der Jagd im Gebirge, insbesondere auf die Hühner in Nordafrika, können auch stärkere Patronen mit Schrotstärke Nr. 6 (2,7 mm) notwendig werden.

Königliche Treibjagden auf das Rothuhn

Die Provinz Mancha südlich von Madrid ist als das Goldene Rothuhndreieck bekannt. Auch hier zählt das Rothuhn zu den begehrten Wildarten und wird respektvoll als »mutiges Huhn« bezeichnet.

Jedes Jahr werden ab Oktober prächtige Treibjagden veranstaltet, deren Tagesstrecken bis zu 1500 Vögel betragen. Diese Zahl scheint hoch zu sein. Man muß aber wissen, daß die Treiben *(ojeos)* Tausende von Hektar Land einbeziehen, daß das Ganze perfekt und streng organisiert ist und daß der Jagddruck mit der Dynamik der Populationen übereinstimmt, die sich auf endlosen Flächen, mit Weizen, Mais und wilden Gräsern bestanden, entwickeln.

An jeder Treibjagd nimmt etwa ein Dutzend Schützen teil. Jeder Schütze wird von einem Helfer begleitet, der das geschossene Wild einsammelt, sowie natürlich von einer Treiberlinie.

Rothuhnhunde

Ein guter Rothuhnhund muß, insbesondere im schwierigen Gelände des Südens, vielseitig veranlagt sein und über hervorragende Qualitäten verfügen, kurz, er sollte der perfekte Jagdhund sein. Schließlich haben wir es mit einer der gerissensten Wildarten überhaupt zu tun, bei der sich unser vierbeiniger Helfer nicht den geringsten Fehler leisten darf.

Die Qualitäten des Rothuhnhundes

Die Korsen, große Rothuhnjäger, die im undurchdringlichen Maquis des schroffen Gebirges jagen – sicherlich das schwierigste Jagdgebiet Frankreichs – meinen, daß ein echter Rothuhnhund zwei grundsätzliche, sich ergänzende Eigenschaften haben muß:

Er muß ein Fährtenhund sein, d. h. eine sehr sichere Nase haben, die es ihm erlaubt, die Spur von in den Maquis flüchtendem Wild zu halten, wozu ebenfalls einiger Mut im Gestrüpp gehört. Er muß es verstehen, das Wild durch einwandfreies Vorstehen zu blockieren, was er erst auf Befehl seines Herrn beenden darf, der ihm im undurchdringlichen Gestrüpp oft nur mühevoll folgen kann. Außerdem muß er sehr folgsam – weglaufenden Vögeln darf er keinesfalls hinterherhetzen – und ein hervorragender Verlorenbringer sein, eine andere Fähigkeit von prinzipieller Wichtigkeit in einem Land, wo die Vegetation dicht ist und verwundetes oder totes Wild schwer zu finden ist. Er muß weiterhin über die für einen Jagdtag im Süden notwendige Ausdauer verfügen, wo es in den ersten Wochen nach Saisoneröff-

gegen könnte man ihm manchmal mangelnden Mut im Gebüsch vorwerfen, was wohl durch sein kurzes Fell begründet ist. Trotzdem wird er auf Korsika als vollwertiger Jagdhund eingesetzt.

• Der Epagneul Breton

Dieser Hund ist bei den korsischen Jägern mit am beliebtesten. Sie schätzen ihn als ausgezeichneten Fährtenhund, der methodisch und fleißig vorgeht. Mit seiner feinen Nase ist er begabt und mutig im Gestrüpp.

Der Epagneul Breton ist besonders gut für die Rothuhnjagd in schwierigem Gelände geeignet.

• Vorstehhunde

In den Jagdrevieren des Flachlandes sind dort, wo es noch Rothühner gibt, die meisten der klassischen Vorstehhunde geeignet: der Englische, der Irische und der Gordon-Setter, Griffon und Drahthaar, der Deutsch-Kurzhaar.
Prinzipiell ist jede Vorstehhunderasse für diese Feldjagd geeignet, vorausgesetzt, der Hund sucht weit und systematisch und steht fest vor.

nung sehr heiß ist, und Entschlußkraft besitzen.

Die geeignetsten Rassen

• Der Pointer

In den trockenen, heißen mediterranen Revieren macht der Pointer eine sehr gute Figur. Im korsischen Maquis hin-

Wie man während der Rothuhnjagd für seinen Jagdhund sorgt

Zunächst muß man wissen, daß der Hund einen großen Wasserbedarf hat. Er schwitzt zwar nicht, verliert aber viel Feuchtigkeit beim Hecheln, insbesondere wenn er sich verausgabt und es heiß und trocken ist. Plant man also, für einen ganzen Tag auf Rothuhnjagd im Maquis oder in die Heide zu gehen, sollte man unbedingt eine Feldflasche mit Wasser für den Hund mitnehmen (Armeefeldflaschen, die am Gürtel befestigt werden können, sind dafür hervorragend geeignet).
Im Mittelmeergebiet kann es durchaus vorkommen, daß unser vierbeiniger Helfer von einer Schlange gebissen wird. Allerdings ist nur die Viper wirklich gefährlich. Das Gift ihrer Drüsen, das sie über ihre Zähne abgibt, enthält mehrere Wirkstoffe: Hämotoxine, die die roten Blutkörperchen zerstören und durch Verklumpung Kreislaufstörungen verursachen, Neurotoxine, die das Nervensystem in Mitleidenschaft ziehen, und Myotoxine, die die Muskelfasern angreifen. Im allgemeinen reagiert ein Hund auf einen Schlangenbiß durch klagendes Kläffen, dem nur wenig Aufmerksamkeit geschenkt wird. Schließlich könnte er sich ja auch an einem Dorn gerissen oder eine Pfote verstaucht haben …
Bei Auftreten nachfolgender Symptome kann man auf einen Schlangenbiß schließen: lokale Schwellung an der Bißstelle, die sich zu einem bläulichvioletten Ödem entwickelt, in deren Mitte manchmal kleine, blutige Löcher zu sehen sind, die von den Zähnen der Schlange herrühren. Die Schwere der Verletzung hängt natürlich auch von der Stelle ab, der sie zugefügt wurde: Ein Biß in die Pfote wiegt weniger schwer als ins Maul, ins Ohr oder in die Nase. Lediglich in zehn Prozent der Fälle entwickeln sich die Symptome und die damit verbundenen Komplikationen sehr schnell, was zum Tod des Tieres führen kann. In Risikozonen sollte man ein Gegengift mit sich führen, das zur Verhinderung eines Kreislaufversagens vorschriftsmäßig an mehreren Punkten um die Bißstelle herum injiziert werden muß. Natürlich wird dann die Jagd sofort abgebrochen, der Hund bis zum Fahrzeug getragen, um ihm zusätzliche Anstrengungen zu ersparen, und zum Tierarzt gebracht.

1 – Wasser *ist unverzichtbar, um einen Fasanenbestand zu halten. Deswegen ist eine ausreichende Anzahl von Tränken vorzusehen, die sorgfältig im Revier verteilt werden. Einige Teiche und Weiher dienen der notwendigen ergänzenden Wasserversorgung; ihr bewachsener Uferstreifen bietet im Sommer uneinsehbare Deckung.*

2 – Wildäcker *machen idealerweise zehn Prozent des Reviers aus. Sie liegen inmitten von Wiesen und Weiden, Feldgehölzen oder auch auf Freiflächen im Wald und sind für den Erhalt eines Fasanenbestandes wertvoll. Hier befindet sich der Wildacker, der nicht größer als 1 ha sein muß, am Ufer des Weihers. Mehrere Pflanzenarten (Sonnenblumen, Buchweizen, Mais, Hirse und Topinambur) können mosaikförmig ausgesät werden.*

3 – Der Futterweg *verbindet* **mehrere Fasanenschütten (4)** *untereinander, die im Revier eingerichtet wurden. Bei diesen befindet sich selbstverständlich auch immer eine auf Dauer angelegte Tränke. In der Nähe dieses Platzes, der von den Fasanen täglich aufgesucht wird, ist intensives Fallenstellen unerläßlich, insbesondere während der Ansiedlung eines neuen Bestandes.*

Der Fasan

Der Fasan kommt in ganz Mitteleuropa als Bewohner von Au- und Feldlandschaften vor. Lagen über 400 m Meereshöhe und mit reinem Waldbestand meidet er. Die im deutschsprachigen Raum lebenden Unterarten sind zumeist Kreuzungen aus dem seit dem Mittelalter bekannten ringlosen Kupferfasan (sogenannter Böhmischer Jagdfasan) sowie dem Mongolischen und dem Chinesischen Ringfasan.
Die Hähne (Göckel) sind ganzjährig bunt mit blaugrünem Kopf, »Augenrosen«, weißem Halsring und kupferfarbigem, gesprenkeltem Körper befiedert. Zusätzlich tragen sie einen langen Federstoß. Die Henne ist schlicht hellbraun gesprenkelt und hat einen kurzen Stoß.
Der Fasanenbesatz hängt stark von guten Biotopvoraussetzungen und Hegemaßnahmen wie Regulierung der Beutegreifer, ausreichender Winterfütterung und Schutz vor dem Ausmähen der Gelege im Frühjahr ab. Einem Jägersprichwort zufolge benötigt der Fasan fünf »W«: Wald, Wasser, Wiese, Weizen und Wurzeln. Als Untergrund sind kiesige oder sandige Böden besser geeignet als schwere, lehmige. Aulandschaften mit großen Schilfbeständen an Seen und Flüssen sind ideal, für das Aufbaumen zur Nacht braucht der Fasan Schlafbäume.
Die besten Jagdgebiete finden sich in Nordrhein-Westfalen, Schleswig-Holstein, Niedersachsen und den Aulandschaften Süddeutschlands.

Ursachen für den Bestandsrückgang

Die Mortalitätsrate von Fasanenbeständen hängt, wie auch ihre Fähigkeit, Witterungsunbilden zu widerstehen und sich vor Beutegreifern in Sicherheit zu bringen, in erheblichem Maß davon ab, ob es sich um wilde oder um kürzlich ausgesetzte Tiere handelt.

Neu ausgesetzte Fasanen

Diese Tiere zeigen sich gegenüber den harten Bedingungen, die ihnen die neue natürliche Umwelt bietet, sehr viel empfindlicher. Fasanen aus einer Zuchtfasanerie überleben ohne begleitende Schutzmaßnahmen selten mehr als einige Tage, manchmal nur wenige Stunden.

Auch wenn sie den Jägern und ihren Vorstehhunden entkommen sollten, werden sie alsbald ein leichtes Opfer von Beutegreifern und Greifvögeln, da sie in der Zuchtanlage kein entsprechendes Fluchtverhalten entwickeln konnten.

Der Einfluß des Fuchses

Der Fuchs, ein sympathisches Tier mit listigen Augen, erinnert stark an unsere liebgewonnenen vierbeinigen Begleiter. So haben auch die Naturschützer leichtes Spiel, die auf die Gefühle der Öffentlichkeit setzen, wenn sie dafür eintreten, ihm eine Schonzeit einzurichten, Sommer- und Baujagd zu verbieten und somit die wichtigsten Standbeine der Reduzierung überhöhter Fuchsbestände zu verhindern. Frei stehende Bügelfallen sind heute verboten. Das Ergebnis ist eine starke Vermehrung des Beutegreifers, der die Niederwildbesätze bedroht, da nicht mehr korrekt reguliert wird. Wohlbemerkt, die Rolle des Fuchses als Gesundheitspolizist, der kranke bzw. schwache Individuen beseitigt, wird damit nicht in Abrede gestellt. Es kann aber nicht angehen, daß er sich ungehindert vermehrt und vielfach sogar unsere Städte bevölkert.

Vor jedem Versuch, einen Fasanenbestand anzusiedeln, sind unbedingt Maßnahmen zur Regulierung der Beutegreifer durchzuführen.

Aus wissenschaftlichen Untersuchungen über die Rolle des Fuchses konnten in einem Revier in der Champagne (Frankreich) aufschlußreiche Fakten gewonnen werden. In diesem für den Fasan geeigneten Gebiet wurde von 1985 bis 1989 versucht, Vögel wildlebenden Ursprungs anzusiedeln. Auf einer Fläche von 2600 ha wurden mehr als 4500 Tiere ausgesetzt. Die Zählungen, die 1989 nach vier Jahren Jagdverbot auf Fuchs und Fasan durchgeführt wurden, sprechen für sich: Gerade einmal 150 Fasanen verblieben. Bemerkenswert dabei ist auch, daß die verwendeten Vögel Wildfänge waren, die sich in der Anpassung und im Fluchtverhalten kaum von den Wildvögeln unterschieden.

Um der Ursache für diesen mysteriösen Schwund auf den Grund zu gehen, wurden erneut 60 Tiere ausgesetzt. Diesmal waren sie jedoch mit Sendern ausgestattet, wodurch man ihre Bewegungen im Gelände verfolgen konnte. Bereits 14 Tage später fand man 48 Fasanen tot auf, das sind 80 Prozent des Bestandes. 27 davon gingen mit Sicherheit auf das Konto des Fuchses, sechs fielen dem Habicht zum Opfer, und zwei wurden auf der Straße überfahren. Mehr als die Hälfte landete demzufolge im Magen von Reineke Fuchs, ein Grund mehr, diesen Beutegreifer durch entsprechende Regulierungen, die allen Auswilderungsmaßnahmen unbedingt vorausgehen sollten, nicht aus dem Auge zu verlieren. Diese Auswilderungsmaßnahmen müssen entsprechend methodisch begleitet werden. So dürfen nur gesunde Vögel ausgesetzt werden, die in der Lage sind, in der natürlichen Umgebung zu überleben. Es ist ebenfalls zutreffend, daß der Fuchs angesichts der Fasanen, die ihrem natürlichen Lebensraum ungenügend angepaßt waren, leichtes Spiel hatte.

Von diesem Hochsitz aus kann die Entwicklung eines kürzlich im Revier angesiedelten Fasanenbestandes unauffällig beobachtet werden.

WILDLEBENDE FASANEN

• Verlust durch Beutegreifer

Fasanenbestände sind durch eine hohe Mortalitätsrate gekennzeichnet. Dem Winter fallen 20 Prozent der erwachsenen Tiere zum Opfer, im Zeitraum Frühjahr–Herbst sinkt diese Rate auf zehn Prozent, wobei der Jagddruck in diesen Schätzungen nicht inbegriffen ist. Die Hälfte der Eier eines Geleges fällt Elstern, Eichelhähern, Raben und Igeln zum Opfer; die Küken werden von Füchsen, Mardern, Greifvögeln und streunenden Katzen gefressen. Die größten Verluste gehen dabei auf das Konto des Fuchses (s. Kasten S. 82).

• Die moderne Landwirtschaft

Durch den Einsatz landwirtschaftlichen Geräts, insbesondere bei der Heuernte und der Grassilageproduktion im Frühjahr, werden ebenfalls zahlreiche Nester zerstört und sogar brütende Hennen getötet. Außerdem hat die Anwendung landwirtschaftlicher Pestizide durch direkte wie auch indirekte Vergiftung (den Küken wird die wichtige Nahrungsquelle der Insekten entzogen) üble Folgen. Die Flurbereinigung, die mit einer Vernichtung von Feldgehölzen einhergeht, sowie die Ablösung eines kleinteiligen gemischten Anbaus in einer von Wäldchen gekennzeichneten Landschaft durch große, uniforme Flächen wirken sich ebenfalls negativ aus. Auch dem Straßenverkehr zollt der Fasan einen gewissen Tribut, bis zu zehn Prozent der außerjagdlichen Verluste werden je nach Straßendichte und Befahrung durch ihn verursacht.

WAHL DER OPTIMALEN FASANEN FÜR DAS AUSSETZEN

Die bei uns verbreiteten Fasanen sind zumeist Kreuzungen aus Böhmischem Jagdfasan sowie Chinesischem und Mongolischem Ringfasan. In Fasanerien sind auch noch andere Rassen erhältlich. Wichtig ist die Anpassung an das vorhandene Biotop, da je nach Beschaffenheit eine bestimmte Unterart verwendet werden sollte. Für die meisten »typischen« Fasanenreviere kommt der ringlose Böhmische Jagdfasan *(Phasianus cholchicus colchicus)* in Frage. Er liebt reiche Deckung und Gewässer, akzeptiert den Wald und gilt als scheu und widerstandsfähig.

Früher versuchte man auch das Aussetzen des Japanischen Buntfasans *(Phasianus colchicus versicolor)* in höheren Lagen und des Chinesischen Ringfasans *(Phasianus colchicus torquatus)* in ausgesprochenen Feldrevieren ohne ausreichenden Gehölzanteil. Letztlich blieben jedoch die Bemühungen, ungeeignete Lagen mit »speziellen« Rassen zu besiedeln, weitgehend erfolglos.

Von Bedeutung ist die Verwendung von Fasanen aus guten Zuchtbetrieben, die die Vögel unter möglichst naturnahen Bedingungen aufziehen.

Bestandserhaltende Maßnahmen

Aus der Erkenntnis heraus, daß Fasanen um so leichter verstreichen, sobald Deckung, Äsung und Tränken seltener werden oder zu weit voneinander entfernt liegen, ergeben sich verschiedene Lösungsansätze. Die vorrangigen Maßnahmen liegen in einer fasanengerechten Herrichtung des Biotops und in der Regulierung von Beutegreifern.

Verbesserung der Kapazitäten zur Ernährung des Wildes

In den Monaten November bis März ist der Fasan am stärksten gefährdet. In dieser Zeit ist besonders darauf zu achten, daß die Vögel Äsung in ausreichender Menge finden. Gutgenährte Tiere widerstehen den winterlichen Witterungsunbilden und den Beutegreifern besser und folgen ihrem Wanderinstinkt weniger.

• Die Fütterung

Zugefüttert werden Getreidesorten wie Weizen oder Mais, die an sorgfältig ausgewählten und an strategischen Punkten im Revier verteilten Futterplätzen angeboten werden: am Saum kleiner Wälder, von Feldgehölzen und Wildäckern. Je nach Besatzkapazität des Reviers ist alle 5 bis 10 ha ein Futterplatz vorzusehen. Dabei kann es sich um einfache Eimer handeln, die mit Löchern versehen und aufgehängt werden, oder um runde Kanister, die auf Steinen aufgebockt stehen oder an Haken hängen, die im Boden verankert sind. Solche in Gehölzen angelegten Futterpfade zeitigen exzellente Ergebnisse, wenn sie kurvenreich sind und regelmäßig im Zentrum der Jagd und nicht etwa an ihrer Peripherie betreut werden. So werden die gern wandernden Vögel nicht angeregt, über die Grenze des Reviers in andere Gebiete überzuwechseln oder zu verstreichen. Die Fütterung am Boden sollte maßvoll erfolgen, vorzugsweise sind Maiskörner zu geben, die weniger schnell verderben.

• Wildäcker

Wildäcker ergänzen das Nahrungsangebot der Fasanenschütten. Je monotoner die Landschaft ist, d. h. je weniger Deckung und Äsung sie bietet, um so mehr Wildäcker sind anzulegen. Idealerweise sind an die zehn Prozent des gesamten Jagdreviers als Wildäcker bepflanzt. Sie sollten Pflanzenvielfalt bieten und harmonisch mosaikförmig über die gesamte Jagd verteilt liegen, mit einiger Konzentration im Zentrum, um das Verstreichen der Vögel zu begrenzen. Am besten

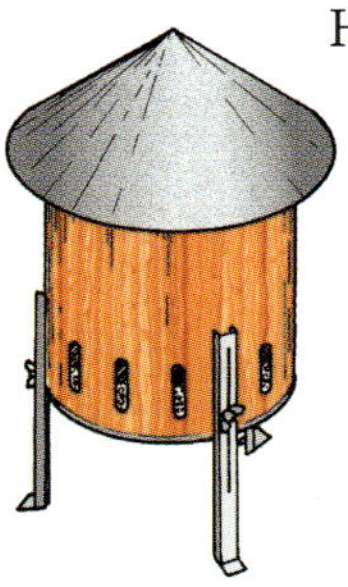

Diverse Vorrichtungen zum Füttern von Fasanen. Die Behälter sind immer in einigem Abstand vom Boden aufzustellen, wodurch sie auch für Nager unzugänglich sind.

eignen sich kleine Parzellen von 1 bis 2 ha oder sogar weniger Größe, wo sorgfältig zusammengestellte Mischungen ausgesät werden.
Der Fasan ist ganz versessen auf Mais, dessen Körner und Kolben er pickt. Ebenso schätzt er Hirse, Topinambur, Buchweizen und Hafer-Roggen-Mischungen.
Ein Wildacker kann alle Bedürfnisse des Fasans befriedigen – Deckung, Nistplatz, Äsung –, wenn die Saatmischung stimmt. Im Mai wird nach vorbereitender Bodenbearbeitung (Eggen) eine Mischung aus Sonnenblume, Hirse, Futterrübe, frühem Hybridmais, Sommerweizen und Buchweizen ausgebracht, wobei 100 kg/ha vorzusehen sind. Andere Möglichkeiten sind speziell dafür zusammengestellte Saatmischungen, die im Fachhandel erhältlich sind.

• Bodenbedeckende Vegetation

Für den Nestbau ist eine bodennahe Vegetation unabdingbar. Außerdem schützt sie vor Witterungsunbilden und Beutegreifern.
Bodendecker der Ebene:
– Brachen (s. Kasten S. 87).
– Der Erhalt von Feldgehölzen in der Knicklandschaft ist wichtig, weil nur das Feldgehölz den Fasan in dieser Landschaftsform hält. Ein gutes Feldgehölz muß breit (2 m) und aufgrund einer ausgeklügelten Mischung ver-

Spezielle Anforderungen an ein Fasanenbiotop

Der Fasan schätzt einen abwechslungsreichen Lebensraum, hält sich aber in der Nähe des Waldsaums, auf Lichtungen und in Holzeinschlaggebieten auf, kurz, überall, wo sich eine buschreiche Vegetation entwickelt, die ihm Unterschlupf bietet.

Der Fasan ist auf kein bestimmtes Biotop fixiert. Er liebt die Abwechslung und solche Bereiche, wo sich Wäldchen, Feldgehölze, Dickichte, Felder, Wiesen, Sümpfe, Brachen und jede Art Pflanzung entsprechend den Jahreszeiten oder Jahren abwechseln. Einer britischen Studie zufolge gliedert sich das Gebiet eines dominanten Hahns, das in Abhängigkeit von seinem biologischen Wert 1,5 bis 40 ha groß sein kann, folgendermaßen auf:
– Wiesen: 40 %,
– Feldbau: 12 %,
– dichtbewachsene Brachen: 17 %,
– hohes Gras: 7 %,
– Hochwald: 2,3 %,
– Unterholz im Hochwald: 26 %.
Bestandszählungen in Abhängigkeit von den Biotopvoraussetzungen brachten folgende Ergebnisse:
– Felder und Wäldchen: 25 bis 40 Fasanen auf 100 ha,
– Knicklandschaft: 5 bis 15 Fasanen auf 100 ha,
- Sümpfe, Feuchtwiesen, Pappelhaine: 3 bis 15 Fasanen auf 100 ha,
– sehr bewaldete Gebiete: 3 bis 5 Fasanen auf 100 ha.

Die systematische Anlage von Wildäckern begünstigt das Ansiedeln oder Halten von Fasanenbeständen.

schiedener Arten buschig sein: Schlehdorn, Brombeere, Eberesche, Holunder, Haselnuß, Weißdorn, Ahorn und Fichte.

– »Ungepflegte« Wiesen mit Baumstümpfen, Büschen und Brombeersträuchern müssen selbstverständlich als Deckung und Schutz erhalten werden.

– Bodendecker im Wald: Mit Wald ist insbesondere der 10 bis 20 m breite Waldsaum gemeint, denn weiter dringen Fasanen in der Regel nicht in das Waldesinnere vor. Bei Jagden in tieferen Waldschichten konnten jedenfalls keine Fasanen mehr zum Aufstehen gebracht werden.

Will man eine hervorragende Deckung anbieten, die das ganze Jahr über wirksam ist, genügt es, dafür das Unterholz am Rand des Hochwaldes zu nutzen, das alle fünf Jahre abgeholzt wird. Unterholz und Brombeergestrüpp bieten ausgezeichnete Zufluchtsorte. Hochgewachsene Bäume dienen dem Fasan als Schlafplatz, auf den er keinesfalls verzichten kann, da er nachts aufbaumt, um sich außerhalb der Reichweite seiner Feinde auf dem Boden zu bringen.

• Wasser

Wasser ist für den Fasan sehr wichtig und muß immer ausreichend vorhanden sein.

Gibt es im Revier weder Weiher noch Bäche oder Seen, sind in der Nähe der Futterplätze Tümpel anzulegen. Alte Reifen sind ungeeignet, da sie dem Wasser einen schlechten Geschmack verleihen.

Regulierung der Beutegreifer

Neben der Jagd mit unversehrt fangenden Lebendfallen oder sofort tötenden Fallen empfiehlt sich die Konzentration auf die Fuchsbaujagd im Winter (besonders während der Ranzzeit) und eine konsequente Bejagung der Jungfüchse im Sommer.

Raubzeug (Wiesel, Marder) fängt man eher in der Falle, als daß man es vor die Flinte bekommt. Gefährliche Nesträuber sind auch Rabenkrähe und Elster.

Streunende Katzen fangen neben den kleinen Junghasen auch häufig die noch flugunfähigen und daher hilflosen Fasanenküken.

Die unverzichtbare Tränke

Die Tränke verhindert, daß die Vögel verstreichen. Es kann eine natürliche oder künstlich angelegte Tränke sein, ein kleiner Wasserlauf oder eine speziell eingerichtete Betonschale, die an einem strategischen Punkt aufgestellt wird.

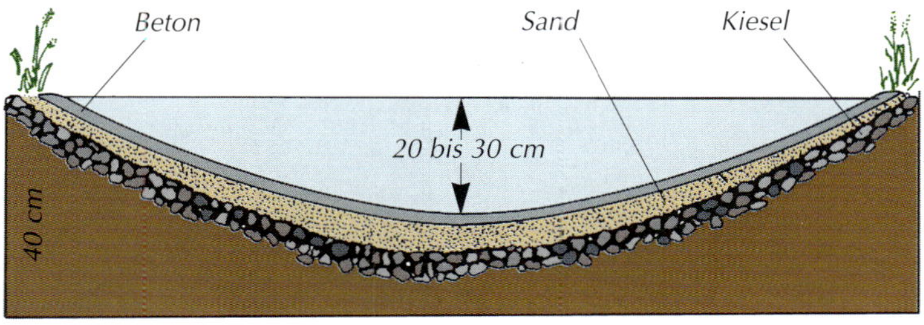

Die Brachen: Hoffnung und Enttäuschung

Seit 1993 wurde es Landwirten ermöglicht, bis zu 15 Prozent ihrer Erwerbsfläche aus der intensiven Produktion herauszunehmen und dafür eine finanzielle Entschädigung zu erhalten. Ziel dieser EU-Maßnahme war eine Begrenzung der Überschüsse von landwirtschaftlichen Gütern. Von den Jägern wurde die Brachenregelung mit großer Hoffnung erwartet, da man davon ausging, nunmehr staatlich geförderte Wildäcker zu erhalten. Zudem lieferte das Vorgängerprogramm für Wiesenbrüter wie Fasanen und Rebhühner nur enttäuschende Ergebnisse. Den Landwirten wurde dabei ein Ausgleich gezahlt, wenn sie darauf verzichteten, einen 15 m breiten Randstreifen ihrer Kulturen mit Pestiziden zu spritzen. da in diesem Bereich Feldhühner vorzugsweise brüten. Nach der Durchführung zeigte sich aber, daß keine wesentliche Bestandsverbesserung auf diesem Weg erreicht werden konnte.

Bei der nun eingeführten Brachenregelung ist es auch dem Jäger möglich, dem Landwirt das Saatgut und einen kleinen Betrag für den Mehraufwand bei der Bearbeitung zur Verfügung zu stellen. Vom Gesetzgeber unbedingt vorgeschrieben ist, daß keinerlei Ernte auf der stillgelegten Fläche stattfinden darf. Erlaubt ist die sogenannte Gründüngung, wobei schnellwachsende Pflanzen mit billigem Saatgut wie Senf oder Luzerne angebaut und dann wieder untergepflügt werden.

Für den Jäger sind Pflanzen interessant, die neben Deckung auch Äsung bieten. Empfehlenswert sind Gräser- und Getreidesorten, Klee, Raps, Lupine und verschiedene Arten von Rüben. Der Anbau sollte im März/April erfolgen. Durch Züchtung wurde es möglich, Saatgut zu erhalten, das verhältnismäßig spät Samen bildet, um einer Verunkrautung der Ackerflächen vorzubeugen.

So erweisen sich die mit Wildpflanzen bewachsenen Brachen als Hoffnungsträger, deren Prinzip sich heute viele Landwirte und Jäger anschließen.

Die Wildbrache bietet allerdings auch Anlaß für Enttäuschung. Als die europäische Gesetzgebung diese Anbaumethode zur Begrenzung landwirtschaftlicher Überkapazitäten empfahl, glaubten die Jäger, daß sich die Maßnahme günstig auf das Wild auswirken würde. Bei Brachen, die nicht der oben beschriebenen Kategorie angehören, ist das nicht der Fall. Sie müssen nämlich, sobald sich Samen ausbilden, umgebrochen werden. Die dazu erforderlichen landwirtschaftlichen Arbeiten erweisen sich als nachteilig für das Wild, wenn zur gleichen Zeit die Jungen zur Welt kommen bzw. genistet wird, insbesondere wenn man weiß, daß das Wild dieses Milieu gut annimmt und sich dort konzentriert. Eine kontraproduktive Auswirkung, die nicht im voraus bedacht wurde. Enger Kontakt zu »seinen« Landwirten hilft sicherlich, solche Enttäuschungen zu vermeiden.

Feder einer Fasanenhenne

Die Hege des Fasans

Hegemaßnahmen erlauben unterschiedliche Entnahmen (Aufstellung eines Abschußplans), die von der Anzahl der potentiellen Zuchttiere am Ende des Winters und vom Erfolg der Frühjahrsbruten abhängen. Nach der ersten Jagd kann eine Analyse der Strecke vorgenommen werden, wobei es nicht schwer sein dürfte, die Anteile beider Geschlechter zu bestimmen. Wesentlich schwieriger ist es, einen jungen Hahn desselben Jahres eindeutig zu erkennen. Der Proband muß dazu an der Fabriziusdrüse untersucht werden, die sich in der Nähe der Kloake befindet und bei einem zweijährigen Hahn 10 mm und bei Junghähnen 15 bis 25 mm tief ist.

Den Bestand schätzen

Im Frühjahr wird die Anzahl der fortpflanzungsfähigen Tiere ermittelt. Insbesondere die Menge dominanter Fasanenhähne kann auf den Balzplätzen festgestellt werden. Dazu werden die Vögel direkt beobachtet oder »belauscht«, wenn sie ihren Frühjahrs-Balzruf ertönen lassen. Zur Erzielung präziser Ergebnisse kann das Revier in mehrere Abschnitte eingeteilt werden. Mobile Beobachter durchstreifen diese und beobachten Lichtungen in Wäldchen, Felder und Feldgehölze. Die Er-

gebnisse werden notiert, und die Operation wird, im Interesse einer größeren Zuverlässigkeit, vier bis fünf Tage hintereinander wiederholt.
Die Sommerzählungen, die im August nach der Ernte stattfinden, ermitteln die Anzahl der Hennen und den Reproduktionsindex des Jahres. Dazu wird die Nachkommenschaft gezählt, wobei die gleiche Methode, wie oben zur Ermittlung der Anzahl der Hähne beschrieben, zur Anwendung gelangt.
Auf der Grundlage dieser Zählungen können nun ein Abschußplan und Entnahmeregeln erarbeitet werden (s. Tabelle unten).

Abschussbegrenzungen

Zeitlich gesehen bedeutet das zunächst, daß auf Grundlage eines strengen Abschußplans (s. Tabelle) verfahren wird und daß Jagden nicht vor Ende Oktober/Anfang November stattfinden, also erst dann, wenn die vier bis fünf Monate alten Fasanen bereits ordentlich gefleckt sind, gut fliegen können und in der Lage sind, adäquat zu fliehen.

Abschußplan	Schlechtes Jahr	Mittelmäßiges Jahr	Gutes Jahr
Anzahl der Küken pro Henne	1,5	2,5	3,5
Entnahmerate	0 bis 15 %	30 %	50 % (jedoch nie mehr)

Räumlich gesehen bedeutet dies die Schaffung von Ruhezonen, deren Fläche mindestens zehn Prozent des Reviers betragen sollte.
Durch den alleinigen Abschuß von Hähnen vermeidet man einen Eingriff in den für die Reproduktion wichtigen Hennenbesatz. Die Befruchtung wird bei den polygamen Vögeln auch durch wenige männliche Tiere sichergestellt. Ein Verhältnis von bis zu 6:1 kann problemlos toleriert werden.
Zur Vermeidung von Verlusten durch die Landwirtschaft müssen die gleichen Maßnahmen getroffen werden, wie für das Rebhuhn beschrieben.

Mit entsprechendem finanziellen Einsatz können auch Jagdaufseher beschäftigt werden, die das Revier ständig überwachen und notwendige Hegemaßnahmen durchführen, die Vögel füttern und Beutegreifer regulieren. Ein bewachtes Jagdgebiet ist Voraussetzung für die Rückkehr des Wildes.

Die Wiederansiedlung

Vielerorts sind ehemals gute Fasanenbesätze durch landwirtschaftliche Umstrukturierungsmaßnahmen erloschen. Eine Wiederansiedlung glückt am besten dort, wo es früher schon einmal Fasanen gegeben hat.
Der Erfolg einer Wiederansiedlungsmaßnahme hängt ebenfalls von der Aufnahmekapazität des Reviers, aber auch und insbesondere von der Qualität dieser Maßnahme selbst ab. Das Halten einer wilden Stammpopulation kostet jahrelange Mühe und bedarf beträchtlicher Investitionen.

• Die Englische Voliere
Die Briten, bei denen der Fasan das meistgeschossene Wild ist, sind Meister auf dem Gebiet der Wiederansiedlung und verstehen es hervorragend, durch fachgerechtes Aussetzen von Jungvögeln wilde Bestände auf einem optimalen Niveau zu halten. Dieser Erfolg ist auf die Anwendung des Prinzips der Wildfasanerie, auch »Englische Voliere« genannt, zurückzuführen. Im wesentlichen handelt es sich dabei um einen großen Akklimatisationspark, der sich im Zentrum des Jagdgebietes befindet. Die Wildfasanerie bringt schnell gesunde, flugfähige und zur natürlichen Reproduktion geeignete Vögel hervor, die in der Lage sind, sich vor ihren Feinden durch Aufbaumen zu verstecken und Witterungsunbilden zu widerstehen.
Außerdem leistet die Wildfasanerie einen wertvollen Beitrag zum Halten und Heimischwerden der Fasanen. Zur »Bestückung« der Einfriedung bieten sich zwei Methoden an:
– Im Februar wird die Fasanerie mit einer Partie Fasanen (etwa 50 Hennen und 20 Hähne auf einer Fläche von 1 ha Größe) belegt, die sich auf natürliche Weise fortpflanzen. Die Jungen kehren spontan in die Fasanerie zu-

rück, sobald sie flugfähig sind, oder verteilen sich über das gesamte Revier.

– Im August werden 300 bis 400 Fasanenküken im Alter von sechs bis acht Wochen ausgesetzt (Angaben beziehen sich ebenfalls auf 1 ha). Sie wachsen in der Fasanerie auf und verlassen diese, sobald sie erwachsen sind. Regelmäßig kehren sie aber in die Voliere zurück, die für sie ein Rückzugsgebiet darstellt. Einige Lockvögel – Fasanen, denen die Flügel gestutzt wurden – müssen dazu ständig dort anwesend sein.

Zusätzlich zu den Wildfasanerien können alle 20 bis 30 ha Lockvolieren angelegt werden, die entsprechend im gesamten Revier zu verteilen sind und am Saum von Wäldchen und Wildäckern liegen. Sie sind 50 m² groß (10 x 5 m) und werden mit einem Netz überspannt. Ein Drittel der Voliere ist mit einem Blech abgedeckt, das die Fasanen vor Witterungsunbilden schützt. In der Voliere befinden sich einige Lockvögel, um die im Jagdrevier ausgesetzten Fasanen endgültig am Verstreichen zu hindern.

Die Wildfasanerie bietet den großen Vorteil, daß sich die Vögel rasch an das Leben in freier Wildbahn anpassen und sich ortsfest verhalten, wenn die Schütten regelmäßig versorgt werden und das Revier insgesamt den Bedürfnissen dieser Tiere entsprechend eingerichtet ist. So erhält man recht schnell einen Kern wilder, standorttreuer Vögel, die selbstverständlich so lange nicht bejagt werden dürfen, bis sich ein Bestand herausgebildet hat, dessen Dichte der Aufnahmekapazität des Milieus angepaßt werden muß.

• Die Aufzucht mit einer Hühnerglucke als Amme

Diese Methode der Bestandsverstärkung, die früher traditionell in den Aufgabenbereich des Fasanenmeisters fiel und schon fast vergessen ist, wird heute auf Anregung einiger aufgeklärter Jagdbesitzer wieder verstärkt ange-

Die Wildfasanerie

Um die Standorttreue der Art zu begünstigen, wird eine Wildfasanerie im Zentrum des Reviers angelegt, das im Interesse ihrer Dauerhaftigkeit dafür groß genug sein muß (mindestens 250 bis 500 ha). Die Voliere wird in einem kleinen, zentral gelegenen Waldstück eingerichtet, in dessen Nähe sich möglichst einige fasanengerechte Wildäcker befinden (Mais, Buchweizen, Topinambur). Sie bedeckt eine Fläche von 1 ha, was zur Aufnahme von 400 Fasanenküken ausreichend ist, und umschließt ein dichtbewachsenes Biotop mit üppiger Strauch- und Buschvegetation und einigen Bäumen.

Die jungen Fasanen lernen so sehr schnell, sich tagsüber im Dickicht zu verstekken und abends aufzubaumen, um außerhalb der Reichweite ihrer am Boden lauernden Feinde die Nacht zu verbringen. Die Einfriedung ist je nach den örtlichen Voraussetzungen quadratisch oder rechteckig. Der Zaun, ein Gitter aus einem verzinkten Material, ist 2,5 bis 4 m hoch. Um zu verhindern, daß Beutegreifer wie Katzen und Marderartige über den Zaun in das Gehege klettern, hat dieser zur Außenseite hin einen etwa 50 cm breiten Übertritt. Gehalten wird er alle 2,5 m von Holzpfählen, die 70 cm tief in die Erde eingebracht wurden; auch das Gitter selbst ist 30 bis 40 cm tief im Erdreich vergraben. Um die Voliere führt ein 2 m breiter Weg, der jährlich von Pflanzenwuchs zu befreien ist, um die Beobachtung der Voliere zu erleichtern. Von der Eingangspforte ausgehend schlängelt sich ein Futterpfad durch das gesamte Gelände, an dessen Rand in Abständen Fasanenschütten und Tränken eingerichtet sind. Gleichgeartete Futterstellen werden ebenfalls im Revier nahe des Saums von Wäldchen, unterholzreichen Wäldern und Wildäckern installiert.

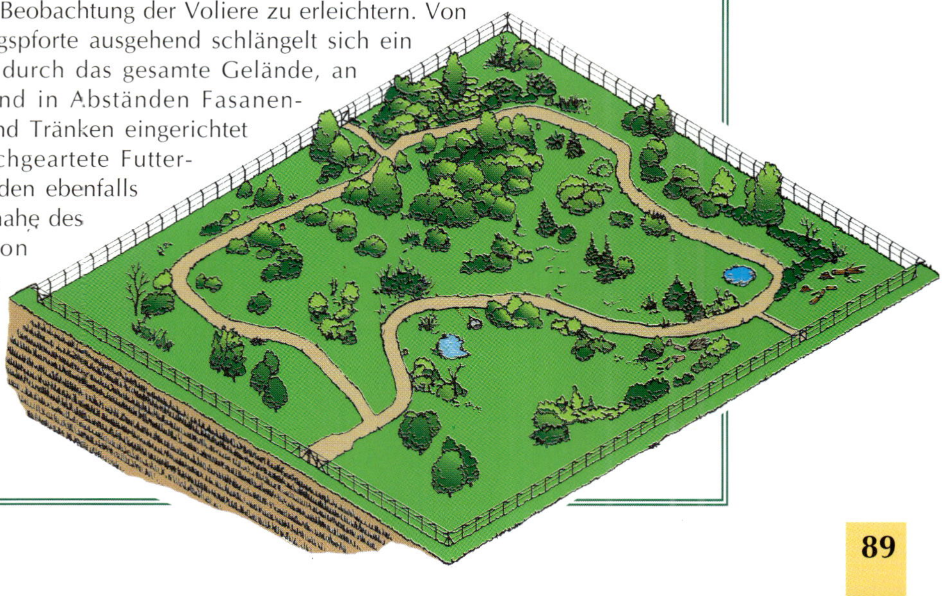

wendet. Sie ist mindestens ebenso effektiv wie die Englische Voliere, und die Erfolgsrate beim Auswildern kann bemerkenswerte 80 Prozent erreichen.

Die Aufzucht mit einer Hühnerglucke als Amme ist eine weitere Möglichkeit, einen an eine neue Umgebung angepaßten Wildvogelbestand zu entwikkeln. Dabei muß nach einigen genau geregelten Einzelschritten vorgegangen werden:

1. Etappe: Aufstellung der Nester im Stall. Jedes Nest wird mit einem Dutzend Eiern bestückt. Cayennefasanenhennen, auch Schwarzseidenfasan genannt, haben sich als die geeignetsten, zumindest aber als eine der zärtlichsten und aufmerksamsten Mütter bei der Jungenaufzucht erwiesen, die auch gern Waisenküken annehmen.

2. Etappe: Vom 5. Tag an werden die Küken in Begleitung ihrer Adoptivmutter ins Revier in ein umzäuntes Gehege (2 x 2 x 0,5 m) verbracht, das an einem Dikkicht, einem Wildacker oder im Wald am Rand eines sonnigen Wegs oder auf einer Lichtung liegt. Ein Drittel dieses Ställchens bedeckt verzinktes Blech. Natürlich dürfen Vorrichtungen zur Fütterung und eine Tränke nicht fehlen. Den Tieren wird eine spezielle Jungennahrung verabreicht.

Die Schwarzseidenfasanenhenne, auch Cayennefasanenglucke genannt, ist eine vorbildliche Mutter und dient oft zur Aufzucht kleiner Fasanen.

3. Etappe: Nach zehn Tagen wird das Gitter um etwa 20 cm angehoben und auf Ziegel gestellt, so daß sich die Glucke mit ihren Küken im Gelände bewegen kann. In der Nähe kann ein Misthaufen angelegt werden, wo die kleinen Fasanen lernen können, wie man nach Würmern, Asseln und anderem Kleingetier scharrt.

Nach und nach emanzipieren sich die Küken unter den wachsamen Blicken ihrer Mutter und übernehmen im Laufe der Zeit ein der freien Wildbahn entsprechendes Verhalten. Bald darauf wird ihnen die Glucke beibringen, wie man aufbaumt, um die Nacht geschützt vor seinen den Erdboden bewohnenden Feinden zu verbringen. Sie begleitet die Kleinen bis zu einem Alter von zwei bis drei Monaten, bis die Fasanen flügge werden und sich ihrer natürlichen Umgebung perfekt angepaßt haben. Die Cayennefasanenhenne verschwindet dann irgendwo in der freien Natur.

Eine Methode zur Tieransiedlung

Ein verkanntes Verfahren zum Seßhaftmachen wilder Fasanenstämme besteht darin, einige dieser Vögel während der Mauser vor Beginn der Jagdsaison in Fallen zu fangen und den Winter über in einer Voliere zu halten. So sind sie vor jeglicher Gefahr geschützt, bis sie im Frühjahr, zur Reproduktionszeit, wieder freigelassen werden. Dieses Verfahren wird in Italien teilweise angewendet.

• Andere Methoden zur Tieransiedlung

Im allgemeinen machen sich andere Methoden weniger bezahlt. Die Mortalitätsrate während der notwendigen Akklimatisationsphase ist aber niedriger, wenn die Fasanen in großen Gehegen aufgezogen werden, die mit dichter Vegetation bestanden sind. Dort behalten sie ihre natürlichen Instinkte und lernen wie in einer natürlichen Umgebung zu laufen, aufzubaumen, sich zu verstecken und zu ernähren. Pro Vogel sind mindestens 10 m² vorzusehen, die Voliere selbst muß mindestens 2,50 m hoch sein.

Zwei Methoden werden empfohlen:

– In den Monaten Januar/Februar werden erwachsene Vögel im Geschlechterverhältnis von einem Paar auf zwei Hennen ausgesetzt. So kann man vor der ersten Jagd eine erste Eiablage erzielen. Die Mortalitätsrate beträgt jedoch innerhalb der ersten drei Monate nach dem Aussetzen teilweise mehr als 50 Prozent. Bestenfalls überleben 15 Prozent der Vögel das Folgejahr.

– Es werden zehn Wochen alte Fasanen im August nach der Ernte ausgesetzt. Sie sind zwar für Beutegreifer eine leichte Beute, müssen dafür aber keine klimatischen Härten ertragen und sind außerdem nicht den Gefahren ausgesetzt, die von landwirtschaftlichem Gerät ausgehen.

Die Bejagung des Fasans

Der Fasan wird je nach Region, Land und lokaler Tradition auf unterschiedliche Weise bejagt. Die französischen Jäger ziehen es generell vor, den Fasan mittels Suchjagd in Begleitung des Vorstehhundes zu jagen, währenddessen ihre englischen Kollegen Treibjagden veranstalten.

Die Jagd mit dem Vorstehhund

Die Feldjagd mit einem oder zwei Vorstehhunden ist sicherlich die waidmännischste Art, auf den Fasan zu jagen. Sie kann im Oktober und November, wenn noch Deckung auf den Äckern vorhanden ist, stattfinden. Gute Plätze sind dort, wo Deckung und Äsung unmittelbar nebeneinanderliegen, etwa ein Rüben- neben einem frischen Saatacker. Es sei darauf hingewiesen, daß natürlich nur auf voll ausgefiederte Hähne gejagt werden soll.

Gegen den Wind sucht man die Kulturen (meist Rüben oder Grünfutterpflanzen) ab, tritt an den vorstehenden Hund heran und beschießt die aufstehenden Hähne. Man muß sich genau merken, wohin das beschossene Wild läuft, und sofort den Hund zum Apportieren oder Nachsuchen schicken; geflügelte, d .h. nur am Flügel getroffene Fasanen sind in hoher Deckung oft nur sehr schwer zu finden.

Die Stöberjagd

Die Stöberjagd wird meist von einer kleinen Gruppe von Jägern (etwa ein Dutzend) und wenigen stöbernden Hunden durchgeführt. In gebüschreicher Landschaft werden kleine Parzellen abgejagt. Das Suchen nach »Göckeln« muß an die Uhrzeit angepaßt werden, da der Fasan während des Tages seinen Einstand wechselt.

Mit der ersten Morgenröte läßt der Hahn einen rauhen Schrei erklingen und verläßt seinen Zufluchtsort oben in den Baumkronen, um seine Nahrung am Boden zu suchen. Der Jäger muß ihn also bei Tagesbeginn dort suchen, wo er sich ernährt: auf Feldern und Brachen. Wildäcker sind dabei auszulassen, da er diese als Zufluchtsort betrachtet. Sollten diese Plätze zu stark bejagt werden, fühlen sich die Vögel gestört und streichen ab.

Im Tagesverlauf, nachdem er genug gefressen hat, zieht sich der Fasan in das schützende Dickicht zurück, das

Im Winter versteckt sich der Fasan gern im Brombeergestrüpp oder Ginster. Will man den Tricks eines wilden Fasanenhahns, der sich geschickt in diesem Dickicht bewegt, etwas entgegensetzen, benötigt man einen dafür besonders geeigneten Hund.

Waffen und Munition

Will man auf Treibjagden Fasanen schießen, die schnell hoch auffliegen und mit großer Geschwindigkeit in der Höhe streichen, sollte man Munition mit Schrotbeutel mit 32 bis 36 g Schroten Nr. 5 bis Nr. 7 (3,0 bis 2,5 mm Durchmesser) verwenden. Bei der Suchjagd bzw. der Jagd mit dem Vorstehhund ist es im allgemeinen nicht nötig, auf große Entfernung zu schießen, so daß gewöhnliche Munition (Nr. 6 und 7) ausreicht.

Die Schußabgabe auf einen Fasan im Wald verlangt gute Reflexe, da der Vogel schnell aufsteigt. Hat er erst Schwung bekommen, fliegt er mit einer Geschwindigkeit, die man dem Laufvogel nicht zutraut.

ihm dichte Feldgehölze, mächtige Brombeersträucher und mit Unterholz bestandene Wälder und Wäldchen bieten. Die Suche im Dickicht muß langsam und systematisch erfolgen. Sie verlangt vom Hund sehr viel Vorsicht, lange Erfahrung und Mut beim Stöbern im Gestrüpp, da er nur so der komplizierten Fährte zu folgen vermag. Gegen Ende des Tages kehren die Tiere nochmals ins offene Gelände zurück, bevor sie sich aufschwingen und sich im Wipfel eines Baumes am Waldessaum niederlassen. Gegen Mitte des Nachmittags kann man sie wiederum unten am Boden suchen. Hier sind die Vögel allerdings noch wachsamer als gewöhnlich, ihre Aufmerksamkeit läßt fast nie nach, und beim geringsten Anzeichen von Gefahr laufen sie ins Gebüsch. Regnet es, hält sich der Fasan, wie auch der Hase oder das Rehwild, vorzugsweise im Wald oder im dichten Gebüsch auf.

Die Schußabgabe ist leichter als bei einer Treibjagd. Ein häufiger Fehler besteht jedoch darin, die beiden Schüsse aus kurzer Entfernung und zu rasch

Fasanen-

Schlecht verwilderte Zuchtfasanen zeigen im allgemeinen gegenüber einem erfahrenen Hund nur geringe Fluchtreaktionen und lassen sich von diesem oft fangen. Wilde Fasanen hingegen nutzen das Biotop mit einer bemerkenswerten Geschicklichkeit, um ihrem Verfolger zu entwischen. Sie laufen so schnell sie können weg, verstecken sich auf der Flucht im Unterholz, schneiden und kreuzen ihre eigenen Spuren auf unentwirrbare Weise und zögern nicht, sich im Dickicht zu verkriechen, um sich überholen zu lassen. Dann laufen sie in entgegengesetzter Richtung davon. Nur einem Jagdhund mit feiner Nase, der zugleich eifrig stöbert, wird es gelingen, den komplizierten Verlauf ihrer Spur zu entschlüsseln und sie aufzutreiben. Obwohl die meisten Rassen dafür geeignet sind, finden sich einige, die besser angepaßt sind wie der Drahthaar und der Griffon und die wendigeren unter

abzugeben. Es handelt sich dabei um eine reflexartige Reaktion, die vom geräuschvollen, plötzlichen Auffliegen des Vogels initiiert wird.
Besser ist es, den Fasan zunächst etwas streichen zu lassen, und dann in aller Ruhe aus korrekter Entfernung zu schießen, auch um das Wildbret zu schonen.

Die Treibjagd

Heute wird die ehemals weit verbreitete »klassische« Treibjagd kaum noch durchgeführt, da es die Fasanenbesätze nicht mehr erlauben. Solche Veranstaltungen, die heute noch in Großbritannien und Gebieten mit ausgesetzten Fasanen durchgeführt werden, haben zum Ziel, daß die Hähne in voller Geschwindigkeit in großer Höhe über die Schützenkette hinwegstreichen und somit ein »sportlicher« Überkopf-Schuß ermöglicht wird.
In der nebenstehenden Grafik wird gezeigt, wie ein dafür ideales Gebiet beschaffen sein sollte. Wichtig ist vor allem ein deckungsarmer Bereich etwa 100 bis 150 m vor den in der Senke stehenden Schützen, damit die Fasanen nicht laufen, sondern gezwungen sind abzustreichen.
Die weitaus gebräuchlichere Art der Treibjagd ist heute die herbstliche oder winterliche Niederwildjagd. Dabei werden Gebüsche oder andere Deckungen von Schützen umstellt. Treiber und Hunde durchstreifen das Gebiet, und alles aufstehende Wild mit Schußzeit wie Hase, Kaninchen, Fasan oder Fuchs wird beschossen.

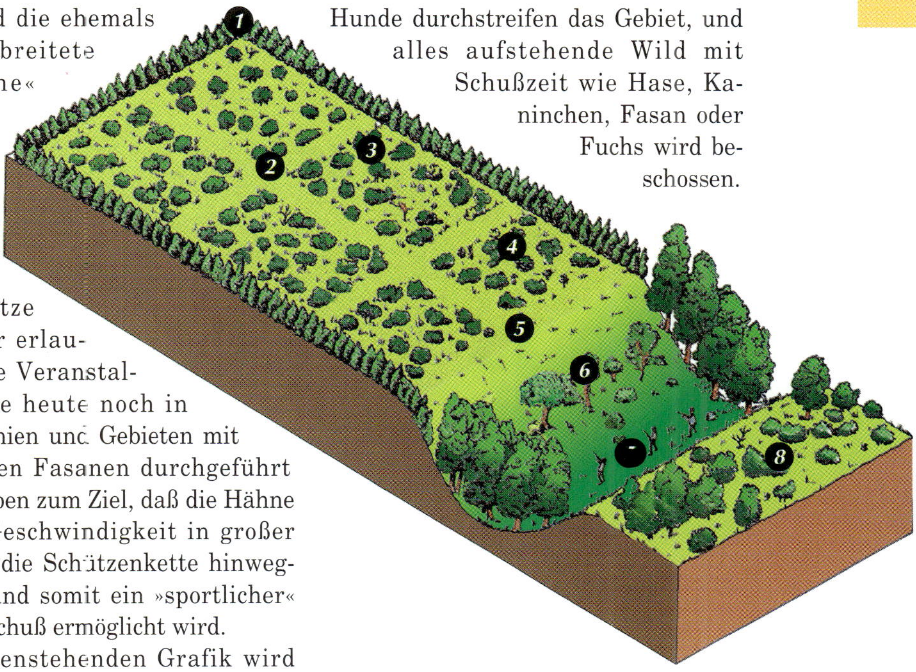

Optimale Gestaltung eines Reviers für die Fasanentreibjagd

*1 – Eine **dichte Hecke** umschließt eine Einfriedung, die die Fasanen daran hindern soll, diesen Ort zu verlassen.*
*2 – Die Treiber stellen sich in den **Schneisen** auf.*
*3 – **In mit Unterholz bestandene Bereiche** ziehen sich die Fasanen vor den Treibern zurück.*
*4 – **In den dichtbewachsenen, »Wartesaal« genannten Bereich**, direkt vor einer Senke gelegen, ziehen sich die Fasanen zurück, bevor sie von den Treibern aufgestöbert werden und auffliegen.*
*5 – **Der Aufflugbereich** ist eine etwa 20 m breite Senke.*
*6 – **Von der Steigezone** steigen die Vögel nach und nach über die Bäume auf.*
*7 – **Schußlinie***
*8 – **Rückzugsgebiet***

Jagdhunde

den kontinentalen Vorstehhunden wie Kleiner Münsterländer, Deutsch-Kurzhaar und Epagneul Breton.
Buschierer verwenden oft Stöberer, die nicht vorstehen, dafür aber selbst vor dem undurchdringlichsten Gebüsch nicht zurückschrecken. Diese Eigenschaft findet sich bei Spanieln und Wachtelhunden. Für die Schußabgabe auf einer Treibjagd ist ein Apportierhund vom Typ eines Labradors ein unverzichtbarer Begleiter.

Der Drahthaar zeichnet sich auf der Fasanenjagd durch Intelligenz, eine feine Nase und Mut beim Stöbern aus.

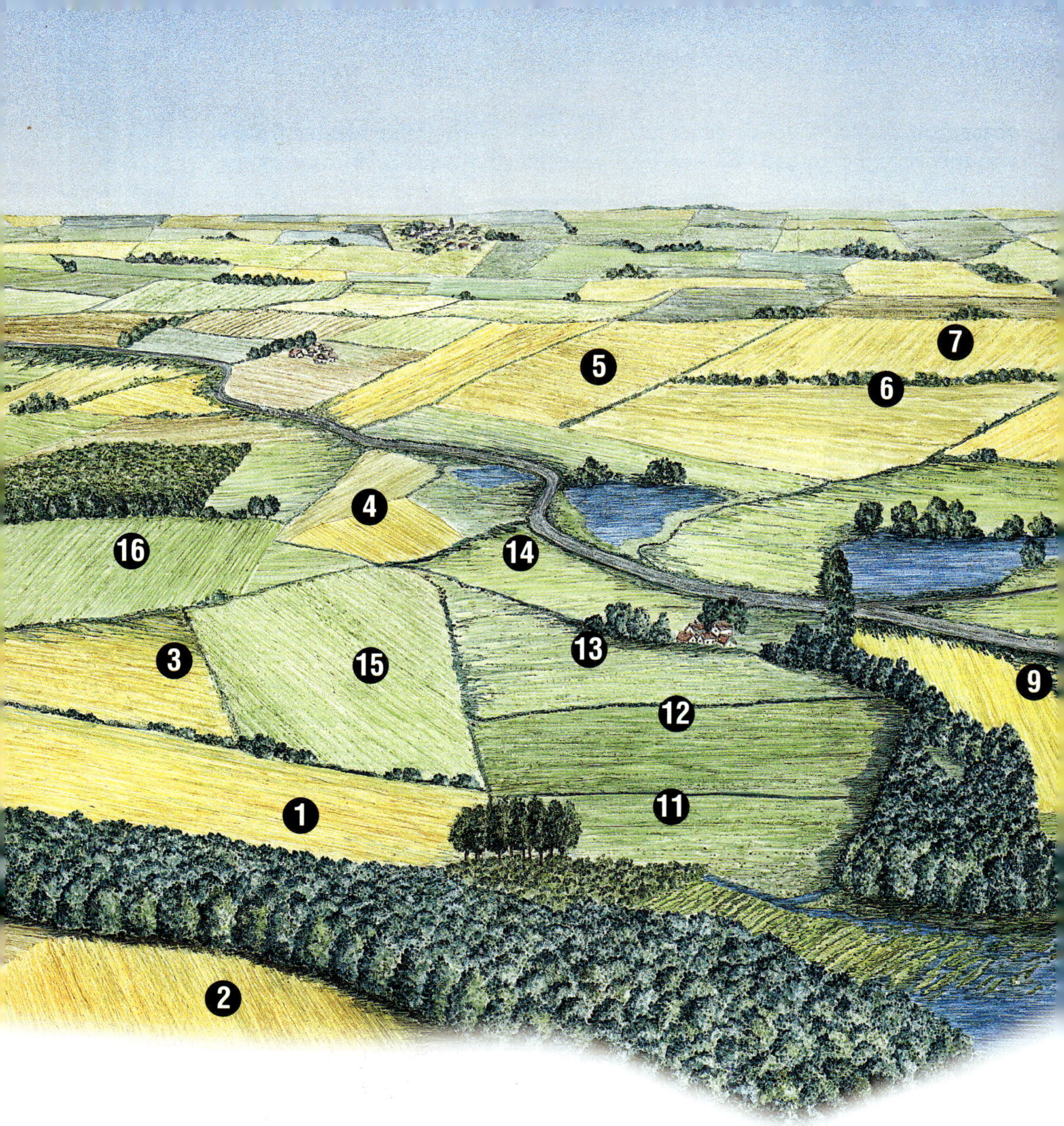

Die Wachtel

Der ideale Lebensraum der Wachtel ist eine offene Heckenlandschaft, in der sich Getreide-, Grünland- und Sonnenblumenfelder mit Wiesen und Brachland abwechseln. Das Verschwinden dieser traditionellen Mischkulturen erklärt zum Teil den Rückgang des kleinen Hühnervogels, der als einziger seiner Art im Winter in den Süden zieht.

In der Bundesrepublik ganzjährig geschont, hat die Wachtel in Südeuropa und Nordafrika jagdliche Bedeutung. Man betreibt nur die Suchjagd mit einem Vorstehhund.

Wie alle Hühnervögel fliegt die Wachtel schnell, aber meist niedrig und wenig wendig. Sie ähnelt dem Rebhuhn, ist aber wesentlich kleiner und nur etwa 100 g schwer.

__1-2-3-4-5-6-7-8-9-10__ – Zur Vermeidung einer erhöhten Mortalitätsrate der Jungwachteln sollten die Stoppeln von __reifen oder abgeernteten Getreidefeldern__ nicht abgebrannt werden. Während es für den Hasen oder das Rebhuhn von Vorteil ist, die Halme unmittelbar nach dem Schnitt zu wenden, um die landwirtschaftlich bedingten Unfälle zu begrenzen, ist es im Interesse der Wachtel, die Stoppeln stehenzulassen. In Algerien und Marokko wurde verschiedentlich beobachtet, wie Wachteln in den frühen Morgen- und Abendstunden auf den abgeernteten Feldern zurückgelassene Körner aufnahmen.

__11-12-13-14-17-18 – Viehweiden__ sind für die Wachtel von keiner nennenswerten Bedeutung. Sie lockern aber die landwirtschaftliche Struktur auf.

__15-16__ – Die Wachteln ziehen sich tagsüber in __Felder mit Leguminosen, Klee oder Luzerne__ zurück, um sich vor der Hitze und den Augen des Raubwildes zu schützen.

Ursachen für den Bestandsrückgang und mögliche Gegenmaßnahmen

Der Hühnervogel, der wesentlich kleiner als das Rebhuhn ist, ihm aber in der Lebensweise ähnelt, wird durch die moderne Landwirtschaft stark in der Vermehrung beeinträchtigt. Die Wachtel ernährt sich von Insekten und Sämereien. Da der früher häufige Vogel bei uns kaum mehr vorkommt, genießt er eine ganzjährige Schonzeit. Sein Ruf »pickwerick«, der an Sommerabenden in der Feldflur zu hören war, ist verstummt. Die als Delikatesse geltenden Wachteleier, die bei uns erhältlich sind, stammen von in Gefangenschaft gezüchteten amerikanischen und asiatischen Wachtelarten.

Landwirtschaft

Die moderne Landwirtschaft verändert die Biotope nachhaltig. Es entstehen Negativfaktoren, die sich auf die gesamte Lebensweise des kleinen Wildes auswirken:

– Intensive Maismonokulturen ersetzen die traditionellen Mischkulturen mit Getreide- und Luzerneanbau.

– Der Einsatz von Pestiziden beraubt die Jungwachteln der in den ersten drei Wochen lebenswichtigen Insekten und zwingt die Vögel zum Abwandern.

– Die Flurbereinigung zerstört die von der Wachtel so geschätzten Grenzstreifen und verringert die Vielfalt der Feldfrüchte.

– Es werden vermehrt landwirtschaftliche Praktiken ausgeübt, die unvereinbar mit der Erhaltung der Art sind, beispielsweise Zerkleinern und Verbrennen des Strohs, Abernten des Grünfutters zur Silage oder Heugewinnung.

Wie die meisten Hühnervögel nisten auch Wachteln in Wiesen oder Feldern. Dort sind sie durch landwirtschaftliche Arbeiten stark gefährdet.

- **Jagddruck**

Damit ist die teilweise strenge Bejagung der Wachtel in ihren Winterquartieren in Nordafrika gemeint. Aber auch in Italien wird den durchziehenden

Eine solche Strecke ist in Europa heutzutage undenkbar. Die Aufnahme stammt aus Marokko.

Vögeln mit Flinte und Netz intensiv nachgestellt.

Die Vollschonung in der Bundesrepublik brachte – erwartungsgemäß – keine Erholung für die hiesigen Wachtelbestände – die Wachtel blieb ein Zufallsfund bei der Feldsuche, der von Jungjägern oft gar nicht mehr erkannt wird.

Lösung

Eine Hoffnung gibt es trotzdem: die Wildbrachen (s. Kapitel »Der Fasan«, Kasten, S. 87), die von einigen Jagdverbänden teilweise subventioniert werden. Diese den Anforderungen des Wildes entsprechend bewirtschafteten Äcker bieten den Wachteln Dekkung und Nahrung und könnten durchaus die Rückkehr dieses sympathischen Hühnervogels begünstigen. Auch hier sind also Biotopverbesserungen der Schlüssel für eine nachhaltige Bestandserholung.

Das »Fahrtenbuch« der Wachtel

Die Wachtel ist unter unseren Hühnervögeln der einzige Zugvogel. Der Frühjahrszug findet von Mai bis Juni statt, wobei die Hähne als erste unser Land erreichen. Die Rückkehr vollzieht sich zwischen August und Oktober. Viele Vögel verlassen Deutschland Mitte September. Es gibt zwei Hauptflugrouten:
– die Iberische Halbinsel, um ihre Winterquartiere in Nordafrika, im Senegal und im Sahel zu erreichen,
– Italien und das Mittelmeer, um nach Ägypten, Äthiopien oder in den Sudan zu gelangen.

Die Bejagung der Wachtel

Die Jagd auf den kleinen Hühnervogel ist nur noch in Südeuropa oder Nordafrika möglich. Die Wachteljagd bereitet dem unerfahrenen Jäger große Schwierigkeiten, denn mit vielen Tricks versucht die Wachtel, dem suchenden Vorstehhund zu entkommen. Darum ist auch ein feinnasiger Vierbeiner gefordert.

Die Suchjagd

Die Wachtel wird nur auf der Suchjagd mit Vorstehhund gejagt. Es handelt sich um eine sehr gewissenhafte Suche, zu der man heute kaum noch Gelegenheit hat, es sei denn, man hat das Glück, in einem der genannten Gebiete jagen zu können.

Der listige Vogel erspart dem Hund nichts und wendet viele Tricks an, um ihm zu entkommen – so schnell seine kleinen Füße ihn tragen. Da er ungern aufsteht, trippelt er blitzschnell im Zickzack, kreuzt seine eigene Spur und zögert nicht einmal, zwischen den Pfoten seines Verfolgers hindurchzuschlüpfen.

Hunde

Die meisten Vorstehhunde, die zu den englischen und kontinentalen Rassen gehören, kommen für diese Jagd in Frage. Bei weitausholenden Suchen auf großen, offenen Flächen erfreut sich der Pointer großer Wertschätzung.

Eine kuriose Art der Bejagung

Die Suchjagd auf Wachteln kann im Grunde genommen nur mit einem erfahrenen Hund erfolgen, der sich von den Täuschungsmanövern des kleinen Teufels nicht beirren läßt. Einem jugendlichen »Raser«, der mit vollem Elan über die Felder prescht, wird der Vogel entkommen.
Als Anekdote erzählt man sich aber von einem Nimrod, der in einem Hochtal des marokkanischen Atlas über ein Stoppelfeld schritt. Vor ihm gingen zwei Kinder im Abstand von 40 m voneinander. Kein Hund war weit und breit zu sehen, und trotzdem stiegen regelmäßig Wachteln auf und wurden von dumpfen Gewehrschüssen begrüßt. Die Kinder zogen eine Schnur über das Stoppelfeld und jagten die meisten der dort sitzenden Wachteln auf. Eine originelle Vorgehensweise, wenn man keinen Vorstehhund hat.

Waffen und Munition

Die Wachtel wird oft aus geringer Entfernung geschossen. Das kleine Wild erfordert kein grobes Schrot, vollkommen ausreichend sind Patronen mit Filzpfropfen oder auch Streupatronen zur besseren Streuung der Garbe mit Schrot Nr. 8 oder 9 (2,2 bzw. 2,0 mm).

Eine normale Schrotpatrone mit Filzpfropfen

Endlich gestellt hält die Wachtel im allgemeinen das Vorstehen des Hundes gut aus. Ist es ihre starke Witterung oder die hartnäckige Weigerung aufzustehen, die die meisten Hunde für die Wachtel begeistern? Sie eignet sich daher besonders gut für die Abrichtung junger Hunde, die auf diese Weise ihre Erfahrungen sammeln. Manch alter »Veteran« springt buchstäblich auf der Stelle, wenn sein Führer ihn zum Abbrechen des Vorstehens auffordert, um die Wachtel zum Aufsteigen zu bewegen. Der Flug der Wachtel gilt als gradlinig, beschreibt aber häufig große Bögen, die ausreichen, um den Schuß vorbeigehen zu lassen. Steigt eine Wachtel überraschend auf, ist gute Konzentration gefordert, um nicht am schnell abstreichenden Wild vorbeizuschießen. Der Flug ist sehr kurz, kaum länger als 200 oder 300 m. Bei der nochmaligen Suche auf die gleiche Wachtel wird sie immer seltener zum Abstreichen zu bringen sein.
In den frühen Morgenstunden und in der Abenddämmerung ist unser Minifeldhuhn auf seinen Futterplätzen (Stoppelfelder) anzutreffen, wo es die zurückgelassenen Körner auf den abgeernteten Feldern aufnimmt. Während der heißen Stunden des Tages sucht es den Schatten bestellter Felder auf, wie Rüben-, Roggen-, Sonnenblumen- oder auch Tomatenfelder.

Eröffnung der Wachteljagd auf der Mitidja-Ebene in Algerien. Leider ist die Jagd in diesen hervorragenden Niederwildrevieren aufgrund der politischen Unruhen heute untersagt.

Die Drossel

Die Jagd auf Drosseln, die zu den größten Singvogelarten gehören, hat im deutschsprachigen Raum keine Tradition und ist dort auch verboten. In Südeuropa und besonders bei unseren Nachbarn in Frankreich stehen die Singvögel jedoch an der Spitze der Jagdstrekken. Mit großer Passion und regem Eifer stellen ihnen dort die Waidmänner hauptsächlich mit der Flinte nach. Die Zahl der erbeuteten Tiere geht in die Millionen.
Die Drossel, als königliches Wildbret bereits in der Antike geschätzt, spielt in der Gastronomie Frankreichs eine große Rolle und überflügelt dort manch andere Art, wie beispielsweise das Kaninchen.
Es darf nicht verschwiegen werden, daß die Jägerschaft mit der Singvogeljagd auch auf heftige Kritik von seiten der Vogelliebhaber stößt.
Das Gefieder der verschiedenen Drosselarten ist mit Ausnahme der Amsel (Schwarzdrossel) bräunlich gefleckt.

1 – Wenn diese alte Kopfweide *Misteln trägt, zieht sie unweigerlich Misteldrosseln an.*

2 – Dichte Hecken *aus Beerensträuchern wie Brombeere, Schlehe oder Hagebutte locken Sing- und Rotdrosseln auf ihren Zügen an.*

Die Bejagung der Drossel

Der schwierige Schuß auf die Drossel trägt viel zur Beliebtheit dieser Jagdart in Südeuropa und Frankreich bei. Es handelt sich um eine ausgezeichnete Schulung, die man Jungjägern empfehlen sollte, weil sie Reaktionsfähigkeit, den schnellen Anschlag und die Einschätzung von Entfernungen trainiert. Eine ideale Vorbereitung für Fasanen-, Rebhuhn- und Ententreibjagden.

Die Stöberjagd und die Bejagung beim Strich

• Die Jagd in den Weinbergen

In den Weinbaugebieten Frankreichs ist die Stöberjagd auf die Drossel oder die Bejagung beim Strich zu einer wahren Institution geworden, der sich kein Jäger – ob Schnepfen-, Parforce- oder Taubenjäger – entziehen kann. Die kleine Singdrossel hat zweifellos ihren Beinamen »Winzerin« nirgendwo besser verdient als in diesen schönen Regionen, wo sie nach der Weinlese bejagt wird, wenn an den Rebstöcken noch verbliebene Trauben nachreifen.

Die Jagd in den Weinbergen erfordert ein Minimum an Organisation. Am besten geht man in kleinen Gruppen zu vier oder fünf Jägern vor. Einige stellen sich außen an die Ecken des ausgewählten Geländes, die anderen treiben in Begleitung von Retrievern, die brav bei Fuß gehen. Wenn nicht genügend Schützen vorhanden sind, sollten die Stände in Waldnähe bevorzugt eingenommen werden, da die Drosseln, einmal aufgejagt, dort gern Deckung aufsuchen. Wenn sich die Singdrossel an den Reben gütlich getan hat, steht sie nicht gern auf, sie ist schwerfällig und berauscht von diesem himmlischen Saft. Nicht selten läuft oder fliegt sie auf der Flucht zwischen den Reihen her. Dieses Verhalten des Vogels, das den Schützen zwingt, auf Mannshöhe zu schießen, erfordert die Einhaltung drakonischer Sicherheitsregeln: Es darf nur zur Seite oder nach hinten geschossen werden.

Die Drosseljagd in den Weinbergen, direkt nach der Weinlese, ist eine ausgezeichnete Übung. Der Schuß kann schwierig und auch gefährlich sein, da die Vögel oft auf Mannshöhe abstreichen. Das Fleisch der von Trauben gesättigten Drosseln ist in dieser Jahreszeit eine Delikatesse.

• Bejagung beim Strich

Diese in zahlreichen Regionen ausgeübte Ansitzjagd gilt den Rot-, Sing- und Wacholderdrosseln. Besonderer Beliebtheit erfreut sich diese Jagdart in Südwestfrankreich. Der Abendstrich kann einen willkommenen Ausklang nach einem Jagdtag auf Niederwild in der Flurmark bilden. Die Jäger lauern den Vögeln auf, die von ihren Nahrungsgründen zu den bewaldeten Zonen streichen, die ihnen als Ruheplätze dienen.

Sehr gute Geländekenntnisse sind erforderlich, um zu wissen, wo die Schwärme einfallen. Der Zug beginnt drei Stunden vor Einbruch der Dunkelheit.

In der Loire-Gegend warten die Schützen zuweilen auf Masten auf die einfallenden Vögel. In der Provence erfolgt die Jagd dagegen meist von oben offenen Schirmen aus. Der Schuß ist nicht einfach, da er auf die Drosseln abgegeben wird, wenn sie die Bäume anfliegen oder verlassen.

Die Jagd an Hecken

In Zentralfrankreich, einer Region, die mit prachtvollen Drosselzügen gesegnet ist, wird die Drossel an Hecken gejagt. Dasselbe gilt auch für die zahlreichen anderen Regionen, die reich an Heckenlandschaften sind. Die Vögel halten sich bevorzugt in dichten Beerenhecken aus Brombeeren, Schlehen, Hagebutten oder Vogelbeeren auf, die vor allem entlang der Flüsse stehen, wo kleine Baumgruppen sehr enge Gemeinschaften mit Hecken bilden.

Es handelt sich um eine fesselnde

Die unterschiedlichen Drosselarten

***Die Singdrossel** ist olivbraun, die Flügelunterseite ist gelblich.*

***Die Misteldrossel** ist die größte Drossel. Ihr Rücken ist graubraun, die Unterseite gelblich mit braunen Tupfen und die Flügelunterseite weiß.*

***Die Wacholderdrossel** ist größer als die Sing- und die Rotdrossel. Ihr Gefieder ist farbiger als das der anderen Drosseln. Die vordere Unterseite der Flügel ist weiß.*

***Die Rot- oder Weindrossel** unterscheidet sich von der Singdrossel durch einen deutlichen weißlichen Überaugenstreif.*

Jagd, die angesichts der Seltenheit anderer Wildarten immer mehr Liebhaber findet. Man sollte zumindest zu zweit sein, da der Vogel das Gebüsch stets auf der dem Schützen gegenüberliegenden Seite verläßt. Ein dritter Schütze kann am Ende der Hecke stehen, um die schnell flüchtenden Vögel zu erwischen, die von den Jägern, die sich auf sie zu bewegen, aufgejagt werden.

Bei dichten Hecken und sehr großen Sträuchern kann ein Stöberhund hilfreich sein, um die sich noch drückenden Vögel aufzujagen. Aber selbst dann kann es zuweilen angebracht sein, Steine oder Erdklumpen in die Hecke zu werfen, um die widerborstigen Drosseln herauszutreiben. Die Schützen bewegen sich auf gleicher Höhe, damit die Schußgelegenheiten gleichmäßig verteilt sind. Auch hier gelten grundlegende Sicherheitsregeln: Niemals in die Hecke hinein- oder über sie hinwegschießen. Ferner sollte man die Sonne im Rücken haben und das Gelände hinter sich stets im Auge behalten, da die kleinen gewitzten Sing- und Rotdrosseln, die sich meistens in den Hecken aufhalten, oft im Rücken der Schützen aufstehen!

Nach dem Schuß muß sich der Jäger die Stelle, wo der Vogel niedergeht, gut einprägen. Die Drossel hat ein tarnfarbenes Federkleid, und wenn sie krankgeschossen ist, sucht sie, so schnell ihre Beine sie tragen, Deckung im nächsten Gestrüpp. Ein Retriever, der mit seiner feinen Nase der flüchtigen Witterung des Vogels folgen kann, leistet hier unschätzbare Dienste, da die Verluste sonst sehr hoch sein können.

Der Schuß auf die Drossel in der Heckenlandschaft erfordert einen sehr gewandten Schützen: Die Vögel schlagen sowohl in vertikaler als auch in horizontaler Linie Haken, zwar weniger ausgeprägt als die Bekassine, aber dennoch so, daß sie nicht einfach zu treffen sind. Man sollte genau und dennoch schnell genug schießen, denn dann kann sie einem während der großen Züge zu erstaunlichen Strecken verhelfen!

Brustfeder der Misteldrossel

Die Drossel – ein wahrer Gaumenschmaus!

Ob in Südfrankreich mit Trauben oder auf Korsika mit Oliven genährt, die Drossel – insbesondere die Singdrossel, zweifelsohne die feinste der »Viererbande« – offenbart auf diese Weise ihre besten kulinarischen Qualitäten. Über einem Rebenfeuer gegrillt oder nach den raffiniertesten Rezepten großer Köche zubereitet, weiß die Drossel auch die anspruchsvollsten Gourmets zufriedenzustellen. Auf einer Urlaubsreise sollte man unbedingt ein Drossel-Gericht probieren!

Schon im alten Rom erfreute sie sich größter Wertschätzung. Varus rühmte sich damit, jedes Jahr seinen Gästen 5000 Drosseln aus eigener Zucht vorgesetzt zu haben. Pompeius wurde sie von seinem Arzt verschrieben, als er krank war. Und Horaz bestätigte: »Nichts geht über eine Drossel!«

Aus jüngerer Zeit weiß man zu berichten, daß sich Kardinal Fesch, ein Onkel Napoleons, Amseln (Schwarzdrosseln) aus Korsika kommen ließ. »Man dinierte mit seiner Eminenz wegen seiner noblen Manieren, seiner herzlichen Gastfreundschaft und vor allem wegen seiner Amseln …« Bei soviel Lob ist das mühsame Rupfen schnell vergessen.

Drosseln und Amseln auf Korsika

Bejagung beim Strich

Die »Insel der Schönheit« liegt auf der Strecke zahlreicher Zugvögel, so auch von großen Drosselschwärmen, die sich in erster Linie aus Singdrosseln, Rotdrosseln und Amseln zusammensetzen. Der Flug in den Süden findet im Oktober statt. Die Rückflüge beginnen im Januar und erreichen im Februar ihren Höhepunkt. Während viele Vögel nur eine kurze Rast auf der Insel einlegen, um dann weiter nach Nordafrika zu ziehen, überwintert die Amsel hier in großer Zahl. Die Jagd auf Drosseln und Amseln erfolgt verstärkt im Februar während der Rückflüge zu den Brutrevieren, denn im Oktober widmen sich die Korsen vorrangig einer anderen Aktivität: der Wildschweinhatz!

Die Drosseln werden meist in den ersten Morgenstunden und am frühen Abend beim Strich geschossen.

Morgens verlassen Drosseln und Amseln ihre Ruheplätze an den gestrüppreichen Berghängen und suchen ihre Nahrungsgründe auf. Im Februar sind das in erster Linie die Olivenplantagen. Am Abend nehmen sie die gleiche Strecke zurück, verlassen die Täler und begeben sich in ihre Nachtquartiere. Der Schuß beim Strich ist trotz der erschwerenden Umstände bei Einbruch der Dunkelheit – die Vögel rasieren dann buchstäblich den Boden – ein wahres Erlebnis und ausschließlich vortrefflichen Flinten vorbehalten. Der Schützenstand sollte sich auf freier Fläche befinden, da Drosseln, die getroffen in das dichte Gestrüpp niedergehen, sehr schwer zu finden sind.

Die alten Jagdbräuche der Insel

Früher jagten die Korsen Drosseln und Amseln mit Dohnen (Schlingen). Besonders die Amsel galt und gilt auch heute noch als eine Delikatesse, die nur zu besonderen Gelegenheiten wie Weihnachten aufgetischt wird – auf dem Spieß gebraten oder als Pastete. Warum die Amsel und nicht die Drossel? Früher waren die Bewohner der Bergregionen sehr arm. Und da die Amsel größer ist als die Drossel, stellte sie eine gehaltvollere Mahlzeit dar!

Die Korsen fingen die Drosselvögel auf zwei Arten – *a merula* (Amsel) und *a tordula* (Drossel).

Bei der ersten Methode wurden Tunnel in das Gestrüpp geschlagen und in regelmäßigen Abständen mit Schlingen aus Roßhaar bestückt. Die Vögel, die diese unverhofft freien Wege durch das sonst so undurchdringliche Buschwerk gern nahmen, gerieten in vollem Flug in die für sie bestimmten Schlingen.

Der Jagdesel »Spanetto« zieht den Jägern des kleinen Dorfes Moca-Croce im Süden Korsikas die Wildschweine hoch, die sie tief unten in den Tälern erlegen. Für den Transport von Federwild scheint er sich gleichermaßen zu eignen.

Bei der zweiten Methode wurden die Schlingen, die entweder aus Roßhaar oder aus Angelschnur hergestellt waren, am Boden angebracht.

Diese Fallenkonstruktion bestand aus einem biegsamen 30 bis 40 cm langen Zweig aus Baumheide, der zu einem Halbkreis gebogen mit beiden Enden im Boden steckte. Die Schlinge hing zwischen diesen beiden Enden, wobei Myrtebeeren als Köder dienten. Der Vogel, der den Kopf durch die Schlinge steckte, um an die Beeren zu gelangen, riß bei seinem Versuch freizukommen ein Ende des Stocks aus dem Boden. Dieser schnellte hoch und erhängte dabei den kleinen Vogel. Die gleiche Methode, allerdings mit Regenwürmern als Köder, galt den Schnepfen.

Zum Abschluß noch folgende Anekdote, die man sich von einem alten Jäger aus der Region von Petreto-Bichisano erzählt. Dieser war lange Zeit Opfer eines äußerst schlauen Fuchses, der jeden Morgen seinen Dohnenstieg aufsuchte und sich die Ernte seines unfreiwilligen »Partners« schmecken ließ. Trotz der Vorkehrungen des Jägers – Verlegung des Dohnenstiegs sowie der Schlingen – waren die Schlingen immer leer, ließ doch Reineke Fuchs, ein scharfer Beobachter, den Jäger nicht aus den Augen, der ihm so reichlich den Tisch deckte. Eines Morgens jedoch setzte der aufgebrachte Jäger vom Ansitz aus der Karriere dieses allzu dreisten Fuchses mit einer Ladung Schrot ein Ende.

Noch ein letztes Wort zur Drosseljagd auf Korsika: Sie stellte auf dieser für lange Zeit sehr armen Insel eine nicht zu vernachlässigende Einnahmequelle dar.

Diese prächtigen Drosseln wurden im korsischen Bergland geschossen.

Das »Fahrtenbuch« der Drossel

Die Misteldrossel ist in Südeuropa ein Standvogel und nimmt daher nicht an den Vogelzügen teil. Die Singdrossel befindet sich verstärkt zwischen dem 15. und 30. Oktober auf ihrem Zug nach Süden, wobei die meisten Schwärme zwischen dem 20. und 25. einfallen. Wind und Niederschläge beeinflussen das Verhalten der Vögel und ihre Ankunftsdaten. Der Rückflug findet im Februar statt. Die Rotdrossel trifft mit dem ersten Frost gegen Ende November später als die anderen Drosselarten ein.

Die traditionelle Ansitzjagd

In mehreren Gebieten im Südosten Frankreichs begeistern sich die Jäger seit jeher für die Drosseljagd, für die sie mit der Zeit ganz spezielle Techniken entwickelt haben.

• Der Ansitz zum Fang von Lebendvögeln

Bei dieser Ansitzjagd wird eine Leimrute eingesetzt, mit der die Vögel lebend gefangen werden. Nur mehr in wenigen Gebieten darf sie ausgeübt werden. Insgesamt 1750 Jäger fangen jährlich 20 000 Drosseln. Die lebend gefangenen Vögel dienen als Lockvögel für die Ansitzjagd mit der Flinte. Der Ansitz besteht aus einem Schirm, der im Grunde genommen ein undurchdringliches, wie ein Buchsbaum beschnittenes Gebüsch aus jungen Kiefern ist. Sie stehen in regelmäßigen Abständen voneinander und bilden eine Art Labyrinth, in dessen Mitte sich der Jäger versteckt. Die Leimruten, mit Leim bestrichene Stangen aus Liguster oder Olivenbaum, werden auf Astgabeln befestigt und waagerecht in den dafür vorgesehenen Öffnungen des Schirms installiert.

Bei dieser Ansitzjagd wird die Drossel mit einem Drossellocker angelockt. Ursprünglich war dies ein getrockneter Aprikosenkern, durch den ein Loch gebohrt wurde. Heute nimmt man dazu einen kleinen metallenen Zylinder, den

Eine künstliche Sitzstange, die mit einer Leimrute bestückt ist, wird in einem Baum angebracht.

Gehen die Drosselbestände zurück?

Studien des französischen Jagdverbands zufolge sind die Drosselstrecken seit einigen Jahren stark zurückgegangen. 1974/75 wurden insgesamt 26 Millionen Vögel erlegt, 1983/84 waren es nur noch 13 Millionen.
Verschiedene Ursachen wurden als Erklärung für diese alarmierende Entwicklung angeführt: Zum einen hat sich die Jägerschaft verringert, obgleich die Zahl der Drosseljäger merklich zugenommen hat. Ferner könnte es auch an einem veränderten Zugverhalten der Vögel liegen – die Flüge finden häufiger nachts statt, und die Zugstrecken haben sich verändert.
Zweifelsohne herrscht auch ein zu hoher Jagddruck, vor allem auf die Singdrosseln, die im Südwesten wie »in der Schießbude abgeknallt« werden (mehrere hundert Vögel fallen einigen skrupellosen Jägern während der großen Züge täglich zum Opfer). Neue Studien wurden in Auftrag gegeben.
In einigen Pilotkreisen wurde von Fachkräften ein Beobachtungsnetz eingerichtet. Zur Ermittlung der Brutbestände der Singdrossel haben sie in 5 km großen Gebieten pro Kilometer einen Posten eingerichtet, an dem der Gesang der Drosseln aufgezeichnet wird, um die Anzahl der Brutpaare festzustellen.
Zur Vorbeugung eines möglichen Verbots der Drosseljagd von EU-Seite sind die internationalen Jägerorganisationen FACE (Jägervereinigung der EG) und CIC (Internationaler Jagdrat) in die Offensive gegangen. 1991 faßten sie auf einer Konferenz in Palma de Mallorca den Beschluß, ein Forschungsprogramm über die jagdbaren Drosselarten in der EU durchzuführen.
Die europäischen Jägerverbände haben sich zur Wahrung der Tradition für die regionalen Jagdarten ausgesprochen und bemühen sich um die Aufstellung entspechender Vorschriften. Auf diese Weise möchten sie neuen Verboten, die einer wissenschaftlichen Grundlage entbehren, vorbauen.

man zwischen die Lippen klemmt und dabei mit Daumen und Zeigefinger festhält. In der Provence finden im Sommer Flötenwettbewerbe statt, bei denen jung und alt den Gesang der Drosseln nachahmen und ihre Inspiration und Geschicklichkeit unter Beweis stellen! Das ist eine wahre Kunst, und derjenige, der sie gut beherrscht, hat damit unweigerlich Erfolg – bei schlechter Handhabung suchen die Vögel allerdings fluchtartig das Weite.
Die auf den Leim gegangenen Drosseln werden vorsichtig von der Stange abgenommen und sorgfältig gesäubert. Dann kommen sie in den Käfig und dienen als Lockvogel für die Jagd mit der Flinte.
Das Fangen der Lebendvögel ist streng reglementiert: Der Verkauf ist auf Oktober und November begrenzt, und die Fänge müssen entsprechend eingetragen werden. Ferner muß jede Jagdgesellschaft, die Leimfänger in ihren Reihen hat, bei den zuständigen Behörden einen gesonderten Antrag stellen.

Diese Drossel ist gerade mit der Leimrute gefangen worden. Sie wird als Lockvogel für die Ansitzjagd mit der Flinte dienen.

• Die Ansitzjagd mit der Flinte

Die Ansitzjagd mit der Flinte erfolgt in einzelnen Regionen Frankreichs und bedarf ebenfalls spezieller Genehmigungen. Sie beginnt in der Regel nach dem 15. November, wenn die Jagd mit der Leimrute untersagt ist. Der Stand besteht aus einem Schirm, der mit Kletterpflanzen, Kiefernzweigen oder frisch geschnittenem Ginster getarnt ist. Er wird in der Nähe von Bäumen aufgestellt, die von den Drosseln gern aufgesucht werden.
Lange Stangen stützen die fächerförmig angeordneten

nackten Zweige, die über den Baumkronen angebracht werden und den Drosseln als Sitzstange dienen. Angelockt werden die Vögel mit dem Drossellocker, den der Jäger von dem Schirm aus betätigt, sowie von den Lockvögeln, die in kleinen Käfigen in niedrigerem Gestrüpp abgestellt sind. Die Vögel werden im Sitzen geschossen.

Der Dohnenstieg

In den Ardennen wird die Drossel seit grauen Vorzeiten in kleinen Schlingen gefangen, den sogenannten Dohnen. Diese inzwischen streng reglementierte, ausschließlich auf den Oktober begrenzte Praxis wird heute noch von etwa 300 Jägern aus 60 Kommunen ausgeübt, die auf diese Weise jährlich 16 000 Drosseln fangen. Man unterscheidet zwei Arten von Dohnenstiegen.

• Der Dohnenstieg am Ast

Der Schlingenleger legt im Wald einen gewundenen, freiliegenden Pfad an, wo er in regelmäßigen Abständen seine Schlingen aus Roßhaar mit kleinen, sehr biegsamen Zweigen aus Haselnußstrauch oder Faulbaum anbringt. Dieser Zweig wird am Stamm eines Baums an ein oder zwei Stellen befestigt, indem er mit einem Ende unter der eingeschnittenen Rinde durchgeschoben wird. Die Vogelbeeren, die als Köder dienen, werden in der Mitte des Zweiges angebracht, ebenfalls durch Einschneiden der Rinde.

Diese Einschnitte werden mit Hilfe einer Schlingenklinge ausgeführt. Eine solche Schlingenkonstruktion wird nach genauen Vorgaben angefertigt: Der Zweig wird in einer Höhe von 24 cm angebracht, 6 cm beträgt der Abstand zum unteren Rand der Schlinge. Die Drossel, die durch die leuchtendroten Beeren angelockt wird, läßt sich auf dem Stöckchen nieder, steckt den Kopf durch die Roßhaarschlinge, um an die Beeren zu gelangen, und erhängt sich, sobald sie abstreichen will!

Dohnen in den Ardennen
Das Schlingenende wird unter der Rinde durchgeschoben, der Einschnitt erfolgt mit einer speziellen Schlingenklinge. Die Schlinge hängt über einem Zweig, an dem die Vogelbeeren befestigt werden.

• Der Dohnenstieg am Boden

Ein zuvor angelegter Pfad, der Dohnenstieg, bietet den Drosseln einen Wechsel und bildet in regelmäßigen Abständen Engpässe, in denen Schlingen aufgestellt werden.

Waffen und Munition

Für die Stöberjagd reicht das klassische Kaliber 12 mit 28- bis 32-g-Patronen vollkommen aus (empfohlen werden Patronen ohne Schrotbeutel für eine bessere Streuung der Garbe). Geringere Kaliber wie 20, 24, 28 (letzteres wird sehr häufig in den Vereinigten Staaten eingesetzt) sind führiger für einen schnellen Schuß. Auf dem Ansitz reicht eine Kleinkaliberschrotflinte (Flobert) aus, vorausgesetzt, die Schußentfernung beträgt nicht mehr als 25 bis 30 m. Je nach Geschmack des Jägers eignet sich Schrot Nr. 7 bis 9 (2,5 bis 2,0 mm). Dabei ist zu beachten, daß nicht zu stark geladene Patronen verwendet werden, da der starke Rückstoß sehr störend ist. Damit läßt sich zwar auf weite Entfernung schießen, für Anfänger sind sie jedoch recht schwierig zu handhaben. Die meist kostengünstigste Alternative ist die auf Wurftaubenplätzen verkaufte und verwendete Skeet-Munition.

Dohnen am Boden
Die Schlinge wird 6 cm über dem Boden angebracht.

Das Rehwild

Das Rehwild ist in Europa fast überall beheimatet. Wegen seiner Anpassungsfähigkeit an verschiedene Biotoptypen kann es im Gebirge mit großen Hochwaldbeständen ebenso überleben wie in flachen, deckungsarmen Feldrevieren. Am besten liegt dem kleinsten Vertreter der Hirsche (Cerviden) jedoch eine abwechslungsreiche Landschaft mit guter Deckung und Äsung. In solchen Gebieten erreicht es die größte Siedlungsdichte. Das Rehwild gehört zu den Wildtierarten, die in ihrem Bestand nicht ab-, sondern zugenommen haben, da seit der Ausrottung der großen Beutegreifer wie Wolf und Luchs sein einziger natürlicher Feind der Mensch ist.

Das Rehwild, ein sogenannter »Konzentrat-Selektierer«, weidet nicht Grünflächen ab, sondern verzehrt gezielt einzelne besonders nährstoffreiche Blätter, Knospen, Gräser und Kräuter.

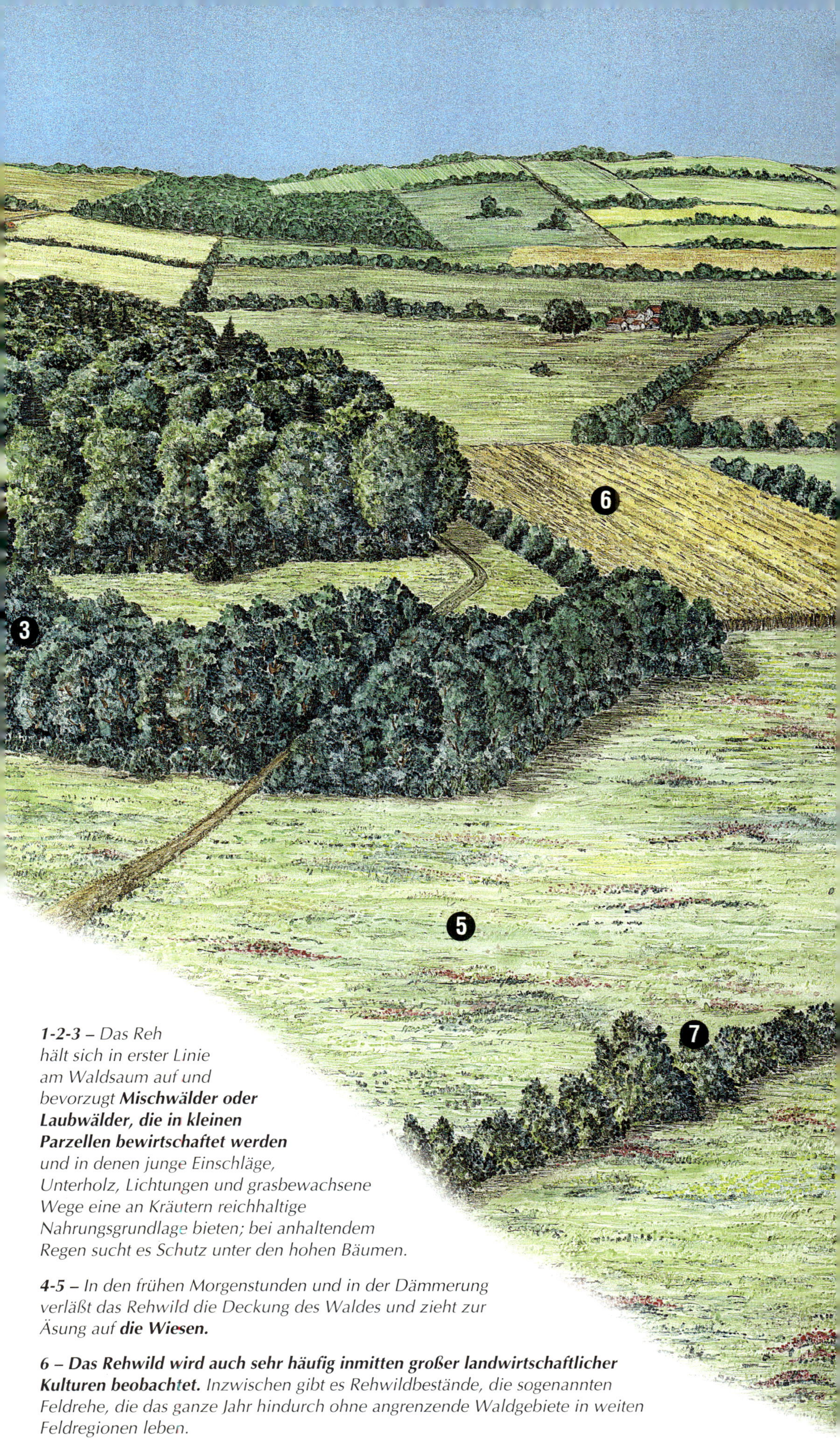

1-2-3 – *Das Reh hält sich in erster Linie am Waldsaum auf und bevorzugt* ***Mischwälder oder Laubwälder, die in kleinen Parzellen bewirtschaftet werden*** *und in denen junge Einschläge, Unterholz, Lichtungen und grasbewachsene Wege eine an Kräutern reichhaltige Nahrungsgrundlage bieten; bei anhaltendem Regen sucht es Schutz unter den hohen Bäumen.*

4-5 – *In den frühen Morgenstunden und in der Dämmerung verläßt das Rehwild die Deckung des Waldes und zieht zur Äsung auf* ***die Wiesen.***

6 – Das Rehwild wird auch sehr häufig inmitten großer landwirtschaftlicher Kulturen beobachtet. *Inzwischen gibt es Rehwildbestände, die sogenannten Feldrehe, die das ganze Jahr hindurch ohne angrenzende Waldgebiete in weiten Feldregionen leben.*

7 – Die breiten Hecken *bieten dem Reh gute Deckung, insbesondere bei anhaltenden Unwettern.*

Ursachen für einen Bestandsrückgang

Das Rehwild ist bei uns stark im Vormarsch begriffen. Seine Zuwachsrate wird auf durchschnittlich 35 Prozent der im Frühjahr gezählten ausgewachsenen Tiere geschätzt (oder zwischen 60 und 80 Prozent der im gleichen Zeitraum gesichteten Ricken). Obgleich das Reh im Vergleich zu anderen Wildarten, insbesondere dem Niederwild, recht robust ist, gibt es doch einige Faktoren, die eine Bestandszunahme behindern können.

Störungen

Störungen gehören unumstritten zu den wichtigsten Ursachen für einen Bestandsrückgang. Sie können sogar die komplette Aufgabe eines Revieres provozieren. Zu häufige Beunruhigungen wirken sich insbesondere in den Wintermonaten negativ aus. Wird das Reh etwa durch Skilangläufer aufgeschreckt, verbraucht es auf der Flucht sehr viel Energie und baut überlebenswichtige Feistreserven ab.
Ferner kann es passieren, daß während der Setzzeit ununterbrochen gestörte Tiere ihre Jungen zurücklassen.

1 – Der Spiegel der Ricke ist aufgrund der »Schürze« kleeblattförmig.

2 – Der Spiegel des Bocks ist nierenförmig.

Forstwirtschaft

Seitdem der Mittelwald, dessen Bäume als Brennholz genutzt wurden, stark an Wert verliert, haben sich die Bewirtschaftungsmaßnahmen zugunsten des Hochwaldes entwickelt, der vom Rehwild weniger geschätzt wird.

Landwirtschaft

Ricken setzen ihre Kitze oft in hohen Wiesen. Die Kitze, die während der Heuernte oft nur wenige Tage alt sind, fallen nicht selten den Mähmaschinen zum Opfer, da sie nicht fliehen, sondern sich bei Gefahr drücken.

Krankheiten

Krankheiten spielen eine eher untergeordnete Rolle, können jedoch insbesondere bei Überpopulationen zu nicht unwesentlichen Bestandsrückgängen führen. Dabei handelt es sich in erster Linie um parasitäre Krankheiten wie Leberegel, Lungenwürmer und Dasselfliegen (die Larven setzen den Nasenrachenraum zu).

Witterungsverhältnisse

Das Wetter hat keine großen Auswirkungen auf das Wohlbefinden des Rehwildes. Außergewöhnlich lange Schneeperioden in Bergregionen können dem Reh jedoch gefährlich werden. Sehr feuchte Wetterperioden fördern parasitäre Krankheiten. Das Kitz ist recht kälteempfindlich und fürchtet heftige Niederschläge im Juni.

Strassenverkehr

In Gebieten mit hohem Rehwildbestand kommt es vor allem in der Dämmerung zu Unfällen. Besonders in Zeiten des Einstandwechsels im Frühjahr und Herbst sowie während der Blattzeit Ende Juni/ Anfang August landen viele Rehe vor der Stoßstange. In Revieren mit hoher Straßendichte werden oft mehr Stücke überfahren als geschossen.

Das Rehwild hält sich gern in hohen Wiesen auf, die ihm Nahrung und Deckung während des Tages bieten. Eine Gewohnheit, die den Kitzen während der Heuernte oft zum Verderben wird.

Unter keinen Umständen sollte man ein Rehkitz, mag es noch so niedlich aussehen, aufheben oder auch nur streicheln. Das Muttertier könnte es daraufhin im Stich lassen.

Beutegreifer

Das Rehwild hat nur wenige natürliche Feinde wie den Luchs zu fürchten, der durchschnittlich ein ausgewachsenes Tier pro Woche reißt. Aussetzmaßnahmen haben im Bayerischen Wald zu einer neuen Luchspopulation geführt.
Der Wolf kommt in der Bundesrepublik praktisch nicht mehr vor und spielt keine Rolle als Beutegreifer des Rehwildes.
In ihren ersten Lebenstagen können die wehrlosen Kitze Opfer von Füchsen, in Einzelfällen sogar von Wildschweinen werden.

Konkurrenzverhalten innerhalb des Bestandes

In den sogenannten Feldrehbeständen gibt es kein Konkurrenzverhalten. Eine Überpopulation in Waldgebieten kann jedoch bei einem territorialen Einzelgänger (namentlich dem Rehbock) zu sehr starken sozialen Streßerscheinungen führen.
Unterernährte Ricken sind nicht in der Lage, ihre beiden Kitze zu säugen, und die Sterblichkeitsrate der Jungtiere kann bei zu dichtem Bestand auf 40 Prozent ansteigen.
Die Abschußpläne sollten daher stets so erstellt werden, daß die Biotopkapazität nicht überstrapaziert wird.

Tod im Straßenverkehr: Lösungsansätze

Die Zahl der im Straßenverkehr getöteten Tiere übersteigt in verkehrsreichen Revieren häufig die Anzahl der Abschüsse. Dabei ist nicht nur der jagdliche Verlust zu beklagen, auch das Wildbret wird oft genug unverzehrbar. Zudem ist der Jagdpächter verpflichtet, das auf der Straße liegende Wild zu entfernen – nicht selten in der Nacht oder frühmorgens.
Will man die Situation verbessern, muß man zuerst akzeptieren, daß sich der Straßenverkehr nicht ändern wird. Die Maßnahmen müssen sich also auf den Schutz des Rehwildes beschränken. So unterliegen die Stellen, an denen das Rehwild Straßen überquert, dem – begrenzten – Einfluß des Jägers. Meist sind es wenige Punkte, an denen immer wieder Unfälle geschehen. Dort empfiehlt es sich, durch bauliche Maßnahmen das Wild am Überwechseln zu hindern. Die sicherste, jedoch auch kostenintensivste Methode ist das Aufstellen eines Wildzauns; preiswerter, aber weniger effektiv sind Reflektoren an den Straßenmarkierungen oder »Duftzäune« (in regelmäßigen Abständen aufgestellte Schwämme, die mit unangenehmen Geruchsstoffen getränkt sind). Ziel einer jeden Maßnahme ist es, daß das Wild gezwungen wird, an Stellen über die Straße zu wechseln, an denen es selbst die Situation besser überblicken kann und von den Autofahrern gut gesehen wird. Die beste, aber auch teuerste Maßnahme ist der Bau sogenannter Grünbrücken über die Verkehrswege.
Keine Verbesserung bei der Unfallhäufigkeit bringen dichte Hecken in Straßennähe, da sie das Wild anziehen, und Äsungsplätze, die vom Einstand durch eine Autostraße getrennt werden.
Aber auch der Autofahrer kann seinen Teil dazu beitragen, daß weniger Tiere dem Verkehr zum Opfer fallen. Die beiden wichtigsten Grundregeln, die zu beachten sind, lauten: die Geschwindigkeit anpassen und Wildwarnschilder beachten. Taucht ein Stück Rehwild auf der Straße auf, muß damit gerechnet werden, daß weitere folgen. Dann nicht das Licht aufblenden, da dadurch die Tiere erst recht stehenbleiben. Besser ist es, die Hupe zu betätigen.

Gegenmaßnahmen

Erfolg oder Mißerfolg einer waidmännischen Rehwildhege dürfte vorrangig von einer rehwildgerechten Waldbewirtschaftung abhängen, die in erster Linie auf Biotopverbesserung abgestellt ist. Die Anlage von Waldwiesen bereichert die Äsungsmöglichkeiten.

Waldbewirtschaftung

Stichwort Licht! Dieser physikalische Parameter ist Voraussetzung für die Entwicklung einer Kräuter- und Sträucherschicht, die dem Rehwild die holz- und halbholzartigen Gewächse als Nahrungsgrundlage bietet.

Das Reh muß bei seiner Äsungssuche äußerst wählerisch vorgehen, da es im Verhältnis zu seinem Körpergewicht einen relativ kleinen Pansen mit einem Fassungsvermögen von vier bis sechs Litern hat.

Folglich bevorzugt es nährstoffreiche Pflanzenteile. Wiederaufforstungen stellen aufgrund ihres hohen Lichteinfalls wichtige Äsungsflächen dar, und der junge, heranwachsende Bewuchs bietet unabdingliche Unterschlupf- und Einstellmöglichkeiten. Aus diesen Gründen sollte bei der Waldbewirtschaftung stets darauf geachtet werden, daß genügend Flächen mit ausreichend Unterwuchs bestehen bleiben. Besonders Brombeersträucher am Waldboden liefern wertvolle Äsungsmöglichkeiten.

Es können auch Baumarten angepflanzt werden, die das Rehwild bei seiner Nahrungsaufnahme bevorzugt, beispielsweise wilde Obstbäume wie Apfel, Birne und Süß- oder Vogelkirsche. Waldwege bieten eine weitere an Kräuterbewuchs reichhaltige Nahrungsquelle, vorausgesetzt, sie werden regelmäßig gemäht, mit einem Mulchgerät bearbeitet und gedüngt. Dazu sollten hohe Grasböschungen entlang dieser Waldwege oder kleine Schneisen angelegt werden.

Futterstand

Ein Netz von im Wald verstreuten kleinen Dauer- oder Halbdauerwiesen (0,5 bis 1 ha) kann eine sinnvolle Ergänzung zu diesem Nahrungsangebot sein. Diese Bewirtschaftungsmaßnahme macht jedoch nur in großen Waldgebieten Sinn. Heckenlandschaften, Wiesen und offene Feldflur sind davon natürlich ausgenommen. Es sollten sogenannte Rehwildmischungen gesät werden. Spezielle Wildacker sind im allgemei-

Die Winterfütterung ist nur bei anhaltenden Schneeperioden wirklich notwendig.

nen nicht nötig, da der Aufwand den Nutzen oft übersteigt.

Wildfütterung

Die Fütterung ist, wenngleich von einigen Hegern befürwortet, nur bei lang anhaltenden Schneeperioden in Bergregionen wirklich notwendig. Wichtig ist dann, daß sie im Spätherbst beginnt, aber nicht zu lang betrieben wird. Gefüttert wird energiereiche Nahrung wie Sesamschrot oder Getreide. Als Beifutter sind Rüben empfehlenswert. Der Fachhandel bietet auch spezielles Kraftfutter an.

Salzlecksteine

Salz, das vom Rehwild sehr geschätzt wird, reguliert die wichtigsten Funktionen des Körpers und stärkt die Widerstandskraft gegen Krankheiten und Parasitenbefall. In Heckenlandschaften sollte mindestens ein Salzleckstein pro Baumgruppe ausgelegt werden, in großen Wäldern wird ein Stein alle 10 ha empfohlen. Liegt der Salzblock am Boden, besteht die Gefahr, daß mit dem Kot ausgeschiedene Parasiteneier aufgenommen werden. Daher sollte er erhöht befestigt werden.

Wie alle Hirscharten schätzt das Reh Salz sehr, da es seine wichtigsten Körperfunktionen reguliert.

Die Hege von Rehwildbeständen

Die Rehwildhege richtet sich nach denselben Prinzipien wie die der meisten anderen Wildarten und besteht aus den folgenden vier Punkten:
– Bestandsermittlung in einem Revier nach Ende des Winters (Gesamtzahl der ausgewachsenen Tiere) und nach der Setzzeit,
– Aufstellung eines zahlenmäßigen Abschußplans auf der Grundlage dieser Bestandsermittlung unter Berücksichtigung der Hegevorgaben, der Biotopkapazität und eventuell erlittener Verluste,
– Festlegung eines qualitativen Abschußplans nach Geschlecht und Altersklassen, um die Entwicklung ausgewogener Populationen zu fördern,
– Ausarbeitung von Abschußkriterien anhand dieser Prinzipien.

Bestandsermittlung

Diese Aufgabe kann mitunter schwierig sein, da das Reh trotz seines bodenständigen und territorialen Verhaltens sehr scheu ist und sich vorrangig in gestrüppreichem Gelände aufhält.
Es gibt jedoch zwei Zeiträume im Jahr, in denen eine Zählung möglich ist:
– Im März/April, wenn die Bäume noch kein neues Laub tragen und die Tiere auf der Suche nach den ersten Trieben auf die Lichtungen austreten, ist ein guter Zeitpunkt gekommen, die Bestandsdichte nach der Jagdsaison festzustellen.
– Ende August/Anfang September kann die jährliche Populationszuwachsrate ermittelt werden.
Unabhängig von der gewählten Zählmethode weisen die Schätzungen im allgemeinen Abweichungen nach unten auf, insbesondere bei hohen Beständen. Zu solchen Zwecken durchgeführte Treiben sind nicht zu befürworten, da sie für das Wild zu erheblichen Störungen führen. Einen Überblick über den Bestand bekommt man durch gewissenhaftes Ansitzen an den verschiedenen Äsungsplätzen des Reviers. Schwierigkeiten kann es bei Waldrevieren geben, da dort das Rehwild nur selten zum Anblick kommt. In solchen Fällen empfiehlt sich die Analyse von indirekten Anzeichen wie Fährten oder Verbißspuren.

Zahlenmässiger Abschussplan

Eine Rehwildpopulation bleibt stabil, wenn nicht mehr als der jährliche Zuwachs erlegt wird. Dieser beträgt bei den heutigen bejagten Beständen bei ausgeglichenem Geschlechterverhältnis etwa 50 Prozent des Frühjahrsbe-

Die Diskussion um Verbißschäden

Im deutschsprachigen Raum wird die Diskussion um den Rehwildabschuß mit starker Polemik geführt. Hauptstreitpunkt sind die Wildschäden im aufwachsenden Wald. Durch das Vorherrschen von Hochwald mit wenig Unterwuchs konzentriert sich die Nahrungssuche der Rehe auf Neuanpflanzungen. Durch Äsen von Keimlingen und Verbiß von Baumtrieben können so große wirtschaftliche Schäden an den Forstpflanzen entstehen. In der Folge wurden immer mehr Pflanzungen eingezäunt und so den Tieren Deckungs- und Äsungsmöglichkeiten entzogen. Als weitere Konsequenz wurden die Areale, die nicht durch einen Zaun geschützt waren, noch stärker durch den Verbiß in Mitleidenschaft gezogen.

Da es zu kostenintensiv würde, alle Areale mit Jungpflanzen zu umzäunen, ging man im Staatswald neue Wege. Unter der Maxime »Wald vor Wild« erhöhte man den Abschuß drastisch, um dem »Schadendruck« entgegenzuwirken. Durch Maßnahmen wie Unterteilung des Forstes in Pirschbezirke für revierlose Jäger, Abschuß an Fütterungen und systematische Drückjagden wurde die Bestandsdichte erheblich reduziert.

Die Forderungen privater Waldbesitzer, diese Praxis auch auf die vom Pächter gehaltenen Reviere zu übertragen, stießen hingegen bei den Jägern auf wenig Gegenliebe. Nachbarn von Staatsforsten kennen die Auswirkungen solcher Totalabschüsse. Ehemals gute Bestände wurden dort meist so ausgedünnt, daß es schwer wird, Rehwild überhaupt zu sehen, geschweige denn zu erlegen. Solche Erfahrungen rufen aber auch bei nicht betroffenen Revierinhabern Bedenken hervor, wirksam in die Besätze einzugreifen. Das angestrebte Geschlechterverhältnis von 1:1 ist vielerorts nicht vorhanden. Es werden zu viele Böcke und zuwenig Ricken erlegt, da diese wichtig für die Vermehrung sind. Zu verfolgen wäre ein Abschuß von je einem Drittel Böcken, Ricken und Schmalrehen sowie Kitzen.

Aber auch andere Maßnahmen können helfen, Schäden im Wald zu verringern. Die Förderung eines artenreichen Mischwaldes mit reichlich Unterwuchs schafft Deckungs- und Äsungsmöglichkeiten und schont Kulturpflanzen. Das Entfernen von Zäunen um nicht mehr gefährdete Pflanzungen erweitert den Lebensraum.

standes. In Revieren mit hoher Anzahl an Fallwild durch den Straßenverkehr oder durch strenge Winter muß sich der Abschuß natürlich an die Gegebenheiten anpassen.

Besonders Durchfallerkrankungen lichten mitunter die Reihen der weniger widerstandsfähigen Stücke beträchtlich.

Qualitativer Abschussplan

Der Abschußplan berücksichtigt das Gleichgewicht zwischen Geschlecht und Alter, d.h. im Durchschnitt ein weibliches Reh auf ein männliches Reh, um eine gesunde Populationsstruktur aufrechtzuerhalten. In allen Fällen

Die von der Biotopqualität abhängige Bestandsdichte

In der Regel hängt die Bestandsdichte von Kapazität und Nahrungsangebot des jeweiligen Reviers ab. Der französische Jagdverband ermittelte für die unterschiedlichen Biotope empfohlene Bestandsgrößen, die den Hegern bei ihren durchgeführten Ermittlungen als Anhaltspunkt dienen können:

– Waldgebiete überwiegend mit Nadelbäumen, auf nährstoffarmem und saurem Boden: Die Dichte übersteigt selten zwei bis fünf Tiere pro 100 ha.

– Mischwälder mit Laub- und Nadelhölzern, auf Boden mittlerer Qualität, mittelhohe Lage, Mittelwald ohne Wiederaufforstungsmaßnahmen: fünf bis zehn Tiere pro 100 ha.

– Der Idealfall ist ein bewirtschafteter Laubwald mit zahlreichen Lichtungen und Einschlägen. Eingesäumt von Feldern und Wiesen bietet dieses Biotop ein ausgedehntes Netz an Waldsäumen und Feldrainen auf kalkhaltigem Boden: zehn bis 15 Tiere auf 100 ha.

durch das Rehwild

Die Anlage von kleinen Waldwiesen, die auch regelmäßig gemäht werden müssen, damit frische Grünpflanzen wachsen, schafft zweierlei. Gute Äsung, die von den Waldpflanzen ablenkt, und eine gute Ansitzmöglichkeit für die Jagd. Diese weiß man in reinen Waldrevieren zu schätzen, da dort die Erfüllung des Abschusses nicht selten sehr schwerfällt.
Bei der Bejagung darf man sich nicht scheuen, schon im Herbst stark in die Jugendklasse einzugreifen. Im Winter sollte man die starken, für den Winter gewappneten Kitze durch hohen Jagddruck nicht zu sehr beunruhigen. Bei beabsichtigten Rickenabschüssen gilt aber immer noch der Grundsatz, daß zuerst das Kitz erlegt wird, da sonst das Jungtier verwaist.
Sicherlich die beste Reaktion auf Wildschäden stellt für Revierinhaber das direkte Gespräch mit den betroffenen Waldbesitzern dar. Durch an die jeweilige Situation angepaßte Bejagung können Probleme gelöst werden.

Geschlechtsbestimmung beim Reh, Profilansicht

sind die Heger bemüht, im Rahmen des Abschußplans die Funktion der natürlichen Raubtiere zu übernehmen und den Abschuß von jungen, schwachen oder sehr alten Tieren zu fördern. Soweit es der Abschußplan erlaubt, werden führende Ricken geschont, damit das Überleben der Kitze sichergestellt ist.
Das Ansprechen des Rehwildes in der Dämmerung ist oft sehr schwierig. Ein Hinweis für das Alter eines Stücks stellt der Zeitpunkt des Austretens aus der Deckung dar. Je später am Abend bzw. je früher am Morgen das Tier die Deckung verläßt, um so wahrscheinlicher handelt es sich um ein älteres oder vorsichtiges Tier. Am Abend treten Jährlinge und Schmalrehe meist als erste aus, führende Ricken und Böcke später.
Besonders alte Tiere treten nur nachts aus der Deckung und sind deshalb schwierig zu bejagen.

Jedes geschossene Reh sollte möglichst schnell aufgebrochen werden, da sonst das Wildbret »verhitzt« , d. h. verdirbt.

Wachstum des Rehgehörns

1 – Ende Oktober/November: Die Stangen werden abgeworfen.

2 – Dezember/Januar: Die Basis des neuen Gehörns erscheint im Bast.

3 – Februar/März: Das Gehörn ist fertig geschoben. Der Bock fegt sein Gehörn an den Bäumen, um es vom Bast zu befreien.

4 – Mai bis November: Das Gehörn ist hart und fertig vereckt.

Abschusskriterien

Ein ausgewogener Abschußplan sieht wie folgt aus:
– ein Drittel Kitze; führt eine Geiß zwei Kitze, so sollte man das schwächere der beiden erlegen.
– ein Drittel Schmalrehe und Ricken; hier sollte das Augenmerk auf das Körpergewicht des Stücks gelegt werden. Auch sind Geißen mit nur einem schwachen Kitz zusammen mit diesem zu erlegen.
– ein Drittel Jährlinge und Böcke; besonders die schlecht veranlagten Knopfböcke sind nicht zu schonen. Die Auslese sollte bis zur Klasse der Zweijährigen weitgehend abgeschlossen sein. Mittelalte Böcke sollte man lieber alt werden lassen.
Insgesamt sollte die Altersklasse bis zwei Jahre über 50 Prozent der Quote ausmachen.

Die Bejagung des Rehwildes

Heutzutage werden die meisten Rehe vom Ansitz aus oder auf der Pirsch erlegt. Die beliebteste Jagdart auf den Bock in der Brunftzeit ist die Lockjagd mit dem Blatt. Die Drückjagd kommt vornehmlich bei Maßnahmen zur Bestandsregulierung zum Tragen.

Die Pirschjagd

• Eine selektive Jagd
Die Pirschjagd beinhaltet das Anschleichen und das Erlegen von Wild. Durch genaues Kennenlernen des Wildbestands und der Altersverteilung kann durch gezielte Abschüsse vorteilhaft in den Aufbau einer Rehwildpopulation eingegriffen werden. Die Pirsch kann die ganze Jagdzeit hindurch praktiziert werden. Die beste Zeit für die Bockjagd ist die Brunft im Juli und August, wenn selbst alte und heimliche Stücke unvorsichtig werden. Das Revier für diese Jagdart muß reich an Deckung sein. Am besten geeignet ist Laubwald mit äsungsreichen Lichtungen, auf denen das Wild angepirscht werden kann. Ungeeignet sind Feldreviere mit nur wenig Gebüsch oder Hecken, da hier die Rehe den Jäger schon auf weite Entfernung nahen sehen.
Der Einfluß gezielter Selektionsabschüsse mit Erlegung schwächerer Stücke und der Schonung von »Zukunftsböcken« darf aber hinsichtlich der Trophäenentwicklung nicht überbewertet werden. Von modernen Hegern wird dieses Prinzip mehr und mehr in Frage gestellt. Denn es wird

Ricke

Geschlecht und Alter eines Rehs lassen sich an seinem Profil bestimmen.

dabei von der Tatsache ausgegangen, daß sich das Gehörn eines Bocks über die Jahre, ähnlich wie beim Hirsch, regelmäßig und vorhersehbar entwickelt. Folglich müßten Zukunftsböcke schon sehr früh zu bestimmen sein, wobei das Gehörn als Manifestierung des genetischen Potentials gilt. Das ist jedoch ein Trugschluß, denn von einem Jahr auf das andere kann derselbe vielversprechende Bock aufgrund von punktuellen Verletzungen, schlechter Ernährung oder schwierigen Winterbedingungen ein schwaches Gehörn schieben.

Wie dem auch sei, die Pirsch sollte im Rahmen einer waidmännischen Rehwildhege immer auch den Abschuß erkennbar schwächerer Stücke beinhalten. Das Erlegen eines starken, sogenannten Kapitalbocks, das größte Glück eines Jägers, sollte niemals 20 Prozent der gesamten Abschußrate – in bezug auf die genehmigten Abschüsse – übersteigen. Diese Stücke gelten als die für die Fortpflanzung bestveranlagten Tiere und sollten daher geschont werden.

• Die Kunst lautloser Jagd

Die beste Zeit für die Pirsch beschränkt sich auf die frühen Morgenstunden oder die Abenddämmerung, wenn die Rehe auf Wiesen, Lichtungen oder Waldwege austreten. Die Pirsch, die eine sehr gute Kenntnis des Reviers und der Gewohnheiten der Tiere erfordert, steht für manche Jäger in der Jagdkunst ganz oben. Da es sich bei den Rehen um scheue Tiere handelt, muß der Jäger in der Lage sein, sie aus einer Entfernung von 100 m und mehr vor dem Schuß sicher anzusprechen. Dabei sollte er äußerst vorsichtig vorgehen, denn hier gilt die goldene Regel: »Sehen, ohne gesehen zu werden.« Er hält häufig inne, um das Gelände zu beobachten, und pirscht sich langsam an, stets gegen die Windrichtung, um nicht das Mißtrauen des Tieres zu wecken, das einen außerordentlichen Geruchssinn hat.

Das Reh reagiert zudem auf jedes noch so leise Geräusch. Daher sollte der Jäger Kleidung aus Loden oder Cord tragen, um sich möglichst lautlos bewegen zu können. Außerdem muß eine besondere Schrittechnik erlernt werden. Die Sohle wird nicht abgerollt, sondern ganz aufgesetzt. Der hintere Teil des Fußes bleibt so lange stehen, bis der vordere sicheren Halt gefunden hat.

Die Pirsch ist in waldreichen Gegenden eine weitverbreitete Jagdart. Sie erfordert sehr gute Kenntnisse des Reviers und der Gewohnheiten der Tiere.

Manche Jäger verdecken ihr Gesicht, das einen hellen, sehr gut sichtbaren Fleck abgibt, mit einer schwarzen Strumpfmaske. Zur Ausrüstung gehören des weiteren ein Feuerzeug (zur Bestimmung der Windrichtung), ein gutes Jagdmesser (zum Aufbrechen des Tieres nach dem Schuß), eine Schnur (das Zusammenbinden der Beine erleichtert den Transport), ein Pirschstock, auf dem der Jäger beim Schießen sein Gewehr auflegen kann, Schuhe mit einer weichen und geräuscharmen Sohle und nicht zuletzt ein gutes Fernglas. Das Gewehr selbst sollte möglichst mit einem Zielfernrohr ausgestattet sein.

Bock

Entscheidend für den Erfolg: die Qualität der Fährte

Die Qualität der Fährte ist maßgebend für den erfolgreichen Ausgang einer Rehwildjagd, insbesondere beim Einsatz von Laufhunden bzw. Bracken. Die Jagd mit einer Hundemeute ist in der Bundesrepublik verboten, wird aber in Frankreich und England noch betrieben.
Die Fährte, so ungreifbar, flüchtig und schwach, daß nur unsere vierbeinigen Jagdgehilfen sie wahrnehmen können, hängt von zahlreichen Faktoren ab: Struktur, Beschaffenheit und Temperatur des Bodens, Lufttemperatur, Windrichtung und aktuelle Witterungsverhältnisse (Regen, Schnee, Trockenheit). Ein altes Sprichwort lautet: »Bei Nordwind, Hunde ins Freie; bei Südwind, Hunde in den Zwinger.«
1928 beschrieb Hubert Devaulx de Chambord, einer der bekanntesten Oberjägermeister seiner Epoche, die Bedingungen der Fährte folgendermaßen: »Je größer der Unterschied zwischen Luft- und Bodentemperatur, desto schlechter die Qualität der Fährte. Bei einer Abweichung von sechs Grad oder mehr wird die Jagd fast unmöglich. Die Fährte ist beständig, wenn die Lufttemperatur niedriger ist als die Bodentemperatur, sie ist flüchtig, wenn die Lufttemperatur über der des Bodens liegt. Im ersten Fall kondensiert die Witterung, im zweiten Fall verflüchtigt sie sich.« Mit anderen Worten herrschen ideale Fährtenbedingungen, wenn Luft und Boden die gleiche Temperatur haben und kein allzustarker Wind geht, der die Witterung verweht. Denn auch der Wind ist ein weiterer wichtiger Faktor: Süd-/Südostwind garantiert praktisch den Mißerfolg, Ostwind ist zu trocken und Nordwind zu kalt. Starker Frost schwächt die Witterung ab, heftiger Regen oder Dauerregen wäscht die Fährten aus. Lehmhaltige, feuchte Erde hält die Witterung länger als ein trockener und sandiger Boden.

Sobald der Jäger ein Tier erblickt, darf er sich nur noch ganz langsam bewegen. Wirft das Reh unruhig auf, sollte er vollkommen still stehen und abwarten. Oft geht das Reh dann zum sogenannten Scheinäsen über: Sowie es einen fremden Geruch oder ein außergewöhnliches Geräusch wahrnimmt, senkt es den Kopf und gibt vor zu äsen. Dabei spannt es alle seine Sinne an. Ein Schritt des Jägers – und das Tier springt ab. Der Jäger darf erst dann das Anpirschen fortsetzen, wenn er sicher ist, daß sich das Tier wieder in Sicherheit wiegt.
Der Schuß, der aus einer Entfernung von höchstens 100 oder 120 m abgegeben wird, darf nur mit absoluter Treffsicherheit und ausschließlich auf ein sich nicht bewegendes, breit stehendes Tier erfolgen.
Ist das Reh richtig getroffen, liegt es meist im Knall. Zeichnet es nicht und springt ab, muß der Schütze den Boden zunächst nach Zeichen untersuchen, die auf einen möglichen Anschuß hinweisen – Schweißspuren, Knochensplitter, Haarbüschel – und diese Fundstellen mit Zweigen markieren. Einige Stunden später ist mit einem Schweißhund die Nachsuche aufzunehmen.
Diese darf am Morgen nicht eher als zwei Stunden nach dem Schuß, am Abend nicht vor dem nächsten Morgen erfolgen. Mißachtet man diese Regel, besteht die Gefahr, daß das Wild nicht ausreichend »krank« ist und noch gut flüchten kann. Ausnahmen von dieser Regel sind der Äser- und der Krellschuß (Zähne am Anschuß bzw. typisches Zeichnen), da bei diesen Treffern das Stück nicht ins Wundbett geht.
Der Schweißhund muß dann rasch geschnallt werden, damit er das verletzte Tier einholt und niederzieht.
Die Pirschjagd ist die klassische Einzeljagd auf Rehwild. Jedem Jäger, der in seinem Revier die landschaftlichen Voraussetzungen dazu hat, sei sie wärmstens empfohlen. Der stille Gang durch den Wald zur Zeit der Morgendämmerung gehört mit der wunderbar frischen Waldluft und dem

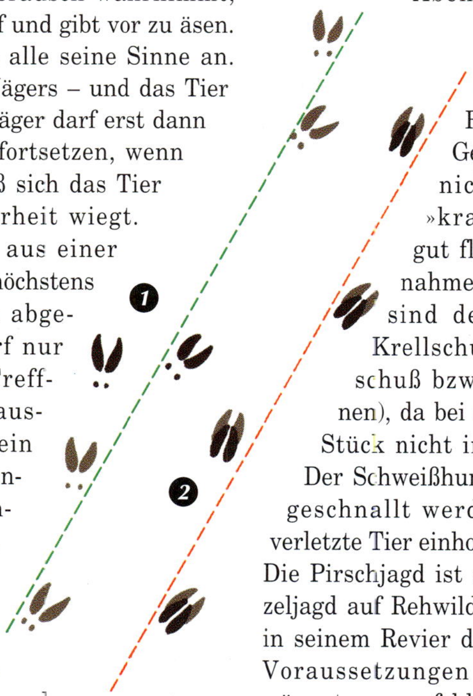

Die Rehwildfährte: *1 – flüchtig (die Schalen zeichnen sich ab) 2 – ziehend*

Gesang der Vögel auch ohne Jagderfolg zu den schönsten Naturerlebnissen.
Kritisch zu betrachten sind »Autopirschen«, bei denen bequemere Zeitgenossen im weichgefederten Geländewagen in der Dämmerung umherfahren, das Wild erspähen und vom Autodach aus erlegen. Solche Wildwest-Methoden sind als unwaidmännisch abzulehnen.
Ein Jagdgebiet darf aber nicht zu oft abgepirscht werden, da man sonst durch die stetige Beunruhigung das Wild vergrämt. Kleine Reviere sind für die Ansitzjagd besser geeignet, da durch sie weniger Störungen verursacht werden.

Die Drückjagd

Die Bejagung des Rehwildes mittels der Drückjagd, einer Art stillen Treibjagd mit wenigen Treibern und nur kurzläufigen Hunden, ist nicht unumstritten. Teile der Jägerschaft lehnen sie ab, da ihrer Meinung nach das Wild nicht selektiv genug bejagt werden kann. Zudem ergibt sich das Problem, daß regional die Böcke ab dem 16. Oktober einer Schonzeit unterliegen. Da sie zu der Zeit aber auch schon ihr Gehörn abwerfen, ist in der Eile eine sichere Unterscheidung von weiblichen Stücken nicht möglich. Puristen kritisieren diese Jagdart, da die möglichen, hohen Abschüsse zu stark in die Rehwildbestände eingreifen.
Demgegenüber muß natürlich angemerkt werden, daß in Gebieten mit starkem Verbiß die Reduktion angestrebt wird. Ebenfalls ermöglicht die Drück- oder Riegeljagd Abschüsse in Regionen, in denen das Wild durch ständige Störungen durch Spaziergänger und Hundeführer de facto zum Nachtwild geworden ist.
Meist wird in Hochwildrevieren nicht ausschließlich auf Rehwild gejagt, in Treiben vorkommendes Rot- und Schwarzwild wird ebenfalls – sofern es die Abschußpläne erlauben – erlegt. Die Größe der zu bejagenden Flächen darf nicht zu klein gewählt werden, da sonst die Tiere noch in der schnellen Anfangsphase ihrer Flucht sind und der Schuß nur mit großer Unsicherheit abgegeben werden kann. Bei Rehen kann auf das bei Wildschweinen nötige Kreisen der Fährten (zum Bestätigen, ob sich in einer Deckung Wild befindet) verzichtet werden, da das Wild in der Regel sehr standorttreu ist
Die Deckungsabschnitte müssen von Schützen gleichmäßig umstellt werden. Neben Kenntnissen über das natürliche Wechselverhalten des Schalenwildes, sind dabei auch künstliche Freiflächen und Schneisen in der Standauswahl zu berücksichtigen. Vorhandene Hochsitze oder Kanzeln sind zu nutzen, da von ihnen bei gutem Überblick sichere Schüsse abgegeben werden können.
Oberstes Gebot ist stets die Sicherheit für alle Beteiligten:
– Jeder Schütze muß wissen, wo sich seine Nachbarjäger befinden.
– Schüsse dürfen nie ins Treiben hinein abgegeben werden.
– Man sollte stets bedenken, ob bei der Schußabgabe ein Kugelfang vorhanden ist.
Als Munition sind nur Kugeln zulässig, Schrot ist verboten. Im Schrotlauf kann aber ein Flintenlaufgeschoß verwendet werden, das für die meist nahen Schüsse ausreichende Präzision liefert. Die verwendbaren Gewehrtypen sind Repetierer, Drillinge und Doppelbüchsen. Vollautomatische Waffen sind in der Bundesrepublik verboten. Als Visier eignen sich entweder ein Zielfernrohr mit geringer Vergrößerung oder Kimme und Korn.
Die Drückjagd wird durch wenige Treiber und niederläufige Jagdhunde wie Teckel oder Terrier durchgeführt. Sind Jäger unter den Treibern, spricht nichts dagegen, sie zu bewaffnen. Die kleinen Hunde müssen spurlaut sein,

Der Leiter der Jagdgesellschaft erinnert bei Beginn einer jeden Drückjagd an die Sicherheitsvorschriften und verteilt die Stände.

Reaktion des beschossenen Tieres

gründlich in den Deckungen stöbern und das hochgemachte Wild beharrlich auf der Spur, jedoch langsam verfolgen. Ziel ist, daß die Tiere nach einer schnellen initialen Flucht in einen langsamen Trab übergehen und so beim Passieren der Schützenkette sicher zu beschießen sind. Die Hunde müssen so dressiert sein, daß sie nicht über die Begrenzung des Triebs hinausjagen, da sonst andere Gebiete beunruhigt werden. Schalenwild ängstigt sich vor laut jagenden Hunden weitaus weniger als vor stummen, da es bei ersteren realisieren kann, wo sich der Verfolger befindet. Auch für die Schützen ist der Aufenthaltsort der Vierbeiner bezüglich eines möglichen Herannahens von Wild von großem Interesse. Eine weitere Grundvoraussetzung für einen erfolgreichen »Riegel« ist die Systematik der treibenden Personen und die Lautlosigkeit der anstehenden Schützen. Bemerkt ein Stück die Umzingelung, wird es immer wieder versuchen, zurück ins Dickicht zu fliehen. Aufgrund der starken Beunruhigungen, die bei solchen Gesellschaftsjagden im Jagdrevier auftreten, dürfen sie natürlich nur selten, d. h. ein- bis zweimal pro Jahr, abgehalten werden. Andernfalls droht das Abwandern der Tiere in ruhigere Zonen.

Die Brackenjagd

Die Brackenjagd bzw. das Brackieren ist in der Bundesrepublik nur auf Flächen von mindestens 1 000 ha erlaubt. Für diese Art des Jagens müssen große Geländeabschnitte ohne gefährliche Verkehrswege zur Verfügung stehen. Praktiziert wird die Brackenjagd noch häufiger in Frankreich, England und Skandinavien. Die dabei angewendeten Techniken unterscheiden sich teilweise beträchtlich voneinander. In Schweden beispielsweise gehen die

Hunde für die Rehwildjagd

Die Wahl des Jagdhundes hängt von verschiedenen Faktoren ab: persönlicher Geschmack, Art und Beschaffenheit des Geländes und Jagdart. Für die Arbeit vor dem Schuß sind nur niederläufige Hunde im Rahmen einer Drückjagd verwendbar. Darunter fallen Teckel und Terrier, die beiden am weitest verbreiteten Rassen sind Rauhhaarteckel und Deutscher Jagdterrier. Größere Hunde sind zu schnell und brächten das Wild hochflüchtig vor die Büchse.

Pirsch- und Ansitzjäger benötigen bei einem komplikationslosen Ver auf der Jagd keinen Hund, da ja im Idealfall das Stück am Anschuß liegt. Der Jäger muß jedoch stets einen geeigneten Nachsuchehund zur Verfügung haben, denn schon eine kurze Todesflucht von 100 m in eine hohe Deckung kann das Finden des Stücks sehr schwierig machen. Unabdingbar wird der Hund für die Nachsuche, wenn ein Reh nur angeschossen ist.

Für die Nachsuche auf der Schweißfährte eignen sich neben ausgesprochenen Spezialisten wie dem Bayerischen Gebirgsschweißhund bei entsprechender Dressur und Veranlagung praktisch alle Jagdhunderassen. Die dennoch am besten geeigneten sind robuste, kontinentale Rassen wie der Drahthaar oder Langhaar, Wachtel und Münsterländer.

Wichtig ist ferner, daß der Hund ein aus dem Wundlager aufstehendes Stück ausdauernd hetzen kann und genügend Wildschärfe besitzt, es niederzuziehen.

Der Hannoversche Schweißhund wird traditionell nicht auf Rehwild geführt, damit er sich bei der Nachsuche auf Rotwild nicht aus der Konzentration bringen läßt.

Blattschuß Krellschuß Waidwundschuß

Jäger zu zweit auf die Jagd, in Begleitung von einem oder zwei langsamen und eifrigen Laufhunden. Ein Schütze stellt sich an einen bekannten Wechsel, während der andere mit seinem Hund (etwa ein Hamilton, eine einheimische Rasse, oder eine deutsche Dachsbrakke) das Treiben bestreitet.
Jagdgesellschaften, die in Frankreich diese Jagdart betreiben und dabei eine gewisse Ethik vertreten, verpflichten sich vor allem einem Grundprinzip: Die Jagd der Hunde muß lauthals erfolgen, wobei die Arbeit der Hunde stets wichtiger ist als die Abgabe eines Schusses, d. h. die Hetze sollte mindestens ein bis zwei Stunden dauern. Im Gegensatz zur Treibjagd, die üblicherweise mit niedriggezüchteten Laufhunden und in relativ kleinen Gebieten durchgeführt wird, müssen die Gebiete für eine Brackenjagd mindestens 600 bis 800 ha groß sein.
Die ideale Jagdgesellschaft besteht aus zehn bis 20 Schützen, die sich an den wichtigsten Wildwechseln postieren, und einem Meutehalter, der von zwei oder drei weiteren Schützen begleitet werden kann. Um mit der Meute, die auf ein Reh angesetzt ist, Schritt halten zu können, muß man eine ausgezeichnete Konstitution haben! Die Hunde werden ohne Fährte geschnallt. In Revieren mit geringem Wildbestand kann ein guter Spürhund von Nutzen sein. Das erste Lautgeben deutet auf eine Fährte aus der vorangegangenen Nacht hin.
Sofort sammeln sich die Hunde und folgen lauthals der Fährte. Das Aufstöbern des Tieres erfolgt unter starkem Geläut, das das Herz eines jeden Schützen höher schlagen läßt! Zu Beginn der Hatz wird das Tier, dessen Fährte noch frisch ist, schnell vorwärts getrieben. Im Verlauf der Jagd und je nach Erschöpfungsgrad des Rehs versucht dieses, die Hunde durch List von seiner Fährte abzubringen (s. Kasten S. 120). Laufhunde, die mit mäßiger Geschwindigkeit spurlaut und ausdauernd jagen, zeigen bei dieser Jagdart gute Leistungen. Das Tier, das einen großen Vorsprung vor der Meute hat, kann langsam anwechseln und ermöglicht so dem Schützen eine eindeutige Ansprache.
Der erfolgreiche Ausgang der Brackenjagd hängt neben den Revierverhältnissen entscheidend von zwei Faktoren ab:

Die Brackenjagd ist in Frankreich weit verbreitet, in der Bundesrepublik jedoch nur auf Flächen von über 1 000 ha erlaubt, die Hetzjagd ist grundsätzlich verboten. Diese französischen Laufhunde eignen sich ausgezeichnet für die Jagd auf Rehwild.

– von der Qualität der Fährte (s. Kasten S. 116) und
– von der Qualität der Hunde, die sich von den unzähligen Täuschmanövern nicht abschütteln lassen dürfen.

Die Ansitzjagd

Die Ansitzjagd vom Hochsitz aus ist die traditionelle Jagdart im deutschsprachigen Raum. Bei ihr werden in der Bundesrepublik die meisten Rehe erbeutet. Das sichere Ansprechen und der gute Überblick über den vorhandenen Bestand erlauben eine selektive Bejagung. Neben Rehwild kann natürlich auch anderes Wild vom Hochsitz aus bejagt werden. Besonders wertvoll im Rahmen der Niederwildhege ist die Erlegung von Füchsen.

Der Hochsitz wird meist an gut angenommenen Äsungsflächen aufgestellt – am Rand von Wäldern, Wiesen oder Feldern, Lichtungen oder frischen Einschlägen. Den Hochsitz gibt es in sehr

Die Täuschungsmanöver des Rehwildes

Unmittelbar nach dem Aufstöbern wird das Reh mit hoher Geschwindigkeit getrieben, zuweilen auf Sicht, wobei die Hunde es um so leichter haben, je wärmer die Fährte ist.

In dem Maße, in dem das Reh ermüdet, verändert sich die Fährte und wird immer schwächer. Jetzt versucht das Tier verstärkt, seine Verfolger zu täuschen und ihnen zu entkommen. Zum Beispiel überspringt es seine Fährte, bevor es in der eigenen Spur zurückwechselt. Es überquert frisch gedüngte Felder oder Wiesen, damit dieser Geruch seine Fährte überdeckt. Mit dem Ziel, die Hunde abzuschütteln, zögert das Reh auch nicht, sich in Rinder- oder Schafsherden zu stellen oder in einen Fluß zu springen, sich eine beachtliche Strecke mit dem Strom treiben zu lassen und dann am anderen Ufer an Land zu gehen. Im Wald meidet es jeglichen Kontakt mit Zweigen, damit es dort nicht seine Witterung hinterläßt, es durchquert die undurchdringlichsten Dickichte, vor denen selbst die Hunde zurückschrecken, und wählt Steinwege und Teerstraßen, auf denen seine Fährte schnell verfliegt. Die »erfahrenen« Böcke mischen sich unter anderes Wild, um von sich abzulenken. Bei Muttertieren kommt es hingegen durchaus vor, daß sie sich den Hunden entgegenstellen, um ihr verfolgtes Kitz zu schützen.

Nur sehr erfahrene Hunde sind in der Lage, diese Tricks zu durchschauen, und sollten daher nach erfolgreicher Jagd umgehend belohnt werden. In Ländern mit Brackier-Tradition werden die Hunde nach guter Arbeit mit Anteilen vom Stück gefüttert.

Auf der Flucht vor seinen Verfolgern überfällt das Reh hohe Zäune.

einfachen bis hin zu hochmodernen Ausführungen. Dabei muß der Sitz so hoch angebracht werden, daß das Wild keinen Wind des Jägers bekommen kann. In der Regel sollte der Jäger mindestens eine Stunde vor dem Austreten des Rehwildes auf dem Ansitz sein, d. h. in den frühen Morgenstunden (vor Sonnenaufgang) oder abends, lange vor Beginn der Dämmerung. Damit die Tiere so wenig wie möglich gestört werden, muß der Jäger äußerst leise seinen Platz einnehmen. Dazu sollte der Pfad, der zum Hochsitz führt, in einem einwandfreien Zustand gehalten werden. Manche Jäger fegen ihn sogar, um sich nicht durch knackende Äste und Laub zu verraten.

In Feldrevieren bereitet es oft Schwierigkeiten, einen geeigneten Platz für eine Feldkanzel (frei stehender Hochsitz) zu finden, zumal der Wechsel der Fruchtfolge die Orte der Äsung immer wieder verändert. Abhilfe schafft in solchen Fällen ein auf einem Autoanhänger transportierbarer Hochsitz. Er kann an gedeckten Stellen, etwa am Rand einer Äsungsfläche, abgestellt werden. Sind die Abschüsse getätigt und die Felder abgeerntet, kann man ihn wieder von seinem Standort entfernen.

Geschossen wird immer nur auf breit stehendes Wild. Aufgrund der lichtschwachen Ansitzzeiten muß die Repetierbüchse mit einem ausgezeichneten Zielfernrohr mit entsprechender Dämmerungsleistung ausgestattet sein.

Der Hochsitz ist nicht nur für die reine Jagd von Nutzen, sondern dient ebenso im Rahmen der Hege der Wildbeobachtung und Bestandsermittlung.

Die Blattjagd

Die Blattjagd ist die Lockjagd auf den Rehbock zur Brunftzeit. Der Bock folgt dem auf einem Blatt nachgeahmten Ruf eines paarungswilligen weiblichen Stücks oder um einen vermuteten Nebenbuhler zu verscheuchen. Der Name dieser Jagdart stammt vom Blatt der Rotbuche, mit dem der Jäger den »Fiep« der Ricke nachahmt. Geeignet sind auch andere glattrandige Blätter (Faulbaum, Flieder). Im Jagdhandel werden vorgefertigte Blätter angeboten, die in der Aufregung meist sicherer funktionieren.

Die beste Zeit für diese reizvolle Art des Jagens ist die Spanne vom 20. Juli bis 10. August. Kalte Witterungsverhältnisse verschieben diese Periode um etwa eine Woche nach hinten. Gegen Ende der Blattzeit sind die meisten Geißen schon beschlagen (begattet), und die Böcke machen sich auf die Suche nach neuen Eroberungen. Die Böcke springen am besten am frühen Morgen, am späten Vormittag und am frühen Abend. Stehen sie noch bei der Ricke, so kann man versuchen, diese mit einem feinen »Kitzfiep« zum Herkommen zu bewegen. Der »Liebhaber« wird ihr folgen.

Gute Plätze sind Einstände mit vorgelagertem lichtem Altholz oder freie Flächen für ein gutes Schußfeld. Man steht gedeckt am Boden mit Auflagemöglichkeit. Die Windrichtung muß dabei beachtet werden.

Nun stößt man je zwei bis drei Fieper mit vier bis fünf Sekunden Pause dazwischen aus. Ein halbes Dutzend »Strophen« genügt. Danach wartet man einige Minuten und wiederholt sein Lied. Junge Böcke springen schneller und unvorsichtiger als alte, die sich oft Wind holen und erzürnt schreckend das Weite suchen, wenn sie den Jäger wahrgenommen haben. Zu häufiges Blatten kann erfahrene Böcke vergrämen, hier gilt: Weniger ist oft mehr.

Vor der Schußabgabe muß jedes Stück

Die Jagd vom Hochsitz aus findet in den Dämmerungsstunden (Sonnenauf- und -untergang) statt, in denen die Tiere zum Äsen austreten. Sie ermöglicht einen strengen Selektionsabschuß und bietet auch gute Wildbeobachtungsmöglichkeiten.

Die Wahl der Waffen

Für den Schuß auf das Rehwild sind nur Kugelpatronen erlaubt. Die Verwendung von Flintenlaufgeschossen ist im Rahmen von Drückjagden gesetzlich zulässig. Der Schrotschuß ist aus Gründen des Tierschutzes untersagt, und kein waidmännischer Jäger kann für die Einführung solcher Munition für Gesellschaftsjagden sein.

Die kleinste erlaubte Kugel mit einer Mindestenergie von 1000 J auf 100 m Schußentfernung ist die .222 Remington, die dieses Kriterium gerade erfüllt. Der Praktiker wird aber zugunsten einer geringeren Rate von krankgeschossenen Tieren auf größere Patronen zurückgreifen. Die Wahl einer kombinierten Waffe oder eines Repetierers hängt von den anderen Jagdwildarten und auch vom Geschmack des Jägers ab. Wird das Gewehr bei Drückjagden verwendet, sollte eine schnelle Abgabe von zumindest zwei Schüssen hintereinander möglich sein.

Bei der Jagd vom Ansitz aus sollte ein ausreichend lichtstarkes Zielfernrohr montiert werden. Eine regelbare Größeneinstellung (2,5- bis 20fache Vergrößerung) befriedigt die individuellen Bedürfnisse.

Beim Vorkommen von Hochwild (Rot- und Schwarzwild) sollte kein Kaliber kleiner als 7 x 64 verwendet werden, da sonst böse Überraschungen drohen.

Neben der technischen Ausrüstung muß jedem Jäger bewußt sein, daß sein Gewehr nur so gut schießen kann, wie der Schütze zielt. Weitschüsse über 200 m sollten die Ausnahme bleiben und sind nur in Gebirgsregionen manchmal nicht zu umgehen.

Für das Rehwild empfohlene Kaliber (Auswahl)

Kaliber	Gewicht in g	Geschwindigkeit auf 100 m (m/s)	Energie auf 100 m (J)
5,6 x 50 (R) Mag.	3,24	915	1 354
.243 Win.	6,5	850	2 340
6,5 x 57	6,0	880	2 325
7 x 57 (R)	9,0	670	2 020
7 x 64	11,2	700	2 747

natürlich genau angesprochen werden, damit keine Fehlabschüsse passieren. Das Fernrohr sollte auf kleinere Vergrößerung heruntergeschraubt werden, da die Distanz oft sehr gering ist. Das genaue Vorgehen beim Blatten muß man sich von einem erfahrenen Jäger beibringen lassen, da Nuancen oft entscheidend sein können. Der erste selbst hergeblattete Bock wird jedem Jungjäger gut in Erinnerung bleiben.

Ich selbst hatte schon viele unglaubliche Erlebnisse beim Blatten. Am erstaunlichsten war eine Begebenheit, die sich in den 80er Jahren an einem 7. August morgens in meinem Revier abspielte. (Erfahrungsgemäß ist die Periode vom 5. bis 10. August am erfolgversprechendsten, bis dann die Böcke schlagartig das Interesse am »Fiep« verlieren.)

Nach dem Morgenansitz an einem Kleeacker am Waldrand, bei dem ich einem alten »Bekannten« auflauern wollte, aber außer ein paar Hasen nichts sah, begab ich mich nach einigem vergeblichen Blatten auf die Pirsch in den Wald. (Das Blatten vom Hochsitz aus ist problematisch, da es erfahrene Böcke mißtrauisch macht, wenn die Töne aus der Höhe kommen.)

Im Hochwald machte ich einige Fieper, aber nichts rührte sich. Insgeheim zog es mich schon zu meinem Lieblingsplatz, einer kleinen Waldwiese, auf drei Seiten umgeben von einer Fichtenholzdickung, auf einer Seite von einem lichten Buchenholz. Den in der nördlichen Ecke stehenden Hochsitz mied ich, und ich begab mich hinter einen 1,20 m hohen Buchenholzklafter. Ideale Dekkung und Auflage zugleich!

Nach zehn Minuten ruhigen Wartens begann ich gegen 6.30 Uhr mit meinem »Liebeslied«. Nach einigen Strophen hielt ich inne und lauschte in den Wald hinein. Außer dem Singen der Amseln war jedoch nichts zu hören. Doch dann in etwa 100 m Entfernung knackte es auf der linken Seite in den Fichten. Das Auge schon am Zielfernrohr, wartete ich voll Spannung. Ein Bock! Ein zarter Fieper leitete den Freier auf die richtige Bahn. Auf die Nähe erkannte ich aber, daß der zweijährige Gabler zu jung zum Erlegen war. Zum Spaß lockte ich ihn aus meinem Versteck auf Steinwurfentfernung heran und trieb mit dem Armen ein böses Spiel. Plötzlich begann er zu flüchten, ein Knacken auf der Rechten, und ein zweiter Bock, wohl der Hausherr, gab ihm Fersengeld. Ich konnte in der Eile nur erkennen, daß er überlauscherhoch aufhatte. Die wilde Jagd führte die beiden mit lautem Knacken in den Jungwald. Voller Jagdfieber wartete ich auf die Rückkehr des zweiten Bocks, der ja versprach, älter zu sein als der erste. Als sich nach zehn Minuten nichts tat, begann ich wieder mit dem Blatten. Es dauerte nicht lange, da schlich aus der Richtung der Rote auf die halbhohe Wiese. Wiederum durch die Optik meiner Bockbüchsflinte sah ich seine hohen Stangen. Doch für den Schuß stand er etwas weit und auch spitz von vorne. Durch extrem vorsichtige Fieper konnte ich ihn etwas näher heranbringen. Stets senkte er mißtrauisch den Kopf und suchte Wind zu holen. Nun erkannte ich, daß es ein reifer Sechser war, und ich entschloß mich, ihn zu erlegen. Das Fadenkreuz zitterte vor Aufregung auf seinen Wildkörper, er war noch nicht in guter Schußposition, eine kleine Drehung, dann … Plötzlich hörte ich hinter mir einen wütenden Beller, ein Reh schreckte aus kürzester Entfernung. Der Todgeweihte auf der Wiese sprang natürlich sofort ab, über die Schulter sah ich den Jagdverderber: Meinen »Bekannten« vom Morgenansitz, ein alter Bock mit zurückgesetztem Gehörn und schlohweißem Haupt. Der Versuch, das Gewehr in die richtige Richtung zu bringen, war natürlich zwecklos. Nach einem zornigen Schrecker flüchtete auch er.

Während ich blattete, mußte er sich von hinten herangeschlichen und mich dann in den Wind bekommen haben. Auf dem Nachhauseweg hörte ich die empörten Herren noch lange rufen, als wollten sie mich aus dem Wald hinausschimpfen. Heute hängen beide friedlich vereint über meinem Schreibtisch an der Wand und erinnern mich immer wieder an diesen schönen Augustmorgen; das einzige Mal, daß gleich zwei Böcke an einem Platz auftauchten. Jeder, der die Spannung der Blattjagd noch nicht genossen hat, sollte sie einmal probieren.

Diese Jagdart ist in Osteuropa und im deutschsprachigen Raum sehr verbreitet. In Frankreich ist sie hingegen nur in den Regionen Elsaß und Lothringen erlaubt.

Auf der Blattjagd werden nicht nur gezielt kranke oder kapitale Böcke geschossen. Manchmal verlangt die waidgerechte Rehwildhege auch den Abschuß überzähliger junger Böcke.

1 – Ein Baum mit rauher Rinde (Kiefer, Eiche), dessen Stamm am unteren Ende mit Baumteer eingestrichen werden kann, eignet sich nach dem Suhlen ausgezeichnet zum Scheuern (Malbaum).

2 – Suhlen – künstlich angelegt oder natürliche: *Eine Suhle ist einfach anzulegen. Man gräbt eine Kuhle, die mit einer Tonschicht oder Plastikplane wasserdicht ausgelegt wird, und bedeckt diese mit Erde. Die Suhle gehört zur Standardausrüstung eines jeden Schwarzwildreviers.*

3 – Laubwald als Mittelwald: *Nach einem frischen Einschlag wächst in den darauffolgenden Jahren eine dichte, undurchdringliche Gestrüppdecke aus Brombeersträuchern, Ginster und Farn heran, in die sich die Wildschweine mit Vorliebe zurückziehen. Hier legen sie ihre Kessel oder Lager an, eine in den Erdboden gewühlte Kuhle, die ihnen als Ruheplatz dient.*

4 – Die unerläßliche Vielfalt *in der Waldwirtschaft wird vom Wildschwein sehr geschätzt.*

Das Wildschwein

Das Wildschwein gehört zu der Gruppe von Wildtieren, die von der Intensivierung profitiert. Große Getreideschläge werden für das Schwarzwild zu paradiesischer Deckung und Äsung. Und darin liegt auch genau das Problem. Die Landwirte sind wenig begeistert über »umgepflügte« Areale in ihren Kulturen. Der Wildschaden ist deshalb häufig die stärkste Antriebsfeder, um die Bestände in erträglichen Grenzen zu halten.

Der Allesfresser bevorzugt Eicheln, Bucheckern, Wurzeln, Insekten und Würmer. Er frißt jedoch auch Gras und Getreide, verschmäht kein Aas und greift auch Jungwild wie Hasen oder Rehe an. Während Wildschweine für Feldfrüchte katastrophale Wirkung haben können, verursachen sie im Wald nur wenig Schäden und lockern durch ihr Wühlen den Boden auf.

Schwere Keiler erreichen ein Gewicht von bis zu 200 kg, Bachen werden bis zu 100 kg schwer.

Außer im nordwestlichen Niedersachsen und in Teilen Bayerns kommt das Wildschwein in allen Bundesländern in mehr oder weniger starker Verbreitung vor.

Bejagt wird das Nachtwild vom Ansitz aus oder auf der Drückjagd.

Ursachen für einen Bestandsrückgang

Das Schwarzwild ist derzeit sicherlich eher im Zu- als im Abnehmen begriffen. Die großen Monokulturen aus Mais sind für die Aufzucht der Frischlinge ideal, aber die Bejagung machen sie fast unmöglich. Dennoch ist teilweise das Gleichgewicht instabil. Hoher Jagddruck kann die Schwarzkittel vergrämen und zum Abwandern bringen. Die Erlegung eines reifen Keilers – eines Bassen – gehört zu den großen Augenblicken in einem Jägerleben.

Der Jagddruck

Schlüsselt man die Schwarzwildpopulation nach Altersklassen auf, so stößt man schnell auf ein Ungleichgewicht, das der geringe Prozentsatz an interessanten Trophäen bestätigt. Eine neuere Studie belegt, daß von 2 000 geschossenen Tieren lediglich 136 Keiler Waffen von über 105 Punkten hatten bzw. nur ein einziger schwerer Keiler unter 6 764 erlegten Wildschweinen zu finden war. Somit scheint es sich bei den »dicken« Sauen, die bei den Treibjagden regelmäßig zur Strecke gebracht werden, um Wildschweine im Alter von zwei bis drei Jahren zu handeln, junge Keiler, die gerade erst aus der Rotte ausgeschlossen wurden und somit noch nicht sehr selbständig sind. Ihr starkes Gewicht ist auf die Aufnahme sehr reichhaltiger Nahrung zurückzuführen – Mais. Das Fehlen der großen alten Keiler wirkt sich negativ auf die Spezies aus, weil Keiler im Alter von fünf Jahren und älter für eine ausgewogene Sozialstruktur unverzichtbar sind.

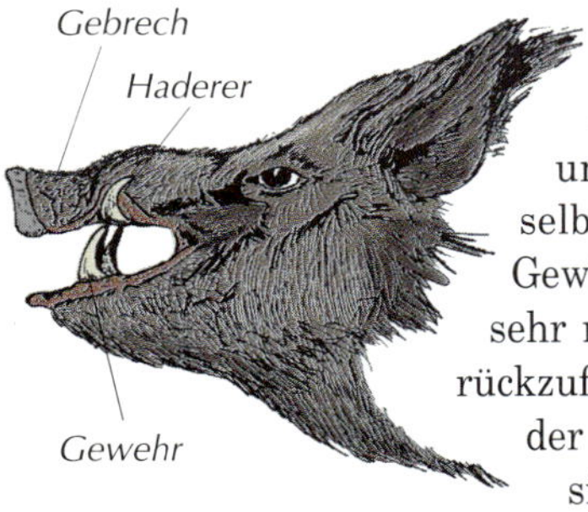

Profil eines ausgewachsenen Keilers

Ein weiterer negativer Aspekt der Jagd ist die übermäßige Regulierung des Bestandes in den Gegenden, in denen das Schwarzwild zum Schädling erklärt wird. Die Wildschweinpopulationen brauchen Ruhezonen, um sich ungehindert entwickeln zu können. Störungen durch zu häufiges Bejagen in Form von Ansitz von allen Kanzeln oder Drückjagd können durchaus die Abwanderung in ein anderes Gebiet zur Folge haben.

Es muß darauf hingewiesen werden, daß die Wildschweine, genauso wie das andere Hochwild auch, äußerst sensibel auf Störungen reagieren. Zuerst werden sie immer heimlicher und treten seltener auf freier Fläche aus. Zuletzt wandert die Rotte gänzlich ab und geht in einem anderen Revier zunächst unerkannt zu Schaden.

Krankheiten

Das Wildschwein ist äußerst widerstandsfähig. Nur die sehr jungen Frischlinge sind von harschen Witterungsbedingungen bedroht, vor allem von Nässe und Kälte. Die Trichimose gefährdet mehr als das Tier selbst den das Wildbret verzehrenden Menschen. Vor der Verarbeitung jedes Stücks muß der amtliche Fleischbeschauer seine Zustimmung geben.

Anfällig ist das Schwarzwild auch für die Schweinepest, die zur Zeit in den nordöstlichen Regionen, insbesondere in Niedersachsen und Mecklenburg-Vorpommern, grassiert. Die Verbreitung ist sicherlich einigen Revierleitern zuzuschreiben, die regelmäßig Fleischabfälle oder anderes, möglicherweise infiziertes Luder auslegen, um die Wildschweine, die diese Abfälle besonders gern mögen, in ihren Revieren zu halten. Interessanterweise besteht beim Schwarzwild ein erheblicher »Eiweiß-Hunger«, der es für solche Nahrung besonders empfänglich macht.

Es muß ganz deutlich darauf hingewiesen werden, daß Gastronomieabfälle nichts im Revier und auch nichts in der Schweinemast verloren haben. Jahr für Jahr erreichen uns die Schreckensmeldungen, daß wieder die Schweinepest (eine für den Menschen ungefährliche Viruserkrankung) in den Zuchtbetrieben auftaucht. Zur Eingrenzung der Seuche müssen dann oft Hunderttausende von Schweinen vorsorglich gekeult (geschlachtet) und beseitigt werden. Dabei werden dann immer auch Rufe nach der Regulierung der Schwarzwildbestände laut, die das natürliche Erregerreservoir für diese Erkrankung sind. Leider ist die mögliche Schutzimpfung der Zuchtschweine verboten. Diese widersprüchliche EU-Richtlinie basiert auf der Tatsache, daß geimpfte Tiere von erkrankten serologisch nicht mehr zu unterscheiden sind, und deshalb nicht in die Vereinigten Staaten von Amerika eingeführt werden dürfen.

Unausgewogene Ernährung

Der weitflächig betriebene Anbau von Mais, ein von den Wildschweinen besonders geschätztes Getreide mit hohem Zucker- und niedrigem Eiweißgehalt, führt zu einer überproportionalen Verfettung der Tiere. Schädlich wirkt sich auch eine übermäßige Fütterung von Mais an festen Fütterungsplätzen aus. Denn Mais als Hauptnahrungsgrundlage hat einen nicht zu vernachlässigenden Einfluß auf die Physiologie der Tiere, die Rauschzeit tritt früher ein und die Frischlinge werden früher geworfen. Er beschleunigt die Geschlechtsreife, die in einigen Fällen schon mit acht Monaten eintritt, und erhöht die Anzahl der Frischlinge pro Wurf. Man hat tragende Bachen beobachtet, die noch nicht ausgewachsen waren, aber 35 kg wogen, das Mindestgewicht für ein geschlechtsreifes Tier.
Ablenkfütterungen sollen das Wild von Feldfrüchten fernhalten und es nicht zu starken Tieren mästen.

Gegenmaßnahmen

Gegenmaßnahmen sollten darauf abzielen, eventuelle Nahrungsdefizite auszugleichen und die Tiere in einem Jagdrevier zu halten, jedoch ohne sie übermäßig zu mästen oder eine künstliche Überpopulation zu schaffen, die in den Getreidekulturen hohen Wildschaden anrichtet.

Suhle und Baumteer

Der Baumteer ist ein schwärzliches Produkt von zäher Konsistenz, das schon von alters her für seine Anziehungskraft auf das Schwarzwild bekannt ist. Die Bäume werden bis zu einer Höhe von etwa 1 m damit bestrichen, wobei man bevorzugt Arten mit rauhen Rinden wählt wie Eiche oder Kiefer. Nach dem Suhlen reiben sich die Tiere an den Stämmen, um eventuelle Parasiten loszuwerden. Der Baumteer fördert gleichzeitig das Abheilen kleinerer Verletzungen oder sonstiger Hautprobleme.
Unmittelbar neben den behandelten Bäumen muß eine Suhle eingerichtet werden, in der sich das Wildschwein im Schlamm wälzen und seinen Durst stillen kann. Gibt man ihr Ammoniakrückstände zu, deren starker Geruch auf Wildschweine besonders anziehend wirkt, wird sie um so besser angenommen.

Fütterung

Feste Fütterungsplätze halten die Wildschweine im Wald (Ablenkfütterung) und vermindern die Wildschäden auf den Feldern.
Aber sie haben nicht nur Vorteile. Auf diese Weise wird zwangsläufig eine Abhängigkeit geschaffen, die dazu führt, daß sich die Tiere immer weniger die im Wald natürlich vorhandene Nahrung suchen. Darüber hinaus sind es im allgemeinen die dominanten Tiere, die von diesem bequemen Nahrungsangebot profitieren, während ihre jüngeren Artgenossen das Nachsehen haben. Das Körnerfutter wird mittels eines an einen Traktor montierten Streugeräts verteilt. Zweimal pro Woche werden auf diese Weise 50 kg pro km ausgestreut. Warum solch

Die Attraktivität einer regelmäßig aufgesuchten Wildschweinsuhle kann erhöht werden, wenn sie in der Nähe einer Futterstelle eingerichtet, Ammoniakrückstände in die Suhle gegeben und die Bäume, an denen sich die Schweine nach dem Suhlen reiben, mit Baumteer bestrichen werden.

Diese Fütterungsvorrichtung streut zu festgelegten Zeiten automatisch Körnerfutter aus.

eine geringe Menge? Die Tiere werden so gezwungen, noch zusätzlich eigene Nahrung zu suchen.

Wildäcker

Die ausschließlich für Wild bestimmten Äcker werden vorzugsweise in großen Waldgebieten in der Nähe von oft bezogenen Einständen eingesät. Ziel ist es, die Wildschweine davon abzuhalten, auf den umliegenden Feldern Schaden anzurichten. Hierbei handelt es sich um kleine, meist auf Lichtungen angelegte Parzellen von unter 1 ha Größe. Mais, aber auch Rüben, Hafer oder Kartoffeln schmecken dem Wildschwein gleichermaßen.

Die Bejagung des Wildschweins

Seit jeher ist die Bejagung des wehrhaften Wildes etwas ganz Besonderes – egal, ob vom nächtlichen Ansitz aus bei Mondschein oder bei der packenden Drückjagd mit einer Saumeute.

Die Drückjagd

Wenn der erste Schnee fällt, der das sichere Aufspüren der Rotten ermöglicht, dann verfallen die richtigen »Saujäger« dem Zauber der Drückjagd. In größter Eile werden die guten Schützen herbeitelefoniert, die Treiberwehr zusammengestellt und die Hundemeute organisiert.

Bei der Drückjagd handelt es sich nicht um Stöberjagden mit geeigneten Hunden. Reinrassigkeit spielt keine große Rolle – der Mut ist entscheidend.

Bei der hier beschriebenen Jagdart wird das Waldgebiet Abschnitt für Abschnitt mit Hilfe von sehr mutigen und scharfen Niederlaufhunden wie Teckel oder Fox- bzw. Jagdterrier durchkämmt (s. S. 134/135). Diese Hunderassen zeichnen sich weiterhin dadurch aus, daß sie durch ihr Draufgängertum eine Rotte »sprengen« können, d. h. daß die Wildschweine in Panik verfallen, sich trennen und einzeln zum Schützen gelangen. Andernfalls bleiben sie bei ihrer Leitbache und durchbrechen als ganzer Verband die Schützenlinie, und nur ein Jäger kommt zum Schuß.

Problematisch an dieser Jagdart ist, daß man in der Eile die Stücke nicht richtig anspricht. Fehlabschüsse sind bei dieser Gesellschaftsjagd leider nicht selten – bei großem Wildschaden, den ja der Revierpächter zu begleichen hat, aber hinzunehmen.

Der Erfolg einer Treibjagd hängt in erster Linie von einer strengen Organisation ab. Das Treiben erfolgt nicht wahllos, sondern die Hunde werden an bekannten Einständen abgekoppelt, um die dort steckenden Tiere aufzujagen. Eine derart genaue Standortbestimmung ist nur nach vorherigem Kreisen möglich (s. Kasten S. 129). Die mit dieser Aufgabe betrauten Personen

Das Kreisen: Das Bestätigen der Anwesenheit von Wildschweinen

Zum Erfolg einer Schwarzwilddrückjagd gehört das Bestätigen einer Rotte in der Deckung. Das Revier muß vorher abgefährtet oder gekreist werden, um Anzahl und Altersklassen der Tiere festzustellen. Eine wahre Kunst, die einen scharfen Beobachtungssinn, gute Kenntnisse über die Gewohnheiten der Wildschweine und langjährige Erfahrungen im Fährtenlesen verlangt. Die größte Schwierigkeit besteht darin, das Alter der Fährten zu bestimmen.
Es folgen einige recht einfache Beispiele:
– Trittsiegel auf Morgentau: Das Tier ist bei Sonnenaufgang in den Wald eingewechselt, die Fährte ist ganz frisch.
– Trittsiegel im Schlamm, unberührt von dem Regen, der einen Großteil der Nacht angehalten hat: Siehe oben, die Fährte ist ganz frisch.
– Das Trittsiegel ist in die dünne Eisschicht eingebrochen, die sich in den frühen Morgenstunden bildet, wenn die Temperaturen am niedrigsten sind: Die Fährte ist sehr frisch.
Fährten dagegen, die vom Regen ausgewaschen oder mit Tau bzw. Reif bedeckt sind, deuten darauf hin, daß sie mindestens einige Stunden oder sogar Tage alt sind. Die Kunst des Kreisens besteht also darin, mit Sicherheit feststellen zu können, ob die Tiere dieses Revier aufsuchen, in der Nacht oder in den frühen Morgenstunden eingewechselt sind und auch, ob sie es nicht wieder verlassen haben!
Hierzu muß das ganze Gelände abgespürt werden, um an anderer Stelle den eventuellen Austritt dieser Fährte zu überprüfen. Ist das nicht der Fall, wird die in das Gebiet einwechselnde Fährte mit einem abgebrochenen Zweig markiert, dem sogenannten Bruch. Ein Spürhund, ein »Saufinder« kann dabei gute Dienste leisten, erfahrene Fährtenleser kommen auch ohne Hund zurecht.

erstatten dem von der Jagdgruppe ernannten Jagdleiter Bericht, der daraufhin den Ort des ersten Treibens bestimmt. Der Jagdleiter erläutert die Sicherheitsvorkehrungen, nennt das zum Abschuß freigegebene Wild – Rotwild, Rehwild etc., im Falle einer Saujagd auch die freigegebenen Altersklassen – und die verschiedenen Signale des Jagdhorns. Dann gibt er den Tagesablauf, die Reihenfolge der Treiben, die genauen Treffpunkte und Zeiten bekannt und teilt den Schützen ihre jeweiligen Stände zu. Die Jäger begeben sich in geordneter Reihenfolge und möglichst lautlos an ihre Plätze. Das leise und unauffällige Verhalten im Jagdgebiet ist eine Grundvoraussetzung. Denn die Wildschweine, die einen ausgezeichneten Geruchssinn und ein äußerst feines Gehör haben, sind durchaus in der Lage, bei dem leisesten ungewohnten Geräusch ihre Stellungen unbemerkt zu verlassen, lange bevor die Schützen ihre Stände eingenommen haben.

Für den Schützen, der mit dem Gesicht zum Wald steht, gelten ferner folgende Regeln: Er darf nicht rauchen, nicht einmal urinieren. Er sollte hinter einem Baum in Deckung gehen, keine heftigen Bewegungen machen und sich vor allem nicht zu nahe an den Wechsel stellen. Denn falls die Wildschweine ihn bemerken, werden sie versuchen, seinen Stand zu umgehen. Manche schweren Keiler oder aggressiven Bachen würden sich sogar weigern, den Kessel zu verlassen und ließen es eher auf ein tödliches Duell mit den Hunden ankommen, als sich den Schützen zu stellen.
Sind sicher Schweine im Trieb, darf der erste Schuß nicht auf anderes Wild abgegeben werden, da sonst der alte »Basse« gewarnt wird und nicht zur Strecke kommen wird. Beim Schuß selbst sind natürlich die üblichen Sicherheitsvorkehrungen einzuhalten:
– Wissen um den Standort des Jagdnachbarn,

Ein prächtiges Exemplar aus dem Wildschutzgebiet Bialowieza in Polen. (Dort können alle europäischen Wildarten beobachtet werden: Wisent, Wolf, Bär ...) Werden sie von Hunden gestellt, können diese Tiere außerordentlich gefährlich werden.

Bestandshege: der Abschußplan

Die Planer werden mit zwei Schwierigkeiten konfrontiert: Zum einen ist es kaum möglich, die im Revier vorkommende Wildschweindichte präzise zu ermitteln, zum anderen darf die Populationsdichte die Aufnahmekapazität des Biotops nicht überschreiten, da eine Überpopulation zwangsläufig Wildschäden verursacht.

Ein guter Abschußplan sollte ein harmonisches Geschlechter- und Altersklassenverhältnis innerhalb der Populationen anstreben, in denen auch kapitale Keiler ihren Platz haben und bei denen es sich vor allem um echte Wildtiere handelt!

Dazu sind einige goldene Regeln zu beachten:

– Jungtiere sind vorrangig zum Abschuß freizugeben (Frischlinge und Überläufer).

– Leitbachen sollten kategorisch geschont werden. Fällt die Leitbache weg, irren die Rotten ziellos umher, sind schutz- und wehrlos und können erhebliche Schäden anrichten.

Die empfohlenen Abschußquoten lauten:

– 75 % Frischlinge,

– 15 % Überläufer,

– 10 % zwei- bis dreijährige Keiler und Bachen oder älter, wobei nicht mehr als 5 % der großen dominanten Keiler über 100 kg geschossen werden sollten.

Der geringe Prozentsatz an zwei- bis dreijährigen Bachen im Abschußplan läßt sich darauf zurückführen, daß Bachen in dieser Altersgruppe die größten Würfe haben.

Bahnbrechend war in der Bundesrepublik das Lüneburger Modell, das Ende der 70er Jahre initiiert wurde. Es hatte zum Ziel, gleichzeitig Wildschäden zu begrenzen und reife Schweine zu hegen. Die Bekämpfung der Schwarzkittel als reine Schädlinge lehnte es ab. Durch Zusammenfassen großer Gebiete in Schwarzwildhegeringe konnten sinnvolle Ablenkfütterungen angelegt werden. Fernzuhalten sind die Sauen aus den reinen Feldrevieren, da dort der Schaden vorprogrammiert ist.

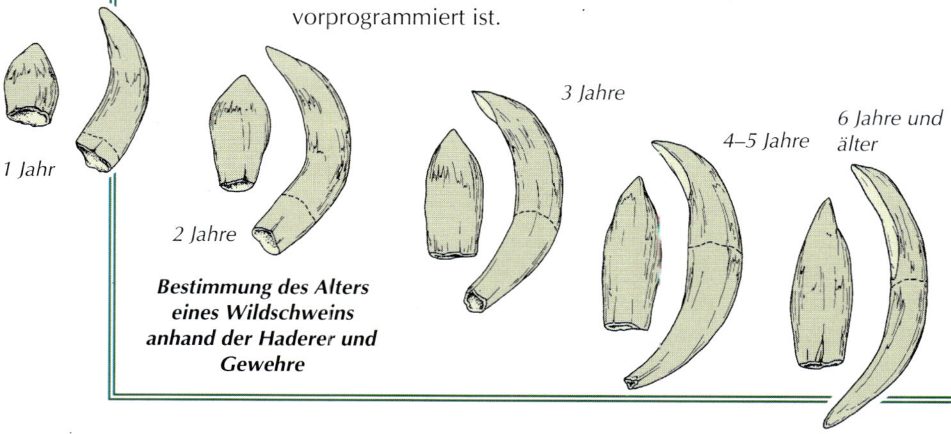

Bestimmung des Alters eines Wildschweins anhand der Haderer und Gewehre

– kein Schuß ohne Kugelfang,

– kein Schuß ins Treiben hinein.

Bei der Wahl der Munition greifen die meisten Jäger auf Kaliber wie 7 x 64, .30–06, 8 x 57 S oder 9,3 x 64 zurück. Die Waffe sollte mindestens zwei Schüsse in schneller Folge abgeben können. Daher kommen Repetierer, Doppelbüchse und Drilling in Frage. Letzterer wird mit Flintenlaufgeschossen bestückt und ist bei Praktikern sehr beliebt. Manche »alten Hasen« begeben sich sogar nur mit einer mit solchen Brenneke-Patronen bestückten Flinte auf die Drückjagd.

Eine besondere Situation ergibt sich, wenn die Hundemeute im Dickicht ein krankes oder auch gesundes Stück gestellt hat, dieses aber nicht flüchtet. Nun ist ein Jäger mit viel Erfahrung gefragt, der dem Schwein entgegentritt. Da der Fangschuß mit dem Gewehr im Gestrüpp und in der Eile nicht sicher genug ist, greift er zur Saufeder,

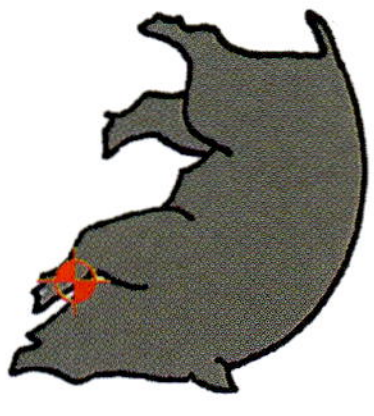

Tiefer Vorderlaufschuß

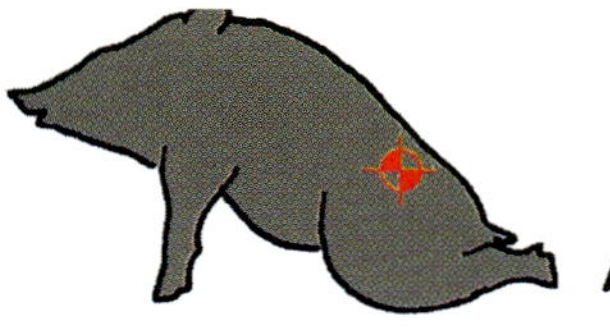

Nierenschuß

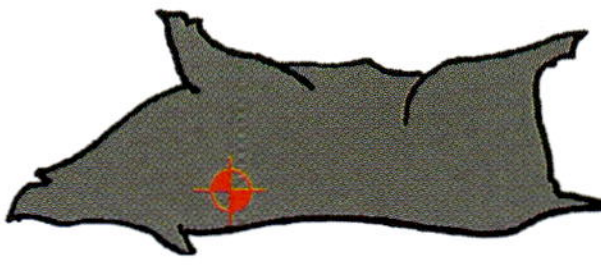

Krellschuß

Hinterlaufschuß

Blattschuß

In Frankreich praktiziert man noch die bei uns verbotene Parforcejagd zu Pferde und mit Hundemeute.

einer speziellen Lanze. Sehr vorsichtig nähert sich der Waidmann (keine Aufgabe für jagende Büromenschen) der bellenden Hundemeute. Er muß das Schwein möglichst eher sehen als umgekehrt, um sich in eine übersichtliche Position zu bringen. Erblickt das wehrhafte Wild den Menschen, so greift es an. Die Kunst besteht nun darin, die Wucht des nahenden Stücks auszunutzen, um den tödlichen Stich in den Brustkorb auszuführen. In der Waidmannssprache bezeichnet man es als »Auflaufen«.

Gelingt es nicht, so kann es zu gefährlichen Verletzungen kommen. Die Bißwunden der Bachen wiegen sogar oft schwerer als die Verletzungen durch die Keilerwaffen. Von den Hunden sind die sehr mutigen und scharfen am stärksten gefährdet, vom Schwarzwild verletzt zu werden. Dackel werden häufiger als Terrier vom Schwein erfaßt. Zu vermeiden sind hochläufige Hunde, die die Schmisse sehr schlecht vertragen und in ihrem Leben bedroht wären.

Wenn das Jagdhorn das Ende des Treibens ankündigt, ein markantes Signal, das jeder Jäger kennen muß, entlädt der Schütze sein Gewehr. Falls er ein Stück Wild krankgeschossen hat, macht er sich auf die Suche nach Schußzeichen – Schweißspuren, Knochensplitter – und markiert diese Stellen gut sichtbar (mit einem weißen Taschentuch oder einem abgeknickten Zweig), um die Nachsuche zu erleichtern.

Am Ende des Tages und vor dem traditionellen Schüsseltreiben mit allen Jagdteilnehmern wird dem zur Strecke gelegten Wild die gebührende Ehre erwiesen, während gleichzeitig die Fanfaren der Jagdhörner die aufregenden Ereignisse des Tages ausklingen lassen.

Die Ansitzjagd

Die Ansitzjagd auf die Schwarzkittel ist die andere Möglichkeit der Bejagung. Die Pirsch hat bei dem vorwiegend nachtaktiven Wild nur selten eine Erfolgschance.

Wildschweinansitz ist Nachtansitz. Man benötigt also durch den Mond und die letzte Dämmerung ein ausreichendes Büchsenlicht und dafür ein ausgezeichnetes Fernrohr mit guter Lichtstärke. Bei der Auswahl der geeigneten Plätze für das Aufstellen eines Hochsitzes muß man die Fährten an den aufgesuchten Äsungsplätzen berücksichtigen. Wechsel hält das Schwarzwild nur sehr unstet ein. Zu empfehlen ist die Erstellung von geschlossenen Kanzeln, die mit Scheiben versehen sind. Dadurch wird verhindert, daß das äußerst gut

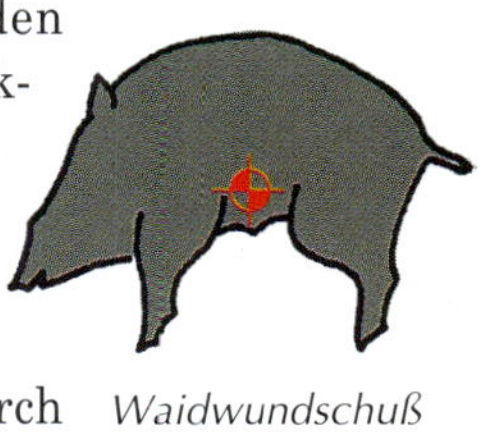

Waidwundschuß

Hoher Keulenschuß

Trägerschuß

Gebrechschuß

Hinweise auf die Anwesenheit

Die Fährte des Wildschweins

Das einzelne Trittsiegel hat eine durchschnittliche Länge von 5 bis 8 cm. Das eines Frischlings oder Überläufers ist kürzer, feiner und läuft spitzer zu, das eines großen, alten Artgenossen ist groß und breit und kann bis zu viermal so stark sein! Bei einem Abdruck im Schlamm werden stets die Geäfter sichtbar, zurückgebliebene Klauen, die hinten mit zunehmendem Gewicht tiefer einsinken. Die Abstände geben Auskunft über das Geschlecht: Bei den weiblichen Tieren sind die Afterklauen eher geschlossen, bei den Keilern weit abgespreizt. Bei einem großen und alten Tier sind sie weit abgespreizt, die Schalen lang und abgerundet.

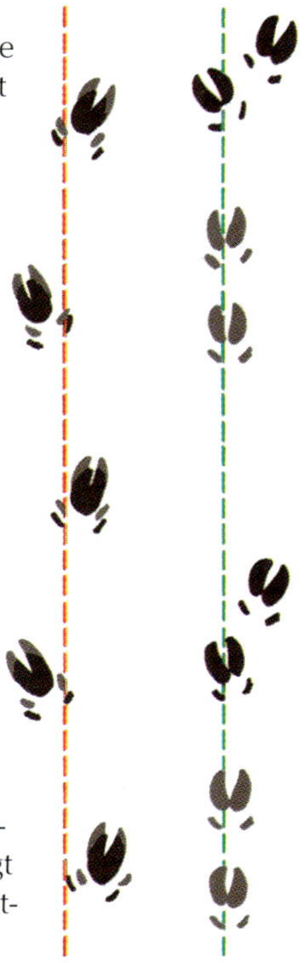

Manchmal ist eine Schale länger als die andere (asymmetrisch). Die Schalen der Bache sind leicht nach innen gedreht, während die der Keiler eher nach außen gedreht sind. Die Unterscheidung ist aber auch für Erfahrene oft nicht einfach. Ein starker Keiler zieht meist allein.

Die Schrittlänge

Die Schrittlänge kann wichtige Hinweise geben. Der Abstand zwischen den Schritten beträgt zwischen 5 und 10 cm bei jungen Tieren, zwischen 10 bis 15 cm bei Bachen und 10 bis 25 cm bei Keilern. Darüber hinaus zeigt ein alter Keiler eine krumme, äußerst komplizierte Schrittfolge.

Die Wühlspuren

Sie zeugen von der Nahrungssuche des Schwarzwildes und können sowohl im Wald, wo diese Aktivität den Eicheln, Bucheckern und anderen Waldfrüchten gilt, als auch im Freien auf den Wiesen und Feldern beobachtet werden. Auf der Suche nach Engerlingen und anderen Insekten, die sich in den oberen Bodenschichten aufhalten, bricht das Wildschwein zickzackartige, etwa 10 cm tiefe Furchen, das sogenannte Gebräch. Um an Knollen zu gelangen, die tiefer in der Erde stecken, wühlt es 30 bis 50 cm tief. Anhand der Frische des Gebrächs läßt sich sehr gut abschätzen, wann das Tier das letztemal diese Plätze aufgesucht hat.

Mit feinnasigen Fährtenhunden – hier einem Griffon Nivernais – werden die Wildschweine in einem Dickicht bestätigt.

witternde Wild den störenden Menschengeruch wahrnimmt und flüchtet. Durch die Montage solch aufwendiger Konstruktionen auf einem Autoanhänger wird die Kanzel mobil und kann je nach Äsungslage bewegt werden. Beim Befahren öffentlicher Straßen muß der Umbau beim TÜV eingetragen werden.

Bei fast völliger Dunkelheit treten dann die Sauen aus. Wegen des schwierigen Ansprechens aufgrund von Größe und Figur muß man sich auf die Zusammensetzung der Gruppe verlegen. Ein großes Stück mit mehreren kleinen und mittelgroßen Begleitern ist eine Bache mit Nachwuchs, der bejagt werden kann, das Muttertier ist zu schonen. Kommt ein Trupp – höchstens fünf – mittelgroßer Schweine, so sind dies Überläufer (ein- bis zweijährig), die noch zusammen ziehen. Sie können in jedem Fall beschossen werden. Ein einzelnes großes Stück ist ein Keiler. Die Einzelgänger suchen nur in der

von Wildschweinen

Die Losung
Die Losung ist etwa 10 cm lang, hat die Form von kleinen Würstchen, mehr oder weniger zusammenhängend, von dunkler bis schwarzer Farbe.
Der Kessel (Rotte) oder das Lager (Einzelgänger)
Das ist die Schlafstätte, eine in den Boden gegrabene Mulde, meist in dichtem Gestrüpp, stets trocken und windgeschützt gelegen. Werden die Lager regelmäßig aufgesucht, sind sie manchmal mit einem dicken Laubteppich ausgepolstert, und wenn sie eben erst besetzt waren, strömen sie einen durchdringenden Geruch aus. Die Abmessungen des Lagers geben Aufschluß über die Größe des Tiers. Hängt die Witterung noch in der Luft, deutet das im allgemeinen darauf hin, daß sich das Wildschwein gerade erst davongemacht hat. Erfahrene Treiber wissen dann, daß sich das Tier irgendwo in ihrer unmittelbaren Nähe im Gestrüpp versteckt oder gerade lautlos davonstiehlt!
Die Suhle
Das ist ein feuchtes Becken, in dem sich das Wildschwein regelmäßig wälzt. An der Trübung des Wassers und an den im Schlamm gut sichtbar abgedrückten Borsten erkennt man, wann die Suhle das letztemal aufgesucht wurde. Mit Wonne suhlt sich das Wildschwein in diesen Wasserlachen – auf diese Weise reguliert es seinen Temperaturhaushalt, denn wie zahlreiche andere Säugetiere schwitzt es nicht –, bevor es sich an den umstehenden Bäumen reibt, um den Schlamm und gleichzeitig mögliches Ungeziefer loszuwerden. Die Bäume sind daher bis zu einem Meter Bodenhöhe teilweise oder vollständig entrindet. Die etwa 2 m hohen Malspuren stammen vom Rotwild.
Die Baumstämme können tiefe Furchen aufzeigen: Den alten Keilern dienen sie als Schleifstein für ihre Waffen. Auch rauschige Bachen markieren auf diese Weise die Bäume und lassen dabei Speichel und Tränendrüsensekret zurück, um den Keilern ihre Paarungsbereitschaft zu signalisieren. Die sogenannte Rauschzeit spielt sich meist im November/Dezember ab.

Um sich auszuruhen, gräbt das Wildschwein eine bequeme Mulde in den Boden, meist in einem Dickicht. Das Tier auf diesem Bild scheint nicht oft gestört zu werden, wenn es an einem derart freiliegenden Ort so friedlich schlafen kann.

Rauschzeit (Brunft) die Nähe der Rotte, sonst ziehen sie allein ihre Kreise. Ob man ihn erlegen darf, hängt vom Abschußplan des jeweiligen Reviers und Hegerings ab.
Ein besonders reizvolles Unterfangen ist es, Wildschweine, die zu weit vom Ansitz entfernt brechen, im Schutz der Dunkelheit anzupirschen. Das kann aber nur gelingen, wenn der Mond ausreichend Licht spendet und man streng gegen den Wind geht. Schwarzwild windet sehr gut, äugt aber verhältnismäßig schlecht. Zu achten ist natürlich auch auf einen möglichst geräuscharmen Untergrund; es macht keinen Sinn, ein knackendes Stoppelfeld zu überqueren. Zusätzlich benötigt man einen Schießstock, am besten einen zweibeinigen, für die sichere Schußabgabe. Geeignet sind Wildschweine, die sich im niedrigen Bewuchs aufhalten (abgeerntete Getreidefelder, Wiesen), da man sie dann auch unter ungünstigerer Perspektive ansprechen kann. Zur Erlegung eignen sich am besten die schon fast ausgewachsenen Überläufer, die kleineren Frischlinge sind oft ein in der Dunkelheit recht schwieriges Ziel.
Man darf nur abdrücken, wenn man sicher ist, daß das Ziel ein Wildschwein ist! Allzuoft schon ereigneten sich schreckliche Unglücke, wenn mehrere Jäger ansaßen und der eine den anderen entgegen der Abmachung von der Kanzel abholen wollte.
Günstigeres Büchsenlicht gibt es im Morgengrauen, wenn die Sauen von der nächtlichen Mahlzeit in die Waldeinstände zurückkehren. Das ist jedoch nur der Fall, wenn sie nicht in den großen Getreideschlägen, sondern in den Dickungen ihr Lager haben.
Man sollte den Ansitz an Suhlen oder gar Ablenkfütterungen vermeiden, da man dadurch die Wildschweine aus dem Wald vertreibt und sie die Felder verstärkt annehmen.
Beim Zielen achte man darauf, etwas

tiefer in die Kammer als beim übrigen Schalenwild zu gehen, da die Wirbelsäule weit nach unten reicht und die lebenswichtigen Organe weit unten liegen. Schwarzwild gilt als das schußhärteste Wild unserer Breiten und zeichnet auch weit weniger als die übrigen Schalenträger. Als Kaliber eignen sich die im Kapitel »Drückjagd« beschriebenen Alternativen.
Auf einen kleinen Überläufer oder einen Frischling darf man durchaus mit einer Kugel aus dem unteren Spektrum der zugelassenen Munition schießen. Man hüte sich aber stets davor, mit zu kleinem Kaliber auf ein reifes Schwein zu schießen. Ist man zudem nur Jagdgast, kann man ziemlich sicher sein, daß es die letzte derartige Einladung war. Und zum wiederholten Male sei darauf hingewiesen, daß der Ausschuß das A und O einer erfolgreichen Nachsuche ist. Zur Wildschweinjagd sollte man also immer passende Geschosse verwenden (z. B. TIG, TUG, Nosler-Geschoß).

Hunde für die Wildschweinjagd

Die Voraussetzung für gute Sauhunde lautet: die richtige Balance zwischen Wildbiß und Vorsicht. Zu scharfe Jagdhunde werden auf der Saujagd selten alt.

Die Drückjagd

Wie schon erwähnt, eignen sich besonders niederläufige Hunde für das spurlaute Treiben in den Deckungen. Es spricht aber nichts dagegen, bei der nötigen Eignung einen Wachtelhund oder einen Spaniel loszuschicken. Voraussetzung ist die Wachsamkeit, mit

Die sogenannten

Diese Hunderassen eignen sich hervorragend für Drückjagden, bei der Waldstücke oder isoliert stehende Baumgruppen nacheinander durchkämmt werden. Sie hetzen mit einer gemäßigten Geschwindigkeit, so daß das Wild die Front langsam anwechselt und von den angestellten Schützen sicher angesprochen werden kann. Das Wild verfolgen sie nicht weit über die Reviergrenzen hinaus. Im allgemeinen dauern die Hetzen nicht länger als 20 Minuten, ein zusätzlicher Vorteil, denn auf diese Weise fühlt sich das Schalenwild weniger gestört. Für die kurzläufigen, sehr scharfen und mutigen Hunde, meist handelt es sich um Terrier, stellen auch die undurchdringlichsten Dickichte kein großes Hindernis dar. Aufgrund ihrer geringen Körpergröße tragen sie weniger Verletzungen davon, als die großen, zuweilen allzu scharfen Hunde.

Der Foxterrier
Der Foxterrier wird für seinen Mut und seine Fähigkeit geschätzt, Wildschweine aus unwegsamen Dickichten herauszutreiben. Meist wird er in kleinen Meuten von vier bis fünf Hunden gehalten und stellt eine sehr gute Ergänzung zu Treibern dar. Seine helle Fellzeichnung schützt ihn davor, irrtümlich als Wildschwein angesprochen zu werden. Sein einziger Nachteil: Er hat keinen ausgeprägten Spurlaut, aber dieser kleine Fehler wird dadurch ausgeglichen, daß er leicht zurückzurufen ist.

Der Jagdterrier
Dieser sympathische Drückjagd- und Bauhund, der trotz seiner Kurzläufigkeit kräftig, solide und sehr widerstandsfähig ist, vereint einfach alle Fähigkeiten, die einen guten Sauhund auszeichnen. Im Gegensatz zum Foxterrier oder Teckel, die in erster Linie in der Meute arbeiten, kann ein guter Jagdterrier aufgrund seines Mutes und seiner außerordentlichen Entschlußkraft auch allein eingesetzt werden. Das ist zumindest die Auffassung eines sehr guten korsischen Freundes von mir, der von seinem kleinen Dorf aus auf originelle Weise Wildschweine jagt. Fly, sein kleiner Jagdterrier, durchkämmt systematisch das Gestrüpp, bis er auf ein Schwein im Kessel trifft. Er stellt es sodann uner-

Egal ob kurzhaarig oder rauhhaarig, der Foxterrier ist ein robuster Jagdbegleiter, der keine Furcht auf der Wildschweinjagd kennt.

der sich der Vierbeiner dem Schwein nähert. Die Arbeit des »Saupackers« sollte er seinen kleinen Kollegen überlassen. Diese werden von einem Angriff des Keilers durch die Luft gewirbelt, dabei aber kaum ernstlich verletzt. Ein großer Hund wie eine Bracke oder ein deutscher Vorstehhund ist der Energie solcher Schmisse weitaus stärker ausgesetzt.

Die Nachsuche

Bei der Nachsuche stellen sich dem Schweißhundeführer mehrere Probleme. Aufgrund des schlechten Zeichnens von Schwarzwild ist es schwierig, die vermutliche Schußlokalisation zu ermitteln. Zudem fehlt oft der Ausschuß bedingt durch den massigen Wildkörper. Folglich muß man mit wenig Schweiß am Anschuß und auf der Fährte rechnen, ein Umstand, der die Anforderungen enorm steigert. Und zuletzt gefährdet ein noch lebendes, angeschweißtes Stück Hund und Führer. Erfahrene Schweißhundeführer nehmen deshalb einen Terrier mit. Sobald das kranke Wild aufsteht, ziehen sie den wertvollen Schweißhund zur Seite und schnallen den niederläufigen Jagdhelfer, einen giftigen Saupacker, der es so lange »beschäftigen« soll, bis der Jäger den Fangschuß angebracht hat. Dieser ist aufgrund der unübersichtlichen Geländeverhältnisse oft besonders schwierig. Bestenfalls ist der Nachsuchende allein oder mit einem revierkundigen Jäger unterwegs. Weitere Schützen oder sogar »Zuschauer« erschweren die Arbeit erheblich.
Als klassische Nachsuchrassen bieten sich Hannoverscher und Bayerischer Schweißhund an. Aber auch Brackenrassen, Vorstehhunde wie Drahthaar oder Münsterländer und nicht zu vergessen Teckel leisten bei der Nachsuche gute Arbeit.

Niederlaufhunde

schrocken und verbellt es so lange, bis sein Meister eintrifft, um es mit der Saufeder abzufangen. Dieses Vorgehen mag wenig sportlich erscheinen, aber in einem hügeligen Gelände kommt man oft erst nach langen und sehr mühsamen Wanderungen ans Ziel. Fly erlag übrigens im September 1994 seinen Verletzungen durch ein sehr starkes Wildschwein. Die Schärfe, die wir bei unseren vierbeinigen Gefährten bei der Jagd auf das Wildschwein hoch schätzen, darf nicht im Übermaß ausgeprägt sein, denn ein zu waghalsiger Hund wird eines Tages unweigerlich tödlich geschlagen. Der Hund sollte das annehmende Schwein lieber auf Entfernung halten und verbellen, als den direkten Kontakt zum Tier zu suchen.
Die Terrierzuchtvereine verlassen heute mehr und mehr die frühere Regel vom Primat der Schärfe, da sie für die Jagdpraxis oft unerwünscht ist, wenn sie zu stark in Erscheinung tritt. Nicht nur bei der Wildschweinjagd, sondern auch beim Fuchssprengen setzen sich die intelligenteren, nicht zu scharfen Typen mehr und mehr durch.

Die Teckel
Die wahren Puristen behaupten, daß sich der Teckel aufgrund seiner züchterischen Herkunft für Erdarbeiten, Hasenjagd und Schweißarbeiten eignet – aber nicht für die Wildschweinjagd. Ich hatte dagegen die Gelegenheit, den Teckel in Algerien bei der Jagd auf sehr aggressive Wildschweine zu beobachten, und konnte feststellen, daß er ein außerordentlich fähiger Jagdgefährte ist, mutig und sehr feinnasig. Ein Freund hielt eine Meute von acht Rauhhaarteckeln, allesamt aus deutschen Zuchten. Sie führten großartige Hetzen durch und zeigten ein erstaunliches, stets gleiches Verhalten beim Stellen der Sauen: Jeder Hund verbiß sich in ein bestimmtes Teil des gejagten Tieres, linker oder rechter Teller, Wange, Gebrech oder Kurzwildbret, und ließ nicht mehr los! Der Rauhhaarteckel ist die weitverbreitetste Art, zum einen aufgrund seines »grimmigen« Aussehens, zum anderen, weil die Kurzhaar- und Langhaarteckel in den 50er und 60er Jahren Opfer der Mode wurden und zu richtigen Schoßhunden verkamen. Erst in letzter Zeit treten sie bei Jagden wieder öfter in Erscheinung.
Die Meuten bestehen aus vier bis sechs Hunden. Zum Riegeln reicht ein einziger Hund, der das Wild auf die zwei oder drei Schützen zutreibt, die auf den Wechseln anstehen.

1
2
6
5

Das Rotwild

*1 – **Der Mischwald** besteht aus Laub- und Nadelhölzern und ist das ideale Biotop für Rotwild, vorausgesetzt, er hat eine angemessene Größe, d. h. mehrere tausend Hektar. Das Rotwild schätzt den abwechslungsreichen Bewuchs, insbesondere die verschiedenen Phasen der Holznutzung (**5** – mit jungen Einschlägen und Mittelwald).*

*2 – **Das Rotwild hält sich oft am Waldsaum auf** und sucht die Nähe zu Wiesen, die bevorzugten Äsungsflächen, besonders im Mai, wenn das Gras zu sprießen beginnt.*

*3 – **Sinnvoll aufgeteilte Anpflanzungen in der Feldmark** – in unserem Beispiel **Mais (3)** und **Luzerne (4)** – begrenzen die Schäden des Rotwildes an den jungen Aufforstungen.*

*6 – **Weiher** werden von dem Hirschen gern zum Schöpfen und Suhlen aufgesucht.*

Diese größte bei uns vorkommende Hirschart stellt hohe Anforderungen an ihren Lebensraum. Die wichtigste Voraussetzung sind großflächige Wälder mit wenig Störung durch den Menschen. Artenreiche Mischwälder sind für dieses edle Wild aufgrund bester Äsungsmöglichkeiten geeigneter als Nadelholzmonokulturen.

Die Vorkommen im deutschsprachigen Raum konzentrieren sich auf die Alpen, die waldreichen Mittelgebirge und die Forste der norddeutschen Tiefebene. Der Gesamtbestand in ganz Europa beläuft sich auf etwa eine Million. Außerhalb Europas leben nahverwandte Formen in Asien (Maral) und Nordamerika (Wapiti). Außerdem gibt es eingebürgertes Rotwild in Neuseeland und Argentinien sowie den selten gewordenen Atlashirsch in Nordafrika.

Als Jagdarten werden neben Ansitzjagd und Pirsch auch die Drückjagd angewendet, besonders in Gebieten, in denen das Wild wegen häufiger Störungen so heimlich wurde, daß es sich vorwiegend nachtaktiv verhält.

Ursachen für einen Bestandsrückgang

Die Höhe des Rotwildbestandes in der Bundesrepublik, der Schweiz und in Österreich kann nicht genau angegeben werden. Die jährlichen Abschüsse in der Bundesrepublik belaufen sich auf etwa 50 000 Stück. Die Klagen der Forstwirte und die zunehmende Intoleranz aufgrund der Wildschäden, die auf das Konto des Hochwildes gehen, lassen Stimmen laut werden, die eine deutliche Erhöhung der Abschüsse fordern. Der Hirsch, der in unseren ausgedehnten Wäldern heimisch ist, steht an einem Scheideweg. Hat er noch einen Platz in unserer Gesellschaft?

Natürliche Mortalitätsfaktoren

Die einzige in diesem Zusammenhang zuverlässige Studie wurde von Louve durchgeführt. Sie bezieht sich auf die Population auf der schottischen Insel Rhum, die dort isoliert und ohne Jagddruck lebt. Der Forscher konnte feststellen, daß die natürlichen Verluste von der Geburt bis zu einem Alter von zwei Jahren beide Geschlechter gleichermaßen betreffen. In diesem Lebensabschnitt sind die Tiere sehr anfällig, wobei Unterernährung im Winter, harte Witterungsbedingungen und Krankheiten Hauptursachen für die Sterblichkeit sind.

In den Jahren danach bis zum Alter von sieben oder acht Jahren überleben praktisch alle männlichen Stücke, während bei den weiblichen Stücken aufgrund von Geburten und Blutarmut nach dem Säugen weiterhin Verluste registriert wurden. Nach dem Alter von acht Jahren klären sich die Reihen merklich.

Gefahren für das genetische Erbe

Eine nicht zu unterschätzende Gefahr für kleinere Rotwildvorkommen ist die Abschottung von anderen Beständen. Diese droht besonders durch bauliche

Die Geweihentwicklung des Rothirsches

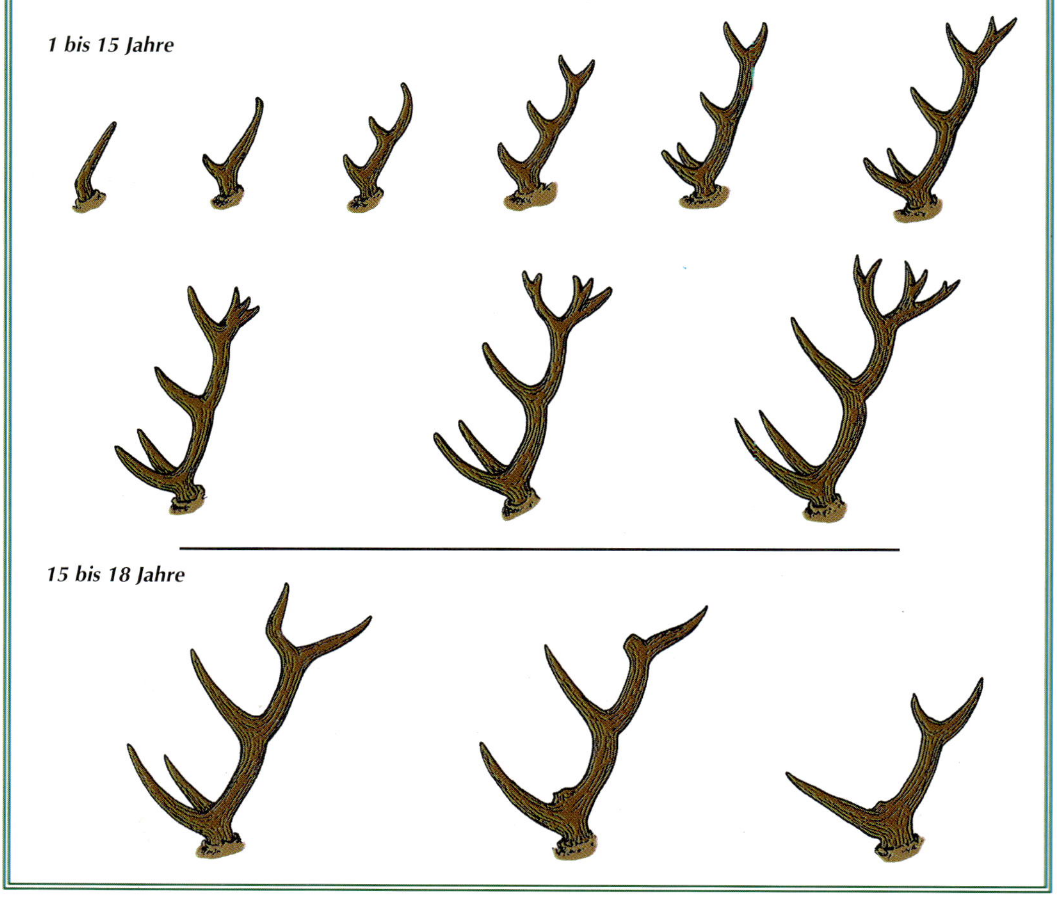

Das Rotwild – in unseren Wäldern nicht immer gern gesehen

Der auf das Konto des Rotwildes gehende Wildschaden erreicht zwar nicht die Ausmaße des sich an Feldfrüchten vergehenden Schwarzwildes, dennoch macht es in Wäldern oft die Bemühungen der Förster – zumindest teilweise – zunichte. Das Rotwild verursacht Schäden durch den Verbiß von jungen Trieben im Frühjahr und Sommer und durch das »Schälen« der Rinde auch großer Bäume im Winter.
Von Forstwirten wird der stolze Vertreter des Hochwildes schon überwiegend als Schädling eingestuft. So soll fast überall die Bestandsdichte durch Abschußerhöhungen gesenkt werden. Mancherorts werden sogar dahingehende Gedanken laut, ob man sich nicht durch einen Totalabschuß jahrhundertealter Rotwildvorkommen des Problems entledigen könne.
Die Vertreter der Jägerschaft widersetzen sich natürlich solchen Vorschlägen und lehnen es ab, in ihren mit hohen Pachtgebühren bezahlten Revieren, sämtliches Wild abzuschießen und die elementaren Wege der Hege zu verlassen.
Besonders kontrovers wird die Diskussion in den Alpen geführt, da dort die Interessen der Tourismusindustrie, der Naturschützer, der Forstwirte, des Lawinenschutzes und der Jäger aufeinanderprallen.

Maßnahmen wie unpassierbare Autobahnen oder Kanäle. Naherholungsgebiete für Stadtbewohner können Populationen trennen. Es unterbleibt dann der wichtige Austausch von Erbinformationen, der sonst vorwiegend über wandernde Junghirsche erfolgt. Die Folge ist die genetische Isolation mit der Konsequenz der Inzucht. Diese zeigt sich in schwächerem Körperbau, höherer Mißbildungsrate, größerer Krankheitsanfälligkeit und bei den Geweihträgern in einer weniger starken Ausbildung der Trophäe.

Dieser Hirsch, dessen Silhouette sich scharf gegen die untergehende Sonne abzeichnet, ist sichtlich krank oder sehr alt.

Die Anforderungen an eine waidmännische Rotwildhege

Auch wenn die biologische Hege des Rotwildes mehrere Ziele verfolgt, so liegt der Schwerpunkt in der Förderung von stabilen Populationen im Einklang mit dem Biotop. Eine unkontrollierte Vermehrung der Tiere, die die Tragfähigkeit des Lebensraums übersteigt und folglich zu Wildschäden an den Forstkulturen führt, muß vermieden werden. Die Regelung der Bestände berücksichtigt die natürliche Dynamik der Art, deren jährliche Zuwachsrate bei 30 Prozent liegt (im Hinblick auf eine stabile Population dürfen die Abschüsse diese Quote demnach nicht überschreiten), ein ausgewogenes Geschlechter- und Altersklassenverhältnis sowie die Sozialstruktur des Bestandes. In diesem Zusammenhang ist in erster Linie die natürliche Hierarchie der Hirsche zu respektieren, die sich bei den kämpferischen Auseinandersetzungen während der Brunft entscheidet.

Der Abschussplan

Der Abschußplan behandelt den quantitativen und qualitativen Aspekt der Wildbewirtschaftung, da er sich auf beide Geschlechter und auf die verschiedenen Altersklassen bezieht. Voraussetzung ist eine gute Kenntnis des Bestandes, wobei der Gesamtbestand und das Geschlechterverhältnis nur anhand von Zählungen zu ermitteln sind. Ferner müssen natürliche Verluste, auch durch den Straßenverkehr, berücksichtigt werden.
Diese Zahlen lassen sich nur selten mit Sicherheit festlegen, da eine präzise

Empfehlungen für den Rotwildabschuß

Geschont werden sollten:
– Hirsche, deren Geweihmasse nach oben verteilt liegt; sie lassen auf die Entwicklung von starken Kronen hoffen.
– Hirsche mit weitausladenden Stangen; sie werden die schönsten Trophäen abgeben,
– Leitalttiere.

Zum Abschuß freizugeben sind:
– Hirsche, die aufgrund ihrer Geweihentwicklung voraussichtlich nur eine Gabel haben werden,
– Hirsche ohne Geweih oder mit anormal entwickelten Stangen,
– Hirsche, deren Stangen im Profil ein Dreieck beschreiben, unabhängig von der Anzahl der Sprossen und Enden,
– Stücke, die unverhältnismäßig klein, abgemagert oder krank sind und deren Decke in einem schlechten Zustand ist (stumpf, verschmutzt, zerzaust),
– verletzte lahmende Stücke,
– Hirsche mit Geweih, wenn:
  • 2. Kopf mit vier bis sechs Enden (Spießer, Gabler oder Sechser),
  • 4. Kopf ohne Krone,
– Alttiere: Alttiere ohne Kälber und Alttiere, deren Kälber geschossen wurden,
– Spießer im Bast (Anfang Oktober) und Hirsche, deren Stangen kürzer sind als die Lauscher.

Rotspießer

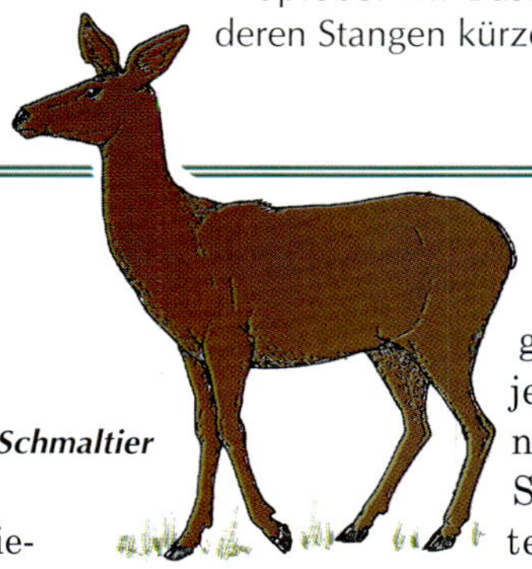

Schmaltier

Erscheinungsbild von ein- bis zweijährigen Stücken

Ermittlung oft sehr schwierig ist. Es ist unmöglich, die Situation der Sozialgruppen »einzufrieren«, da sich die raumzeitliche Organisation eines Rudels in einem Revier ständig verändert. So kann es durchaus vorkommen, daß ein beobachtetes und eingetragenes Rudel abwandert – aufgrund eines zu hohen Jagddrucks oder einfach, weil es sich durch Waldarbeiten gestört fühlt. Ungeachtet dessen ist es für das Geschlechtsgleichgewicht ausschlaggebend, jedes Jahr die doppelte Anzahl an nicht geweihten Tieren (Alttiere, Schmaltiere und Kälber) als geweihte Hirsche zu schießen. In erster Linie sollten Alttiere ohne Kälber und Schmaltiere erlegt werden, wobei das Leittier zur Wahrung des Gruppenzusammenhalts natürlich zu schonen ist.

In der Regel wird der folgende Abschuß empfohlen: je ein Drittel Kälber, Alt- und Schmaltiere sowie geweihte Hirsche. Bei einer Treibjagd, bei der die Tiere nicht immer leicht anzusprechen

Das System der Rotwildhegeringe

In der Bundesrepublik und in Österreich werden die einzelnen Rotwildreviere in sogenannten Hegeringen zusammengefaßt. Der Rotwildhegering teilt dem einzelnen Jäger den Abschuß – besonders der Geweihträger – zu. Dieses System soll verhindern, daß zu viele junge Zukunftshirsche erlegt werden, während kein alter kapitaler Hirsch mehr heranwächst. Zu vermeiden sind so auch Ungerechtigkeiten im Abschuß, wenn durch Revierverhältnisse bevorzugte Jäger mehr erlegen würden, als ihnen zustünde. In die Quote wird jedoch ein korrigierender Faktor eingerechnet, der sicherstellt, daß Revierinhaber guter Lagen mit Rotwildkerngebieten auch nicht über Gebühr belastet werden. Verstößt ein Mitglied des Hegerings gegen die vereinbarten Grundsätze und dies kommt ans Tageslicht, so wird er mit Sanktionen bedacht. Strikte Eingriffe sind vorzugsweise in der schlecht veranlagten Jugendklasse vorzunehmen. Im Falle zu hoher Wildschäden versucht die Gemeinschaft, mit konzertierten Jagdmaßnahmen gegenzusteuern.
Kritiker der Rotwildhegeringe bemängeln die zu starke Ausrichtung der Richtlinien an der Trophäenstärke und vermissen den Einfluß forstwirtschaftlicher und ökologischer Gesichtspunkte. Aufgrund der Unvereinbarkeit von vielen grundsätzlichen Punkten ist absehbar, daß ein Konsens zwischen Jägern und anderen Interessengruppen nur schwer zu erreichen ist.

Gute Rotwildbestände gibt es auch heute noch in den dicht bewaldeten Alpen.

sind, lauten die Vorgaben für die geweihten Hirsche folgendermaßen: je ein Drittel Spießer, Sechsender und stärker sowie ohne Krone.
Zu Zwecken der einfacheren Ansprache sollte der Abschuß der Kälber im November beginnen, bevor sie von der Körpergröße her mit den Schmaltieren zu verwechseln sind. Diese sind anschließend zu schießen, wobei der Schwerpunkt auf schwachen Tieren liegt. Der Abschuß der Alttiere erfolgt im Januar/Februar, in einer Jahreszeit, in der sich aufgrund des Winters die schwachen, kranken und abgemagerten Tiere leichter ermitteln lassen.
Es gilt auch hier wie bei den anderen Schalenwildarten, daß das Alttier erst nach dem Kalb erlegt wird, damit dieses nicht verwaist.
Der Abschuß an der Winterfütterung ist gesetzlich verboten.

Bestandsermittlung

Da Rotwild häufig den Standort wechselt, sollte die Bestandsgröße regelmäßig ermittelt werden, um eine präzise Vorstellung von der Populationsdichte zu erhalten.
Die besten Ergebnisse erzielen die Heger, die sehr regelmäßig das ganze Jahr hindurch draußen im Revier sind und »ihre« Tiere beobachten. Neben der Beobachtung durch Ansitz und Pirsch, die als die zuverlässigste, aber auch anspruchvollste Methode gilt, gibt es mehrere andere Zählverfahren.

• Eine originelle Methode
Eine für Reviere mit sehr gut überschaubaren Brunftplätzen durchführbare Methode besteht aus zwei Phasen:
– Möglichst genaue Zählung und Lokalisierung der brunftigen Hirsche anhand des nächtlichen Röhrens an zuvor festgelegten Plätzen. Diese Aufgabe übernehmen kleine Gruppen (zwei Personen), die mit Kartenmaterial und Kompassen die Koordinaten der Richtungen ermitteln, aus denen das Brunftgeschrei zu vernehmen ist.
Die Arbeit beginnt um 21 Uhr und nimmt einige Stunden in Anspruch. Nach der Rückkehr wird eine allgemeine Bilanz gezogen und die topographischen Daten auf einer Karte eingetragen, um so die Brunftplätze präzise lokalisieren zu können. Diese Informationen geben recht genaue Auskunft über die Entwicklung einer Population.
– Zählung der einzelnen Tiere durch direkte Beobachtung in der höchsten Aktivitätsperiode der Hirsche – in der Morgen- und Abenddämmerung – an zuvor festgelegten Brunftplätzen.
In dieser Phase wird das Waldgebiet nach den vorhandenen Brunftplätzen in einzelne Sektoren aufgeteilt, wobei

Die Wildhege

Die Maßnahmen der Wildhege wie Wildäcker, Fütterung und Salzlecksteine gelten für alle Schalenwildarten. Dieses Vorgehen ist besonders wichtig für einen Abschußplan, der sich an den biologischen Anforderungen der Spezies orientiert.

die Sektoren zahlenmäßig mit denen der Brunftplätze übereinstimmen.
Jeder röhrende Hirsch wird notiert. Außerdem werden seine exakte Position, die Uhrzeit, wann er den Brunftplatz betritt und wieder verläßt, und seine Aktivität vermerkt. Diese Methode setzt eine sehr gute Kenntnis des Reviers voraus. Da sie jedoch die jungen Hirsche, die nicht brunften, nicht erfaßt, ist sie relativ unpräzise.

• Die nächtlichen Zählungen vom Fahrzeug aus

Das Gebiet wird in etwa 600 ha große Sektoren aufgeteilt, die von einer Gruppe von Beobachtern in einem Geländewagen abgefahren werden. Das Fahrzeug sollte mit sehr starken und beweglichen Scheinwerfern ausgestattet sein. Alle befahrbaren Wege werden auf diese Weise zu beiden Seiten abgeleuchtet, einschließlich der Kulturen und Waldsäume, auf denen sich die Tiere nachts zum Äsen aufhalten.

• Zählung an der Winterfütterung

In der Notzeit des Winters verliert das Rotwild viel von seiner Scheu und nimmt (u. a. in den Alpen) eifrig die Winterfütterung an. Von einem geschützten Platz aus läßt sich ein guter Überblick über den Bestand gewinnen. Problematisch an dieser Bestandsermittlungsmethode ist allerdings, daß nicht mit Sicherheit das Einzugsgebiet der gesehenen Tiere festgelegt werden kann.
Dazu kommt, daß die Verluste, die meist am Ende des Winters eintreten, nicht von der Wiederaufnahme der natürlichen Äsung in den Wäldern mit Meiden der Fütterung unterschieden werden können.

Die Bejagung des Rotwildes

Rotwild wird in der Bundesrepublik, der Schweiz und in Österreich meist bei Ansitz und Pirsch erlegt. Aber auch auf der Drückjagd auf Hochwild kommt manches Stück zur Strecke.

Die Drückjagd

Die Drückjagd wird am besten im Winter durchgeführt, wenn durch den Laubfall die Sicht im Wald gut ist. Diese Jagdart erfordert geeignetes Gelände wie den Wechsel von Dickicht und lichtem Altholz sowie Schneisen. Vorhandene Hochsitze sind als Anstand des guten Überblicks und des sicheren Schusses wegen gut geeignet.
Zu Beginn einer solchen Jagd versammeln sich die Schützen und die wenigen Treiber. Der Jagdleiter bespricht das Vorgehen, erklärt die Hornsignale, erläutert die Sicherheitsvorkehrungen (niemals ins Treiben schießen, kein Schuß ohne Kugelfang, Verständigung mit dem Standnachbarn) und gibt an, auf welches Wild und welche Stücke gejagt werden dürfen.
Beim Umstellen der Einstände muß man sich sehr leise und vorsichtig nähern. Hat das Wild die außenstehende Gefahr vernommen, wird es dort nicht anwechseln.

Der 150 kg schwere auf der Drückjagd erlegte Hirsch wird aufgebrochen und dann quer durch den Wald zum Wagen gezogen, auf den er mit Hilfe einer Winde verladen wird.

Die Treiber, die mit niederläufigen Hunden wie Terriern oder Teckeln das Gebiet durchkämmen, müssen systematisch vorgehen und gute Geländekenntnisse aufweisen, da sich sonst die Hirsche und besonders auch das Schwarzwild in den Deckungen verstecken. Sind die spurlauten Hunde einmal auf der Fährte eines Stücks, wird es nach kurzer Flucht im Troll den Einstand verlassen.

Die Schützen machen sich bereit, still und bewegungslos. Ein schwerer Kronenhirsch kündigt sich oft durch lautes Krachen im Geäst an, wenn sich sein Geweih im Unterholz verfängt. Jetzt heißt es, Ruhe zu bewahren! Ein Schuß auf das Tier, das die Schneise überfällt, ist trotz der imposanten Größe und kurzen Distanz nicht immer einfach. Der Hirsch ist in der Lage, die ungewöhnlichsten Sprünge zu vollführen und sich dann plötzlich zu ducken, so daß der erste Schuß zu niedrig und der zweite zu hoch ist. Zeichnet der Hirsch im Schuß, sollte man das Ende des Treibens abwarten, bevor man sich dem Hirsch nähert. Bleibt er dagegen krankgeschossen am Fleck, muß er umgehend den Fangschuß erhalten. Bei eindeutigem oder scheinbarem Mißerfolg ist ebenfalls erst nach dem Ende des Treibens der Boden auf Hinweise zu untersuchen, die auf eine mögliche Verletzung des Hirsches hindeuten. Danach ist gegebenenfalls eine Nachsuche durchzuführen. Alle gesichteten, beschossenen und erlegten Tiere sind stets zu melden.

Noch eine letzte Bemerkung: Ein schwerer Kronenhirsch, der gestellt wurde, kann, vor allem wenn er krankgeschossen ist, für die Hunde oder auch für den Jäger extrem gefährlich werden. Ein altes Sprichwort lautet: »Beim Wildschwein den Arzt, beim Hirsch den Pfarrer.« Die Augsprosse, die direkt über dem Auge liegt, ist die stärkste Waffe eines Hirsches. Sie ist sehr spitz und kann innere Blutungen verursachen, wohingegen die Waffen des Wildschweins eine offene Wunde reißen, aber keine lebenswichtigen Organe in Mitleidenschaft ziehen (sie können allerdings die Oberschenkelschlagader treffen).

Die Drückjagd weist als Gesellschaftsjagd mit dem Schuß auf flüchtiges Wild aber auch gravierende Nachteile auf. Die Quote angeschossener oder verlorener Stücke ist bedeutend höher als bei der Einzeljagd. Auch fehlt es ihr an der gewünschten Selektivität, da das Ansprechen in der Eile nicht immer möglich ist. Es gilt bei Unsicherheit, ob nicht doch ein Zukunftshirsch oder ein führendes Alttier vorüberflieht, der Grundsatz: Finger weg vom Abzug!

Hunde

Wie bereits in dem Abschnitt über die Drückjagd erwähnt, sind Niederlaufhunde wie Teckel oder Jagdterrier die geeigneten Hunde, da ihre Aufgabe darin besteht, das Rotwild hochzumachen und langsam bis zur Schützenlinie zu treiben.

Größere Hunde würden das Wild hetzen und somit zu schnell für die Schützen anwechseln lassen.

Für die Nachsuche ist der Hannoversche Schweißhund der Spezialist schlechthin.

Es fällt auch schwer, starke von eher schwachen Tieren zu unterscheiden, da man sie ja nicht nebeneinander auf der Wiese, sondern einzeln auf der Flucht sieht.

Zu fordern ist, daß nur geübte Kugelschützen an solchen Jagden auf flüchtiges Wild teilnehmen, da die verwendeten Kaliber und nur verwundetes Wild für Treiber und Jäger gefährlich werden können. Fehlt einem die nötige Übung, so sollte man auf einem Schießstand auf ein bewegtes Ziel (den laufenden Keiler) trainieren.

Die Ansitzjagd

Die Ansitzjagd, die meist von einem Hochsitz oder einer Kanzel aus betrieben wird, ist die in der Bundesrepublik am meist verbreitete Jagdart auf Rot- und auch anderes Schalenwild. Sie bietet dem Jäger die Möglichkeit, das Wild gut anzusprechen und seine Abschüsse gemäß dem Hegeziel vorzunehmen.

Alle Ratschläge für die Ansitzjagd auf das Reh oder auf das Wildschwein gelten auch für den Hirsch: Lange vor Sonnenaufgang oder Sonnenuntergang sollte möglichst lautlos der Ansitz eingenommen werden, und auch auf dem

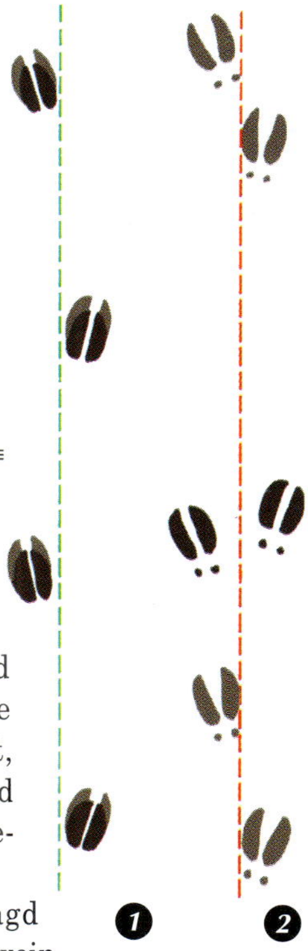

Die Fährte des Rotwildes:
1 – flüchtig
2 – ziehend oder im Troll

Hochsitz ist jede unnötige Bewegung zu unterlassen. Der Standort des Hochsitzes ist sorgfältig auszuwählen. Bevorzugte Lagen sind am Rand von Waldwegen oder Schneisen, an Wechseln, Lichtungen oder am Waldsaum – stets dort, wo der Hirsch Äsungsmöglichkeiten findet.

Rotwild ist hinsichtlich Störungen noch viel empfindlicher als Rehwild. Deshalb werden oft auch geschlossene Kanzeln verwendet, da aus ihnen Geräusche und Bewegungen des Jägers nicht so leicht nach außen dringen.

Die Pirschjagd

Als die wohl schönste Form der Rotwildjagd ist die Pirschjagd im deutschsprachigen Raum und in Osteuropa traditionell. Voraussetzung sind geeignete Wälder, in denen Deckung und Äsung abwechseln.

Die Pirschjagd sollte nicht nur der Erlegung von kapitalen Geweihträgern dienen, sondern auch durch die Auswahl schlecht veranlagter Hirsche die Fortpflanzungsbasis verbessern. Auf bestehende Sozialstrukturen und deren Erhalt ist Rücksicht zu nehmen.

All diese Anforderungen machen die Pirschjagd zu einer schwierigen Aufgabe. Dem Jäger müssen nicht nur die Gewohnheiten des Wildes sehr vertraut sein, er muß zudem über ein solides Basiswissen in artspezifischer Biologie und Ethologie verfügen.

Nur ein ausgesprochener Experte kann sich nach reiflicher Überlegung für oder gegen die Abgabe eines Schusses entscheiden und sich vielleicht auch das Recht vorbehalten, als Belohnung für die langen Jahre mühevoller Wildhege einen kapitalen Hirsch zu erlegen.

Ein weiterer großer Vorteil dieser Jagdart ist, daß der Jäger im Verlauf ausgedehnter Pirschgänge sein Revier sowie Struktur und Dichte der Populationen besser kennenlernt. Der Heger, der mehrere Jahre hintereinander auf die Pirsch geht und dabei regelmäßig Aufzeichnungen über seine Beobachtungen macht, ist auf lange Sicht in der Lage, die Entwicklung der Rudel zu beurteilen. Die wahrhaft passionierten Pirschgänger kennen daher jedes einzelne Stück Rotwild. Manchmal geben sie ihnen sogar Namen und verfolgen ihre Entwicklung über Jahre hinweg, bis sie eines Tages im Rahmen der Hege entscheiden müssen, es zu schießen.

Die bevorzugte Pirschperiode ist die Brunftzeit im September und Oktober, und zwar aus folgenden Gründen: Zum einen verlieren die Hirsche für diese kurze Zeit des Jahres ihr angeborenes Mißtrauen, und zum anderen konzentrieren sich die Tiere während der Brunft auf die sogenannten Brunftplätze. Auf diese Weise kann sich der Waidmann einen besseren Überblick über die Dichte des Rotwildes und die Zusammensetzung der einzelnen Bestände verschaffen. Die Jagd erfolgt in den frühen Morgenstunden oder in der Abenddämmerung, wenn die Tiere noch unterwegs sind. Es ist ratsam, lange vor dem ersten Morgenlicht am Brunftplatz zu sein, um die Hirsche bei ihrem Brunftverhalten zu beobachten.

Von Bäumen verdeckt sollte man sich äußerst behutsam bewegen und wäh-

Waffen und Munition

Es ist vorgeschrieben, den Hirsch, der ein sehr großes Tier ist, mit einer Büchse zu schießen. In manchen Revieren sind die Treiber aus Sicherheitsgründen mit Flinten bewaffnet, deren Läufe mit Brenneke-Flintenlaufgeschossen geladen sind. Die anstehenden Schützen verwenden Büchsen, für die Drückjagd ideal ist eine Waffe, mit der schnell hintereinander geschossen werden kann. Dies ist mit einer Doppelbüchse oder einem Repetierer möglich. Vollautomatische Waffen sind in der Bundesrepublik verboten, halbautomatische jedoch nicht. Beim Schuß auf flüchtiges Wild empfiehlt sich eine nur kleine Zielfernrohrvergrößerung bzw. der Schuß über Kimme und Korn.

Das Kaliber sollte nicht geringer als 7 x 64 sein. Weit verbreitet sind 8 x 57 JRS, .30–06, 8 x 68 S und 9,3 x 74 R. Wichtig für die Nachsuche eventuell nur angeschossener Stücke ist das Vorhandensein eines Ausschusses, was durch die Wahl des Geschosses beeinflußt werden kann. Mit der Entwicklung des Torpedo-Ideal-Geschosses (TIG) und besonders des Torpedo-Universal-Geschosses (TUG) durch die Firma Brenneke wurde dieser Anforderung Rechnung getragen. Nicht zu vergessen ist ein sehr gutes, wasserdichtes Zielfernrohr mit entsprechender Dämmerungsleistung.

Der Elch *(Alces alces)*

In Skandinavien, Rußland, Sibirien und Kamtschatka, aber auch in Nordamerika, vor allem in Kanada und Alaska, wird der Elch von vielen Jägern regelrecht verehrt. Der eurasische Elch *(Alces alces alces)* ist in Nord- und Osteuropa heimisch. Er ist kleinwüchsiger als der amerikanische Elch *(Alces alces americanes)*. Der größte Elch ist der Elch Alaskas *(Alces alces gigas)* mit einem Körpergewicht von bis zu 800 kg und einem Schaufelgewicht von 20 bis 25 kg. Er und einige eurasische Arten haben die schönsten Trophäen mit weitausladenden Schaufeln. Der Elch ist in erster Linie ein Tier des Waldes und des bewaldeten Sumpfgebiets. Er liebt das Wasser und hält sich oft in der Nähe von Torfmooren auf. Seine oft mörderischen Angriffe sind bei den Jägern zu Recht sehr gefürchtet. Der »Moose« ist für sein besonders jähzorniges Temperament bekannt, vor allem in der Brunftzeit.

Je nach Land wird der Elch auf unterschiedliche Weise gejagt. In Skandinavien wird er oft mit Laufhunden gejagt, während er in Kanada vom Ansitz aus mit einer Pfeife aus Birkenrinde angelockt wird. In Alaska wird er meist auf der Pirsch erlegt. Das ist möglich, weil es in Alaska so viele Elche gibt, daß man ihnen sogar in der Nähe menschlicher Siedlungen begegnen kann. Für die Jagd auf den Elch muß ein starkes Kaliber genommen werden, z. B. 9,3 x 74 R oder .375 Holland & Holland.

Ein in der Nähe von Anchorage, Alaska, erlegter kapitaler Elch. Die Elche des 49. Bundesstaates sind die stärksten der Welt und können über 800 kg auf die Waage bringen.

rend der Kämpfe absolut stillstehen! Denn man ist selten der einzige Zuschauer. Etwas abseits von den starken Platzhirschen halten sich oft Rudel von Alt- und Schmaltieren oder junge Hirsche scheu im Hintergrund, denen keine ungewohnte Bewegung entgeht. Voraussetzung für eine einwandfreie Ansprache ist ein sehr starkes Fernglas (acht- bis zehnfache Vergrößerung) mit großem Sichtfeld und guter Dämmerungsleistung. Weiterhin ist auf möglichst geräuscharme Kleidung zu achten: Kunststoff, gewachste Baumwolle und andere knisternde Materialien sind unbedingt zu vermeiden. Empfehlenswert sind geräuscharme Stoffe wie Loden oder Cord. Manche Experten tragen sogar Springerstiefel oder amerikanische »Jungle boots«, die eine sehr dicke, absolut lautlose Sohle haben.

Gesicht wie Hände sollten mit einem Hut beziehungsweise einer großschirmigen Kappe und dunkelfarbigen Handschuhen bedeckt werden. Da das Rotwild nicht nur äußerst scharfe Augen und ein ausgezeichnetes Gehör hat, sondern auch einen sehr gut entwickelten Geruchssinn, ist es wichtig, immer gegen den Wind zu pirschen. Dabei kann man sich mit dem simplen Verfahren der Gleitschirmflieger behelfen: eine Handvoll trockene Gräser oder Blätter in die Luft werfen.

Der Abschluß der Pirsch, der Schuß, darf nur unter bestmöglichen Bedingungen erfolgen: Das Gewehr muß auf einem Ast oder Pirschstock fest aufliegen. Der Schuß sollte nur auf ein breit stehendes Tier abgegeben werden, wobei man mit dem Fadenkreuz des Zielfernrohrs auf die Schulter des Tieres anhält. Die Schußentfernung beträgt höchstens 100 bis 120 m, besser weniger! Danach ist es wichtig, auf die Reaktion des Tieres zu achten. Ist es offensichtlich angeschossen und zeichnet es, sind die üblichen Vorkehrungen zu treffen: Boden nach Schweißtropfen, Knochensplittern, Lungenteilchen absuchen …

Das Damwild *(Dama dama)*

Der kleinere Verwandte des Rothirsches mit Schaufel-Geweihbildung und weißgepunktetem Fell kommt besonders in Norddeutschland (Schleswig-Holstein, Niedersachsen) und auch in Österreich vor.

Das aus dem Nahen Osten stammende Wild wurde erst in der Neuzeit über England und Südosteuropa eingeführt und in unseren Breiten ausgesetzt. Wegen seiner Anpassungsfähigkeit und geringen Krankheitsanfälligkeit hat es eine gewisse Verbreitung erreicht. Es bevorzugt parkähnliche Kulturlandschaften mit der Kombination Wald, Feld und Wiese. Besonders Laubholzbestände schätzt es sehr. Sein Vorkommen ist allerdings an das mildere Klima niedriger Lagen gebunden. Im Mittelgebirge oder in den Alpen sowie in Zonen starken Frosts hält es sich nicht. Das nicht suhlende Wild ist hinsichtlich der Wildschäden weniger problematisch als seine Schalenwild-Verwandten. Da es auch mit weniger Wald als das Rotwild auskommt, kann es in Gebieten, die für dieses nicht mehr ausreichen, als »Ersatz«-Hirschart gehegt werden. Störungen verträgt es besser als der Rothirsch.

Nach der erfolgreichen Annäherung sollte der Schuß auf ein breit stehendes Stück mit aufrechtem Haupt abgegeben werden. Nur ausnahmsweise darf spitz von hinten oder vorne geschossen werden.

Starke Bestände weisen Norddeutschland (Niedersachsen, Schleswig-Holstein, Mecklenburg-Vorpommern), Dänemark, Tschechien und andere Länder Südosteuropas auf, in denen die Jagd auf den Brunfthirsch auch touristisch angeboten wird.

Das auch tagaktive Wild lebt sehr gesellig und bildet in der kalten Jahreszeit Rudel mit bis zu 100 Stück. Lediglich in der Setzzeit (Juni) sondert sich das Damtier von der Gruppe ab und bleibt in der Nähe des in einem Versteck abgelegten Kalbs.

Die den ganzen Tag andauernde Brunft spielt sich Ende Oktober ab. Der Hirsch hält sich in der sogenannten Brunftkuhle oder Brunftgrube auf. Diese scharrt er mit den Vorderläufen an einer gut geschützten Stelle. In ihr tut sich der Schaufler nieder, so daß bis auf das Haupt nichts mehr von ihm zu sehen ist. Da er auch in der Grube näßt, ist sie schon auf einige Entfernung an ihrem schlechten Geruch wahrzunehmen. Nach der Brunftzeit wird sie nicht mehr benutzt. Der zu dieser Zeit geäußerte Ruf des Schauflers ist wenig melodisch und ähnelt fast einem Rülpser.

Das Gewicht starker männlicher Stücke mit bis zu 100 kg, in der Regel um die 60 kg und bei Alttieren um die 35 kg, beträgt etwa die Hälfte im Vergleich zum Rotwild.

Der Zahnwechsel schließt im Alter von etwa 30 Monaten ab. Die Losung ist kleiner als bei seinen größeren Verwandten, sonst aber ähnlich. Das Fell ist bei rotbrauner Grundfarbe

Auf der Pirschjagd ist das Fernglas zum ausgiebigen Beobachten unentbehrlich.

und heller Bauchseite mit weißlichen Tupfern versehen. Es kommen weiße und schwarze Farbspielarten vor. Das Damwild trägt einen etwa 30 cm langen Wedel, der ständig in Bewegung ist.

Die Geweihentwicklung verläuft von zwei rosenlosen Spießen beim einjährigen Hirsch (Damspießer) über den »Knieper« (zweijähriger Hirsch): Er weist Rose, Aug- und Mittelsproß und meist auch eine Gabel auf. Nach und nach erfolgt nun in den folgenden Jahren eine Verbreiterung vom Stangenende her. Als Sechsjähriger hat der Hirsch eine Halbschaufel (d. h. eine Hälfte der Stange ist noch rund, die andere bereits zur Schaufel abgeplattet). Zum Vollschaufler mit starker Trophäe kommt es ab dem neunten Lebensjahr. Der Abwurf der Geweihe erfolgt im April, Ende August/Anfang September kommt es zum Fegen des Basts.

Die Jagd auf das exzellent windende und äugende Wild kann sehr schwierig sein. Sie erfolgt meist als Pirsch und Ansitz vornehmlich zur Brunftzeit. Selten wird auch die Drückjagd praktiziert.

Die Strecke in der Bundesrepublik beträgt gut 20 000 Stück, in Österreich deutlich unter 1 000 Stück.

Bei großer Bestandsdichte in Gehegen wird das Damwild vertraut und zunehmend zur Fleischgewinnung gehalten. Der Status ausgebrochener Stücke unterscheidet sich von Wildtieren. Der Eigentümer hat eine gewisse Frist für den Wiedereinfang, danach erläßt die Jagdbehörde eine Abschußgenehmigung.

Während der Brunftzeit verlieren die Rothirsche teilweise ihr natürliches Mißtrauen. Dies ist für die Pirschjagd von großem Vorteil.

Das Auerwild

1 – Im Eindringen des Menschen in die abseits gelegenen Biotope des Auerwildes, *das ruhige, ungestörte Regionen bevorzugt und auf Störungen durch Straßen, Skipisten und Wanderwege sehr empfindlich reagiert, ist einer der wichtigsten Gründe für sein allmähliches Verschwinden zu sehen.*

2 – Die Ausbeutung des dichten, hohen Nadelwaldes *hat die Abwanderung des Auerwildes zur Folge, das sich seiner Nahrungsgrundlage beraubt sieht.*

3 – Der *natürliche* ***Mischwald höherer Lagen,*** *so noch in einigen abseits gelegenen Gebieten der Alpen vorhanden (hier ist ein Buchen-Tannen-Mischwald dargestellt), ist das ideale Biotop für das Auerwild: Die reiche Gras- und Buschvegetation liefert Deckung, Äsung und Plätze für die Reproduktion. Waldlichtungen sind unabdingbar für das Überleben der Art.*

4 – Die Hochwiesen *sind reich an Insekten und bieten dem Auerwild erstklassige Äsung.*

Das Auerwild, das zum Hochwild zählt, kommt in bejagbaren Beständen im deutschsprachigen Raum nur in den Zentralalpen – vor allem in Österreich – vor. In der Bundesrepublik genießt es eine ganzjährige Schonzeit. Die früher auch in den Mittelgebirgen vorhandenen Bestände des rauhfüßigen Waldvogels sind weitgehend erloschen. Die Ursachen für seinen Rückgang sind in der Veränderung seines Biotops durch monokulturelle Waldbewirtschaftung und in dem Vordringen des Menschen in seinen Lebensraum (Skipisten, Naturtourismus) zu suchen. Die Jagd auf Auerwild kann nunmehr in Ländern mit gutem Besatz wie in Schottland, Skandinavien und Rußland durchgeführt werden.

Ursachen für den Bestandsrückgang und mögliche Lösungen

Die Situation des Auerwildes in unseren großen Berg- und Waldregionen ist ausgesprochen traurig. Trotz der seit über 20 Jahren herrschenden jagdlichen Schonung haben sich in der Bundesrepublik die Besätze nirgendwo erholt. Ein Beweis dafür, daß für den Rückgang nicht die Bejagung, sondern die Veränderungen der Biotope verantwortlich sind. Dazu kommen andere Faktoren wie ein zu starker Bestand an Beutegreifern, die Entwicklung touristischer Einrichtungen im Gebirge und moderne Techniken der Forstbewirtschaftung. Verendete Tiere im Gebirge fielen meist Raubwild zum Opfer oder kollidierten mit Skiliftkabeln.

Beutegreifer

Etwa die Hälfte tot aufgefundener oder ausgewilderter Vögel fallen dem Raubwild zum Opfer. Als größter Feind besonders der jungen Auerhühner erweist sich der in Waldungen stark verbreitete Baummarder. Doch auch der Fuchs spielt sicherlich eine beachtliche Rolle. Durch die starke gesetzliche Reglementierung der Fallenjagd und auch durch das nachlassende Interesse für Pelzwaren haben sich diese beiden Beutegreifer sehr stark vermehrt.

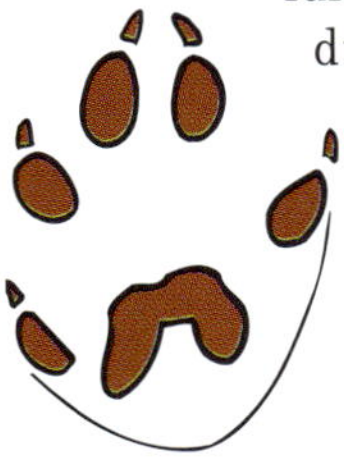

Aber auch Greifvögel wie der Habicht und Nesträuber wie Raben gefährden Gelege und Jungvögel.

Ein weiterer Feind des Bodenbrüters ist überraschenderweise das Schwarzwild, das die eiweißreichen Gelege mit Vorliebe plündert.

In diesem Zusammenhang sei darauf hingewiesen, daß es das Raubwild auch zu Zeiten guter Auerwildbestände gab. Die ursächlichen Gründe müssen also woanders liegen.

Zwei Hinterlassenschaften eines Marders: seine Spur und seine Losung. Aufgrund unzureichender Regulierungsmaßnahmen hat sich der Marder heute zu einer wahren Plage entwickelt. Er ist für bedeutende Verluste beim Auerwild verantwortlich.

Die Erschliessung des Gebirges für den Tourismus

Die Ausübung von Wintersportarten erweist sich als besonders schädlich für das Auerwild. Das betrifft den Skilanglauf, dessen neu eingerichtete Loipen immer stärker in die letzten Einstände der Vögel vordringen, aber auch die alpinen Disziplinen. Sie ziehen Skilifte nach sich, durch die wiederum das Gelände zerstückelt und Balzplätze zerstört werden.

Wanderer in Begleitung von Hunden, aber auch Geländewagen, -motorräder und Mountainbikes stören den Großen Hahn. Außerdem werden jedes Jahr neue Wanderwege erschlossen, die auch in die entlegensten Gebiete führen. Waren früher im Gebirge weite Areale aufgrund der Kargheit und Unzugänglichkeit weitgehend menschenleer, so gibt es heute kaum noch Ruhezonen für den »Urhahn«.

Die Speisekarte

Je nach Jahreszeit ernährt sich das Auerwild von jungen Nadeln (besonders Kiefernadeln), von Knospen und jungen Trieben, von Beeren und Früchten, von Insekten sowie von Würmern und Schnecken.

Moderne forstwirtschaftliche Methoden

Die Umwandlung des artenreichen Mischwaldes in eintönige Nadelholz-Monokulturen zerstörte den Lebensraum des Großen Hahns weitgehend. Der für seine Ernährung so wichtige abwechslungsreiche Niederbewuchs erlischt im nackten Stangenwald.

Auch der Einsatz großer Maschinen bringt oft innerhalb weniger Tage die Verwüstung großer Areale. Dort, wo im Gebirge früher mit Rückepferden oder mit der Hand gearbeitet wurde, verrichten heute Bulldozer alle anfallenden Arbeiten. Es gibt kaum noch Regionen in den Bergen, in die solche Großmaschinen nicht vordringen können. Die dafür angelegten Forstwege ziehen wiederum Wanderer und Mountainbike-Fahrer nach sich.

Einige Lösungsansätze

• **Wiederherstellung der Urwälder**
Zumindest sollten die vom Auerwild besiedelten Einstände geschützt wer-

Jahresstrecke Auerwild 1995
(nach DJV-Handbuch »Jagd 1999«)

Bundesrepublik	ganzjährig geschont
Österreich	573
Norwegen	12 100
Schweden	30 000
Finnland	55 300

den. Dieser Lösungsansatz wird von verschiedenen Seiten unterstützt, wie staatlichen Stellen und Naturschutzverbänden.
In diesem Zusammenhang können einige einfache Maßnahmen durchgeführt werden: Verlängerung der Zyklen des Holzeinschlages und Abholzen nur kleiner Parzellen, um nicht große, kahle Flächen zu erhalten. Dadurch werden die von diesem Rauhfußhuhn besiedelten Biotope verwüstet.
Es gibt zwar Gesetze, die die Forstleute anhalten, sich weniger traumatisierenden Praktiken zuzuwenden, aber da diese manchmal nicht eingehalten werden, ist man im Privatwald auf Konzessionen angewiesen. Doch meist endet die Mitarbeit dort, wo eigene finanzielle Interessen berührt werden.
Idealerweise werden Nationalparks eingerichtet, in denen die Natur vor dem Eingreifen des Menschen bewahrt wird. In der Bundesrepublik wird dieses Konzept beispielsweise im Nationalpark Bayerischer Wald verwirklicht. Dort wurde im Staatswald ein Gebiet völlig aus der forstwirtschaftlichen Nutzung herausgenommen. Der sich entwickelnde »Urwald« bietet nicht nur für das Auerwild ideale Lebensbedingungen.

- **Schaffung von Ruhezonen**

Es sollten Gebiete geschaffen werden, in denen jegliche touristische Aktivität verboten ist (Skilanglauf, Wandern, das Sammeln von Pilzen und anderen Früchten des Waldes), um das Auerwild langfristig vor Ruhestörungen zu schützen.
Insbesondere das stetige Errichten von neuen Liftanlagen zerschneidet die Landschaft in immer kleinere Parzellen, die als Rückzugsgebiete nicht mehr ausreichen.
Auch der vermehrte Einsatz der ökologisch umstrittenen Flutlichtanlagen verlängert die Zeit und vermehrt die Zahl der Störungen. Einschränkungen von seiten des Gesetzgebers sollten den Einsatz solcher Geräte begrenzen.
Für den Erhalt des Auerhahnbestandes wären diese Maßnahmen ein absolutes Muß.

Wenn es sich bedroht fühlt, etwa durch einen Menschen, geht das Auerwild zum »Angriff« über. Dieses Verhalten wird jedoch nur während der Balz beobachtet.

Die Bejagung des Auerwildes

Da es in der Bundesrepublik nicht möglich ist, Auerwild zu bejagen, kann man nur auf Jagdreisen, vorzugsweise in nördliche Länder, die Jagd auf den Großen Hahn betreiben.

Die Jagd mit dem Vorstehhund

Bei dieser Jagdart wird, wenn der Vogel Äsung aufnimmt, also frühmorgens oder gegen Ende des Tages, der Übergangsbereich zwischen Hochgebirgswald und Matten durchstreift, wo sich der Auerhahn zwischen Heidelbeeren und Rhododendren aufhält. Seine gewöhnliche Verteidigungsstrategie ist die Flucht zu Fuß, d. h. er versucht sich im Pflanzenwuchs zu verstecken und versteht es dabei mit seltenem Geschick, seinen Lauf so verwirrend wie möglich zu gestalten. Nur schnelle Hunde mit ausreichend entwickelter Entscheidungskraft vermögen ihm vorzustehen.

Ein bereits zum Auffliegen gebrachter Vogel wird einen Abhang abtauchen und bietet dem Schützen ein recht schwieriges Ziel. Deshalb sollte der Vorstehhund auch oberhalb des Jägers arbeiten.

Das Anspringen während des Balzgesanges

Dies ist die im deutschsprachigen Raum klassische Form der Bejagung gewesen. Liebhaber dieser Jagdtechnik können sie im Mai in zahlreichen osteuropäischen Ländern ausüben, wenn sich die Hähne auf den Balzplätzen versammeln, um Hennen anzulocken. Die Balzplätze befinden sich auf Lichtungen oder am Waldrand, bilden immer kleine Anhöhen oder sind mit Sträuchern bewachsen, von deren Spitze der Auerhahn seinen charakteristischen Ruf erschallen läßt. Er besteht aus einer Reihe dumpfer »Tocs«, die schüchtern und in Abständen vorgetragen werden, gefolgt von tieferen, schnelleren Tönen, die weiter anschwellen und auf ihrem Höhepunkt in das berühmte Wetzen oder Schleifen münden, bei dem der Vogel seinen Kopf komplett nach hinten wirft und die Augen schließt, d. h. blind und taub

Balz und Brut des Auerwildes

Die Balz findet im Frühjahr ab dem Monat März auf speziellen, durchschnittlich 300 m^2 großen Balzplätzen statt. Die Henne legt sieben bis zehn Eier auf dem Boden ab. Nach etwa 25 Tagen fallen die Küken aus, die Nestflüchter sind. Der Familienverband hält bis zum Herbst.

In der Dämmerung läßt der Auerhahn seinen Liebesgesang ertönen.

Der Große Hahn: eine originelle Jagd

In den Nadelwäldern der russischen Taiga entwickelt der Auerhahn zuweilen eine originelle Verteidigungsstrategie. Sein Mißtrauen gegenüber dem Jäger ist so groß, daß er bereits beim geringsten Knackgeräusch eines kleinen Asts auffliegt, um seinen Verfolgern durch Verstecken in den hohen Kronen der Nadelbäume zu entgehen. Dort ist er, dank seiner außergewöhnlichen Tarnung, praktisch unsichtbar.

Die sibirischen Jäger haben für diesen Trick speziell dressierte Huskies. Diese ausgezeichneten Spürhunde bringen den Vogel zum Auffliegen und verfolgen ihn bis zum Aufbaumen mit den Augen. Dann setzen sie sich unter den Baum, auf dem sich der Vogel niedergelassen hat, und fixieren ihn dort förmlich. Dabei bellen sie wütend, um ihren Herrn zu informieren, der sich vorsichtig anschleicht und langsam um den Baum herumläuft, bis er den Auerhahn ausmachen kann.

Hunde

Die Auerwild-Vorstehhunde müssen die gleichen Eigenschaften wie Birkhuhn-Hunde haben: Kraft, Ausdauer, Entschlußkraft, Schnelligkeit und Feinheit der Nase. Dazu eignen sich besonders britische Rassen, Setter oder Pointer. Bei den kontinentalen Vorstehhunderassen empfehlen sich die flotteren Vertreter wie Deutsch-Kurzhaar oder Deutsch-Drahthaar.

Waffen und Munition

Bei der Suchjagd mit dem Vorstehhund werden enge Flinten und Schrotbeutelpatronen mit Schrotgröße Nr. 2 bis 4 (3,7 bis 3,3 mm) verwendet. Bei der Balzjagd kommt eine ebensolche oder eine Kombination bzw. ein Repetierer zum Einsatz. Das Kugelkaliber braucht nicht größer als .222 Remington zu sein.

wird. Dieser letzte Ton, der nicht immer hervorgebracht wird, erinnert an das Knallen eines Sektkorkens.

Dieser Moment ist für den Jäger besonders günstig, da er sich dem Tier einige Meter annähern kann. Dann muß er wieder verharren, bevor er schließlich bis in Schußweite gelangt. Hierbei sind Büchse und Flinte gleichermaßen geeignet, erstere hat den Vorteil, weiter zu schießen, wobei aber auch das Risiko zunimmt, das Wild zu verletzen und zu verlieren.

Die Flinte zwingt den Jäger, sich sehr dicht anzuschleichen, dafür wird er aber auch das Wild mit einer Patrone mit Schroten Nr. 2 (3,7 mm) sauber zur Strecke bringen. Die Russen, große Spezialisten beim Anschleichen auf den Auerhahn, bevorzugen ebenfalls die letztgenannte Waffe.

Ein guter Kompromiß stellt eine kombinierte Waffe mit kleiner Kugel und Schrotlauf dar. Mit ihr ist man für jede Situation gerüstet.

Trittsiegel des Auerwildes. Oft ist es der einzige Beweis für den sich sehr unauffällig verhaltenden Vogel.

Der Große Hahn

Als Mitglied der Vierergruppe der Tetraonen (Auer-, Birk-, Hasel- und Schneehuhn) ist dieses Rauhfußhuhn etwas besonderes. Als mächtigster Waldvogel Europas erreicht der Hahn bei einer Spannweite von 1,30 m ein Gewicht von 4 bis 6 kg. Die Auerhenne mit ihrem schlichten, bräunlichen Tarngefieder spannt bis zu einem Meter und ist bedeutend leichter. Da der Auerhahn dem Hochwild angehört, also früher nur durch den Adel bejagt werden durfte, gelten manche für das Hochwild gebräuchlichen Ausdrücke wie »Fährte« oder »Losung« auch für ihn. Des weiteren spricht man von »Schild« (stahlblaue Brustfedern), »Schwingen« (Flügel), »Stingel« (Hals), »Läufe« oder »Ständer« (Beine), »Zehen mit Zehenstiften« (»Balzstifte« genannte Federrudimente), »Augen«, »Schnabel«, »Rosen« (rote Haut über den Augen) und vom »Falzpech« (eine Blinddarmlosung, die sich vom üblichen Kot unterscheidet).

Das Birkwild

Der Birkhahn, auch Spielhahn oder Kleiner Hahn genannt, ist bei uns selten geworden. Sein natürlicher Lebensraum liegt in waldreichen Bergregionen und birkenreichen Moorlandschaften. Letztere wurden durch Entwässerungsmaßnahmen vielerorts zerstört. In der Bundesrepublik sind die Restvorkommen des geschützten Wildes auf die Alpen konzentriert.
Bejagbare Bestände gibt es noch teilweise in Österreich und vor allem in Nordeuropa.
Die Hege der bedrohten Bestände muß den Erhalt ursprünglicher Mischwälder und Almwiesen sowie den Schutz vor touristischer Beunruhigung beinhalten.

1 – Touristische Anlagen *wie der Ausbau der Skipisten, die mehrere Täler über Bergkämme hinweg miteinander verbinden, bedrohen das Überleben der Birkhühner – sie stören die Tiere in ihren Überwinterungsgebieten und vernichten die Balzplätze.*

2 – Die Skiliftkabel *sind tödliche Fallen für Birkhühner, da sie sie oft im vollen Flug streifen.*

3 – Die Nutzung des Waldes in Form von hochgeschlossenen Beständen *verhindert die Entwicklung der Kräuter- und Sträucherschicht, der wichtigen Nahrungsgrundlage des Birkwildes.*

4 – Die intensive Viehzucht in den Alpen, vor allem das System der Umtriebsweide, zerstört die Brutareale *des Birkwildes. Die Konzentration von Schafen oder Rindern auf einer beschränkten Fläche führt neben der Vernichtung der Nistplätze auch zu Überweidung, was wiederum das Nahrungsangebot der Birkhühner stark reduziert.*

5 – Die natürlichen Höhenwiesen, die nicht beweidet werden, *stellen eine gute Möglichkeit für Nistplätze der Birkhühner dar.*

6 – Der mit Lichtungen aufgelockerte Höhenmischwald *ermöglicht einen reichen Bewuchs an Sträuchern und Kräutern, die den Vögeln Schutz und Nahrung – Beeren, Körner und Insekten – bieten.*

Ursachen für den Bestandsrückgang

Es ist allgemein bekannt, daß der Fortbestand des Birkhuhns bedroht ist und die Bestände jedes Jahr weiter abnehmen. Die wirtschaftliche Nutzung der Berge, vor allem die Entwicklung des Massentourismus, ist großenteils für den alarmierenden Rückgang verantwortlich. Das ganze Jahr hindurch ist das Birkhuhn Beunruhigungen ausgesetzt, eine große Herausforderung für eine Art, die um ihr Überleben kämpft.

Winter

• Die tödliche Gefahr der Skiliftkabel

Die Höhe der Kabel entspricht exakt der Flughöhe des Birkwildes – eine tödliche Falle für viele Vögel. Höherliegende Kabel wären für das Flugwild leichter zu erkennen und weniger gefährlich.

• Tiefschnee-Skifahren

Dieser Sport wird bevorzugt an den Nordhängen ausgeübt, wo der Schnee in entsprechender Menge und Qualität vorhanden ist. Das Birkhuhn scharrt aber unter diesem Pulverschnee Gänge, um sich vor Kälte und Beutegreifern zu schützen. Diese Tätigkeit kostet in einer Jahreszeit, in der das Nahrungsangebot knapp ist, sehr viel Energie. Zerstört ein Skifahrer eine solche Stätte, flieht das Birkhuhn unter Aufbietung seiner gesamten Kräfte. Danach ist es oft zu erschöpft, einen neuen Unterschlupf zu graben, und verendet.

• Skiliftstationen

Die Skiliftstationen bedrohen die Balzplätze des Birkwildes, die stets auf freien, flachen Plätzen, knapp oberhalb der Baumgrenze liegen. Jährlich fallen diesen Einrichtungen zahlreiche Reproduktionsstätten zum Opfer.

• Pistenraupen

Die Pistenraupen verwandeln die Hänge in absolut glatte Billardflächen, und nicht wenige Vögel werden dabei überfahren.

Sommer

• Beunruhigung durch den Menschen

Die Scharen von Wanderern, oft in Begleitung von Hunden, stellen eine ernsthafte Störung der Tiere dar.

Verheerend für alle Tiere des Waldes sind auch die im Spätsommer ausschwärmenden Beerensammler und Pilzsucher. Kaum ein Winkel selbst der unzugänglichsten Bergregionen wird von den teilweise in Bussen anreisenden Menschenscharen ausgelassen. Die empfindlichen Rauhfußhühner sind dann schnell aus einem Gebiet vertrieben.

Durch den Bau von Forstwegen zur Waldbewirtschaftung, die auch von den Jägern genutzt werden, ist es leichter als früher, mit dem Auto in die höheren Bergregionen zu gelangen. Der mühsame, stundenlange Aufstieg fällt weg.

• Vieh

Die Überweidung durch Rinder- und Schafherden, die zur Sömmerung auf die Alm getrieben werden, führt zu einer Vernichtung des reichhaltigen Kräuterbewuchses, in dem die Henne ihr Gelege versteckt. Die Jungen des Birkhuhns sind, wie bei allen Hühnervögeln, in den ersten drei Wochen ihres Lebens von den Insekten abhängig, die sie im Umkreis des Nistplatzes finden. Zudem werden viele Gelege vom weidenden Vieh zertrampelt.

• Raubwild

Eine große Bedrohung für die Gelege stellt das

Zum Schutz vor den Härten des Winters gräbt das Birkhuhn genauso wie das Schneehuhn einen Gang in den etwa 40 cm tiefen Schnee. In diesem Unterschlupf wird es oft Opfer von Pistenraupen.

Das Eindringen des Menschen in den Lebensraum des Birkwildes wirkt sich störend auf den Ablauf der Balz aus.

Raubwild dar. Ein hoher Anteil der Nester wird von Fuchs und Marder zerstört. Die schwierige Verfolgung solcher Prädatoren in der unzugänglichen Bergregion beschränkt den Einfluß des Jägers auf diesen Faktor.

Problemlösungen

Problemlösungen sind im Rahmen von Langzeitmaßnahmen zwar denkbar, aber nur über eine umfassende Kooperation aller Bergliebhaber möglich.

Massnahmen

Der Schutz des Birkwildes vor dem regionalen Aussterben würde die Kooperation aller Bergbewohner und -nutzer erfordern. Problematisch sind die oft widerstreitenden Standpunkte der Beteiligten. Unmöglich sind Fortschritte meist dort, wo finanzielle Interessen berührt werden, was in den touristischen Regionen der Alpen schnell der Fall ist. Folgende Maßnahmen sollten ergriffen werden:
– Studien zur Ermittlung der aktuellen Situation der Bestände,
– deutlich sichtbare Markierung der Strom- oder Skiliftkabel,
– Errichtung und Wartung von Netzen zur Abschirmung der wichtigsten Überwinterungsgebiete des Vogels,
– Kennzeichnung der Tiefschnee-Skipisten und Aufklärung der Skifahrer,
– Schutz der subalpinen Heide,
– Wiederaufforstung von Erlenbeständen,
– Wasserbevorratung für wasserknappe Perioden,
– Markierung der Wege,
– Erlaß von Gemeindeverordnungen über das Umherlaufenlassen von Hunden und die Verwendung von Geländemotorrädern und –wagen,
– plenterartige Waldbewirtschaftung (Einzelstammnutzung) mit eventuellen Kulturen.

Das sind die Vorschläge von Biologen. Ein weiterer Schritt wäre die Begrenzung der Frequentierung und Überweidung durch Vieh, wobei die betroffenen Landwirte und Gemeinden finanziell entschädigt werden müßten.

Hege

Die Einflußmöglichkeiten der Jäger beinhalten die schwierige Regulierung des Raubwildes und den Schutz des Birkwildes vor übermäßiger Beunruhigung durch andere Jagdmanöver. Der in der Bundesrepublik seit über 20 Jahren ruhende Abschuß hat wenig an der Situation der Besätze geändert. Dies zeigt deutlich, daß es in erster Linie die Biotopvoraussetzungen sind, die über den Gedeih einer Birkwildpopulation entscheiden. Die Erlegung von Hähnen bei der Balz ist in Österreich streng reglementiert, und erlaubt ist immer nur der Abschuß einzelner Hähne pro Jahr.

Das Leben eines Birkhuhns

Die Balz beginnt im Mai. Die Birkhähne liefern sich auf den Balzplätzen Kämpfe, wobei es jedoch selten zu ernsthaften Verletzungen kommt. Im Juni legen die Hennen sieben bis zehn Eier (Brutzeit 28 Tage). Die Jungen, die nach drei Wochen fliegen können, werden bis September von der Henne geführt.

Die Bejagung des Birkwildes

Im deutschsprachigen Alpenraum wurde und wird der Birkhahn traditionell während der Balzzeit bejagt. In den westlichen Alpen (Schweiz, Frankreich), in Schottland, Skandinavien und Polen praktiziert man auch die Suchjagd, die sehr gute Vorstehhunde erfordert.

Die Suchjagd

Diese passionierte Jagd auf das mythenumwobene Birkwild ist für die meisten von uns ein unerreichbarer Traum und nur wenigen Auserwählten vorbehalten.
Eine ausgezeichnete körperliche Konstitution ist Voraussetzung, denn die Jagd auf das Birkhuhn spielt sich in 1800 bis 2200 m Höhe ab, genauer gesagt am Rand der oberen Baumgrenze, wo Blaubeeren und Alpenrosen wachsen. In den frühen Morgenstunden verläßt das Birkhuhn seinen Schlafplatz hoch oben in einem Baum, um seiner Äsung auf offener Fläche nachzugehen. Im Gegensatz zu vielen anderen Jagdarten sollte man hier mit der Jagd warten, bis die Sonne hoch am Himmel steht und der Vogel das Äsen einstellt. Denn mit vollem Magen sucht er sich zwischen den Sträuchern einen Ruheplatz und verliert etwas von seiner Wachsamkeit, die bei der Nahrungsaufnahme besonders groß ist. Das Birkhuhn begibt sich bevorzugt zu den bereits frühmorgens in der Sonne liegenden Hängen und meidet die schattigen Nordhänge.
Der Jäger bewegt sich im rechten Winkel auf den Hang zu, der Hund sucht etwa 50 m höher oder auf gleicher Höhe. Sobald das Birkhuhn aufgejagt wird, streicht es hangabwärts ab und fliegt somit dem Jäger zu, der es so-

Waffen und Munition

Für die Jagd auf das Birkwild ist eine leichte Flinte geeignet, die den Jäger in den Bergen nicht zu schnell ermüdet. Es wird mit Schrot Nr. 5 oder 6 beschossen. Für die Balzjagd wählt man ein kleines Kugelkaliber.

Der Deutsch-Kurzhaar ist mit seiner feinen Nase ein ausgezeichneter Jagdgefährte bei der Jagd auf das Birkhuhn.

Hunde für die Birkwildjagd

Aufgrund der Gegebenheiten und der Höhenlage des Terrains müssen die Hunde eine außergewöhnlich große Ausdauer besitzen, gehorsam sein und eine feine Nase haben. Die Suche muß schnell und geschickt durchgeführt werden, um den Vögeln vorzustehen, die versuchen, durch schnelles Laufen zu entkommen. Hunde, die zu ungestüm sind, riskieren ernsthafte, manchmal tödliche Stürze, wenn sie bei der Verfolgung der Beute bergab ihre Geschwindigkeit nicht richtig einschätzen.
Ferner sollten sie die Fähigkeiten eines Retrievers haben, um die Vögel zu apportieren, die oft weit vom Schuß niedergehen.
Aus diesen Gründen bevorzugen die Jäger englische Rassen wie den englischen Setter oder Pointer. Ohne diese unentbehrlichen Jagdgefährten ist eine Jagd auf Birkwild nicht denkbar.

dann erlegen kann. Beim Schuß muß beachtet werden, daß sich die Hühner im Sinken befinden. Man sollte also immer etwas tiefer halten. Wird der Vogel getroffen, muß der Jäger sich die Stelle, wo er runtergeht, gut merken, damit er ihn wiederfindet.
Eine der Haupttaktiken des Birkhuhns besteht darin, sehr schnell vor seinen Verfolgern herzulaufen und die Vegetation als Deckung zu nutzen. Oft fliegt es auch auf, bevor es wirklich bedrängt wird, und ist damit außer Schußweite.

Die Balzjagd

Die Balz findet beim Birkwild von Anfang April bis Anfang Juni statt. Noch vor dem Morgengrauen fallen die Hähne am Balzplatz ein und sichern äußerst vorsichtig. Wenn es Tag wird, führen sie ihren Balzgesang und -tanz auf und versuchen, den hinzukommenden Hennen zu imponieren. Die Hähne haben zu dieser Zeit mit leuchtendroten Rosen über den Augen und schwarzblau glänzendem Brustgefieder das schönste Kleid.
Der Jäger muß sich am Balzplatz einen Schirm einrichten, noch in der Nacht seinen Platz einnehmen und sich sehr vorsichtig verhalten, da das Birkwild beim geringsten Verdacht abstreicht. Gut geeignet sind natürliche Gegebenheiten wie Felsvorsprünge, damit die dem Wild vertraute Umgebung nicht zu sehr verändert wird. Mit Vorliebe lassen sich die Hähne auf im Mai noch nicht abgeschmolzenen Schneezungen nieder, um sich in ihrer Pracht gut für die Hennen darzustellen.
Geschossen wird auf den sitzenden Vogel mit einem kleinen Kugelkaliber oder bei geringer Entfernung auch mit Schrot. Aus diesem Grund empfiehlt sich für die Jagd an der Baumgrenze eine kombinierte Waffe. Es werden Vollmantelgeschosse verwendet, um den Vogelkörper nicht zu sehr zu beschädigen, da er häufig und gern als Trophäe präpariert wird.
Erfahrene Birkhahnjäger beherrschen auch noch die Kunst des Lockens am Balzplatz, um sich die Hähne damit näher zustehen zu lassen.
Die Stoßfeder (Spielhahnfeder) wird im deutschsprachigen Alpenraum als traditioneller Trachtenschmuck am Hut getragen.

Während der Balzzeit ist der Birkhahn mit leuchtendroten Rosen über den Augen geschmückt.

Leierförmige Schwanzfeder (Sichel) des Birkhahns

Rauhfußhühner in anderen Ländern: hervorragende Jagdgelegenheiten

In Nordamerika gibt es Rauhfußhühnerarten, die in den Wäldern und Prärien von Alaska und Kanada leben. Zwei davon sind für uns von Interesse:
– Das Präriehuhn *(Tympanuchers cupido)*, dessen Hahn mit einem außerordentlich eindrucksvollen Gefieder ausgestattet ist, und
– das begehrteste Federwild der nordamerikanischen Jäger, der Wildtruthahn, dessen Familie (Meleagridides) mit den Rauhfußhühnern eng verwandt ist. Dies ist allerdings ein überaus scheuer Vertreter.

Das Schneehuhn

1 – Den ganzen Sommer hindurch lebt ***das Schneehuhn im Hochgebirge*** *zwischen Felsgeröll und Firnschnee an der ewigen Schneegrenze auf der Höhe der sogenannten nivalen Stufe. Man trifft es auch in niedrigeren Höhen an (2 500 bis 2 800 m), wo es zwischen* ***Graswiesen und Alpenrosen*** *nach Nahrung sucht* ***(2)****.*

3 – Im Winter findet das Schneehuhn hinter ***Felsen, Baumstämmen und anderen natürlichen Windschirmen*** *Schutz vor den eisigen Temperaturen. Bei extremen Kälteperioden, die ihm zum Verhängnis werden können, gräbt es sich Höhlen im Schnee.*

Das Schneehuhn, in unseren Regionen der Gebirgsvogel par excellence, hat die besondere Fähigkeit, angepaßt an die Jahreszeit das Gefieder zu wechseln und sich in seinem Lebensraum farblich perfekt zu tarnen. Zu beachten ist, daß es zwei Schneehuhnarten in Europa gibt: das Alpenschneehuhn, das in den Hochgebirgen, in Skandinavien und Island lebt, und das Moorschneehuhn, das in den tiefen Lagen Skandinaviens und als spezielle Unterart (Grouse) in Schottland und England vorkommt. Einbürgerungsversuche dieser britischen Art blieben bei uns erfolglos.

In der Bundesrepublik und in Österreich ist das Alpenschneehuhn ganzjährig geschont.

Ursachen für den Bestandsrückgang und Gegenmaßnahmen

Die meisten Faktoren, die einen Rückgang der Schneehuhnbestände bewirken, sind identisch mit den Ursachen, die auch anderes Niederwild im Gebirge bedrohen.

Wintersport

Besonders spürbar gehen die Schneehuhnbestände in allen Wintersportgebieten zurück.
Skifahrer und Pistenwalzen schrecken die Schneehühner auf und verschütten die Öffnungen zu Gängen, die sich die Vögel graben, um auch bei hohem Schnee noch Nahrung zu finden. Des weiteren werden die Vögel Opfer von Schneelawinen, die natürlich abgehen oder auch von jenseits der Pistenbegrenzungen fahrenden Wintersportlern ausgelöst werden.

Massnahmen

Auch hier gelten die gleichen Maßnahmen wie für alles andere Gebirgswild: Einrichtung von Schutzgebieten, Nationalparks oder Reservaten, in denen sich das Schneehuhn ungestört entwickeln kann.

Das Schneehuhn in seinem Ökosystem

Die Bejagung des Schneehuhns

Das Schneehuhn wird noch in den französischen Alpen und vor allem in Skandinavien bejagt, wo große Strecken erzielt werden. Selbst geringe Vegetation genügt dem Rauhfußhuhn für sein Versteck.

Eine unvorhersehbare Jagd

Eine der bemerkenswertesten Verhaltensweisen dieses Vogels ist seine Unberechenbarkeit! Mal läßt er den Hund an sich herankommen, läßt sich leicht vorstehen, mal bleibt er unnahbar und ist in Windeseile außer Reichweite. Man nennt ihn auch das Geisterhuhn, da er sich, vom Schuß getroffen, in der Natur aufzulösen scheint. Auf der Flucht vor seinen Verfolgern versteckt er sich in Felsspalten oder läßt sich auf dem Grasband eines Steilhangs nieder. Die Jagd auf den »weißen Vogel« stellt hohe sportliche Anforderungen, da sie in einer Höhe zwischen 2 000 und 3 000 m ausgeübt wird. Schneehühner sind in der Regel leichter zu erlegen als Steinhühner, da sie meist parallel zum Gelände fliegen, bevor sie in den Hang abtauchen.

Waffen und Munition

Geeignet ist jede klassische Flinte und Schrot Nr. 6 oder 7. Ein leichtes Gewehr ist vorzuziehen.

Ein stattliches Schneehuhn auf der Suchjagd mit einem erfahrenen Deutsch-Kurzhaar gefunden

Ptarmigan: das nordamerikanische Schneehuhn

In Nordamerika gibt es drei Arten von Schneehühnern. Das Felsenhuhn (im Grunde genommen unser Alpenschneehuhn *Lagopus mutus*) und das Moorschneehuhn *(Lagopus lagopus)* kommen in Kanada – British Kolumbien, Yukon, Quebec, Labrador – und Alaska vor. Das amerikanische Alpenschneehuhn mit weißem Schwanz *(Lagopus leucrurus)* lebt an der Westküste der Vereinigten Staaten von Washington bis Alaska. In Nordamerika sind diese drei Vögel die typischen Bewohner der Tundra. Während das Alpenschneehuhn trockene Biotope wie Felshänge bevorzugt, fühlt sich das Moorschneehuhn eher in buschartiger Vegetation wie in Erlen- und Weidenhölzern wohl, die im hohen Norden an Gewässern wachsen. Es liebt feuchte Lebensräume und ist in Torfmooren und bewaldeten Sumpfgebieten anzutreffen. Aufgrund extremer Witterungsbedingungen – im Naotak Valley in Alaska sinken die Temperaturen im Winter nicht selten unter –60 °C – ziehen die nordamerikanischen Schneehühner in besonders strengen Kälteperioden in Flügen von zuweilen bis zu mehreren hundert Vögeln in wärmere Breitengrade.
Die Jagd auf das Schneehuhn im Winter wird in diesen menschenfeindlichen Gefilden zu einer äußerst spannenden Angelegenheit. Ein Hundeschlitten bringt den Jäger in die Gebiete, in denen sich die Vögel aufhalten. Dann geht es weiter auf Schneeschuhen, und die Suche beginnt nach diesen Phantomvögeln, die sich für die Außenwelt vollkommen unsichtbar unter der Schneedecke verbergen, um Kälte und Beutegreifern zu entgehen. Ein vierbeiniger Begleiter, Husky oder Labrador, mit einer feinen Nase und einem dicken Fell gegen die niedrigen Temperaturen, kann durchaus hilfreich sein, da er es versteht, die Ptarmigans unter dem Schnee aufzuspüren. Bei den extremen Witterungsverhältnissen fällt der Schuß mit der Schrotflinte nicht leicht. Plötzlich explodiert die weiße Pracht, und der Schütze steht mittendrin!

Hunde

Für die Jagd auf das Schneehuhn in unseren Alpen oder in den Pyrenäen kommen Vorstehhunde in Frage, die sich auch für die Jagd auf andere Rauhfußhühner im Gebirge eignen.
Gegen die extremen Wintertemperaturen Nordamerikas ist hingegen nur der Husky gewappnet.

Ein Meister der Tarnkunst und der Anpassung an die Kälte

Das Schneehuhn wechselt sein Federkleid dreimal im Jahr und ist daher stets perfekt an seine Umgebung angepaßt. Sein Speziesname *mutus* weist bereits auf diese Fähigkeit hin, und je nach Jahreszeit ist es makellos weiß (im Winter), rötlichbraun (im Sommer) oder braun mit weißen Flecken (in den Übergangszeiten).
Sein wissenschaftlicher Name *lagopus* bedeutet Hasenpfote. Die Füße des Huhns sind vollständig mit Federn bedeckt. Das Federkleid schützt es vor Kälte und macht ein Fortbewegen im Pulverschnee möglich, wobei die Zehen die Funktion von Schneeschuhen übernehmen.

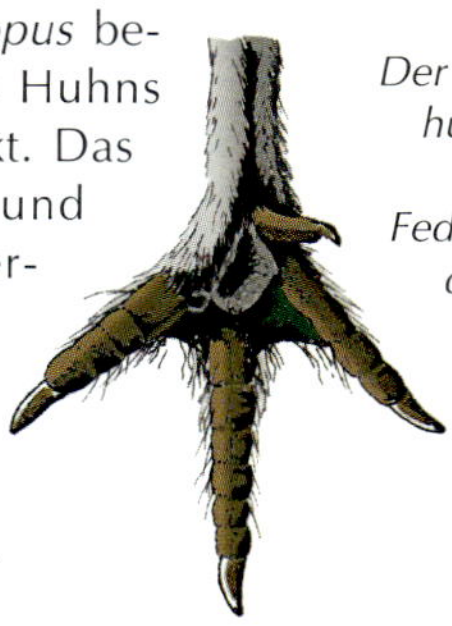

Fuß eines Schneehuhns im Sommer

Der Fuß eines Schneehuhns im Winter ist vollständig in Federn eingehüllt, die den Vogel vor Kälte schützen.

Die berühmten schottischen Grouse

Nein, hierbei handelt es sich nicht um einen berühmten Whisky, dessen Markenzeichen ein schottischer Vogel ist, sondern um ein echtes Schneehuhn, genauer gesagt um eine Unterart des Moorhuhns – *Lagopus lagopus scoticus,* das, wie der Name schon sagt, im schottischen Hochland vorkommt. Die irische Art *Lagopus lagopus hibernicus* besiedelt das gleiche Biotop wie sein schottischer Verwandter, nämlich die weiten, mit Heidekraut bewachsenen Landschaften – die schottischen Moore. Blumen, Blätter und Knospen bilden seine Nahrungsgrundlage, und die buschartige Vegetation bietet ihm Schutz und Nistplätze. Auf den britischen Inseln erfreut sich das Moorhuhn einer so großen Beliebtheit, daß die Heidelandschaft, ein durch Überweidung, Abholzung und Brände entstandenes Biotop, durch regelmäßiges Abbrennen aufrechterhalten wird, um die Grouse nicht zu gefährden.
Gejagt wird der herrschaftliche Vogel im Rahmen von großangelegten Treibjagden, bei denen sich die Schützen hinter sogenannten *butts* verstecken. Es wird aber auch mit Vorstehhunden gejagt. Dabei sucht der Hund vor dem Schützen. Pointer und Setter, ausgezeichnete Vorstehhunde, kommen in diesen flachbewachsenen Weiten richtig auf ihre Kosten. Eine Hunderasse wurde übrigens speziell gezüchtet, um Moorhühner, Birkhühner und Schnepfen in schwierigem, gebirgigem und oft sumpfigem Gelände vor dem Schützen aufzustöbern: der Gordon Setter. Dieser widerstandsfähige und unermüdliche schwarzrote Vorstehhund wurde im 19. Jahrhundert von den Herzögen Richermond und Gordon herangezüchtet.
Auf den britischen Inseln lebt das Schottische Moorhuhn in geographischer Isolation. Aufgrund des gemäßigten und feuchten Klimas – starke Schneestürme treten hier eher selten auf – wechseln die Vögel nicht die Farbe ihres Federkleids, sondern zeigen das ganze Jahr über eine fahlrötliche, goldbraune Färbung, eine ideale Tarnfarbe für ihren britischen Lebensraum. Die einzige »Koketterie« der Hähne sind die leuchtendroten Rosen, die in der Balzzeit besonders stark anschwellen.

Das Schottische Moorhuhn erfreut sich in Schottland außerordentlich großer Beliebtheit. Die weiten mit Heidekraut bewachsenen Flächen sind seine bevorzugten Lebensräume.

Das Gamswild

1–2–3 – *In den Sommermonaten flüchtet das menschenscheue Gamswild vor dem hohen Touristenaufkommen aus den Latschenregionen in* ***Hochgebirgslagen*** *von nicht selten über 3 000 m und zieht sich dort auf grasbewachsene Streifen schwindelnder Steilwände zurück.*

4 – *In den frühen Morgenstunden und in der Abenddämmerung verlassen die Gemsen ihre sicheren Zufluchtsorte und begeben sich* ***zur Äsung auf die mit reichhaltiger Vegetation bewachsenen Höhenwiesen.***

5-6 – *Mit Beginn der kalten Jahreszeit verläßt das Gamswild die Höhenlagen und sucht die* ***Waldgebiete*** *auf, die ihm Nahrung und Schutz bieten. In dieser Zeit reagiert es besonders empfindlich auf Störungen.*

Als Bewohner des Hochgebirges bevölkert das Gamswild den gesamten Alpenraum. Es bewohnt ebenso die Pyrenäen, den Apennin, die Hochgebirge Südosteuropas und wurde in Schwarzwald und Vogesen eingebürgert. Außerhalb Europas wurde es in Neuseeland eingeführt.

Der ausgeprägte Tourismus auch in den entlegensten Höhenlagen unserer Gebirge beunruhigt das tagaktive, scheue Wild. Zumeist wird es auf der Pirsch erlegt. Das Klettern im Hochgebirge erfordert eine exzellente Kondition des Jägers.

Ursachen für einen Bestandsrückgang

Bei nicht zu schwacher Bejagung leidet die Gemse, ein genügsames und robustes Wildtier, selten an Krankheiten. Sie paßt sich problemlos neuen Biotopen an, und die Mortalität von ausgewachsenen Tieren wird im Jahresdurchschnitt auf nicht über zehn Prozent geschätzt, während die der Gamskitze je nach Winterverhältnissen 50 Prozent und mehr beträgt. Unter bestimmten Bedingungen kann die »Felsenantilope« jedoch sehr starke Verluste erleiden.

Die Gemsen sind sehr widerstandsfähig und kommen selbst mit den härtesten Witterungsverhältnissen gut zurecht. In Zonen geringer Bejagung kann eine zu hohe Gamswilddichte bei anhaltenden Schneeperioden zu Nahrungsknappheit und entsprechenden Folgeerscheinungen führen. Überpopulationen sind anfällig für tödliche Epidemien.

Beutegreifer

Außer dem Steinadler hat die Gemse heute keine natürlichen Feinde mehr. Er ist in erster Linie eine Gefahr für die Jungtiere. Der Luchs spielt trotz Wiedereinbürgerungsversuchen in den Alpen keine Rolle mehr.

Witterungsverhältnisse

Von den Witterungsverhältnissen sind besonders die Jungtiere betroffen. In Gebieten, in denen die Gemse ganzjährig geschützt ist und die Bestände die Lebensraumkapazität überschritten haben, kann es zu dramatischen Verlusten kommen.

Krankheiten

Epidemien entwickeln sich in Gebieten mit zu hohen Wildbeständen – meist in Naturschutzgebieten oder Nationalparks.

• Kerato-Konjunktivitis (Gamsblindheit)
Diese hochansteckende Infektionskrankheit befällt Alpengemse, Pyrenäengemse, Steinbock und in geringerem Maße auch Mufflon. Sie ist jahreszeitlich bedingt und tritt in den heißen und feuchten Monaten auf. Die Krankheit grassiert namentlich in Gebieten mit starker Überpopulation. In Naturschutzgebieten fielen ihr in manchen Jahren sehr viele Tiere zum Opfer. Die äußerlich erkennbaren Symptome sind charakteristisch: angeschwollene Augenlider, laufende Tränendrüsen und getrübte Hornhaut (Hornhautentzündung). In schweren Fällen kann sie zur totalen Erblindung der Tiere führen. Die erkrankten Tiere sind an ihrer unsicheren Fortbewegung zu erkennen. Hier empfiehlt sich ein Abschuß aus Gesundheitsgründen, um die Ausbreitung der Krankheit zu verhindern und das Leiden der kranken Tiere zu beenden.

• Gamsräude
Die durch Milben, die sich ins Fell bohren und dort schmarotzen, hervorgerufene Krankheit ist erkennbar durch Zonen des Haarausfalls, auf denen sich blutiger Schorf bildet. Sie verläuft meist tödlich.

• Papillomatose
Bei dieser Virenkrankheit bildet sich auf Lippen und Maul ein pustulöser Schorf, der sich zu einem Tumor ausbilden kann. Da die Nahrungsaufnahme zur Qual wird, verendet das Tier schnell.

Verarmung des Nahrungsangebots in Höhenlagen

Die zahlreichen Rinder- und Schafherden, die im Sommer auf die Alm getrieben werden, machen der Gemse ihre Nahrungsgrundlage streitig und stellen eine starke Bedrohung für die Entwicklung der Gamspopulation dar. So lautet das Ergebnis verschiedener aktueller Studien über die negativen Auswirkungen der Überweidung. »Ausschlaggebend ist nicht eine sozialstrukturorientierte Bejagung (Altersklassen-/Geschlechterverhältnis), sondern die Veränderung der Konsumentenpopulationen im Verhältnis zum Nahrungsangebot«, so der Amerikaner Marc Culough. Das Resümee ist: Die weitsichtigsten Bejagungspläne und die waidgerechteste Hege nützen nichts, wenn die natürlichen Bedürfnisse der Gemsen nicht befriedigt werden.

Das Tier muß in weniger als 100 Tagen (75 Tage Pflanzenwuchs in 2 200 m, 45 Tage in 2 900 m Höhe) durch die Aufnahme von Kräutern und Blumen ausreichend Feistreserven anlegen, um den harten Winter zu überstehen. Allzuoft muß es jedoch das Grün mit riesigen Rinder- und Schafherden teilen, die zum Teil eine überstarke Konkurrenz darstellen.

Zu fordern sind ausreichende Zonen, in denen keine Weidewirtschaft betrieben wird, damit das Wild dort im Frühjahr und Sommer seine Energiereserven regenerieren kann.

Starker Tourismus

Kaum eine Region ist von der Ausweitung des Tourismus stärker betroffen als die Alpen. Waren es vor Jahren nur Skifahrer und Bergsteiger, so tummeln sich heute auch noch Mountainbike-Fahrer, Gleitschirmflieger und sonstige Bergliebhaber in diesen Regionen. Die Gemsen werden dadurch gezwungen, sich in Gebiete zurückzuziehen, deren Nahrungsangebot und Deckung nicht optimal sind. Problematisch ist auch der Rückzug in die Baumregion, da sie dort, ähnlich dem Rehwild, Schäden durch Verbiß junger Bäume hervorrufen. Klagen der Forstleute lassen meist nicht lange auf sich warten.

Auf der Flucht vor den diversen Naturnutzern ziehen sich die Gemsen auch ganzjährig auf Höhenlagen mit sehr kalten Wintern zurück, die über der Baumgrenze liegen und sie in ihrer Entwicklung und Fortpflanzung beeinträchtigen.

Die Ernährung der Gemse besteht aus verschiedenen Kräutern und Sträuchern.

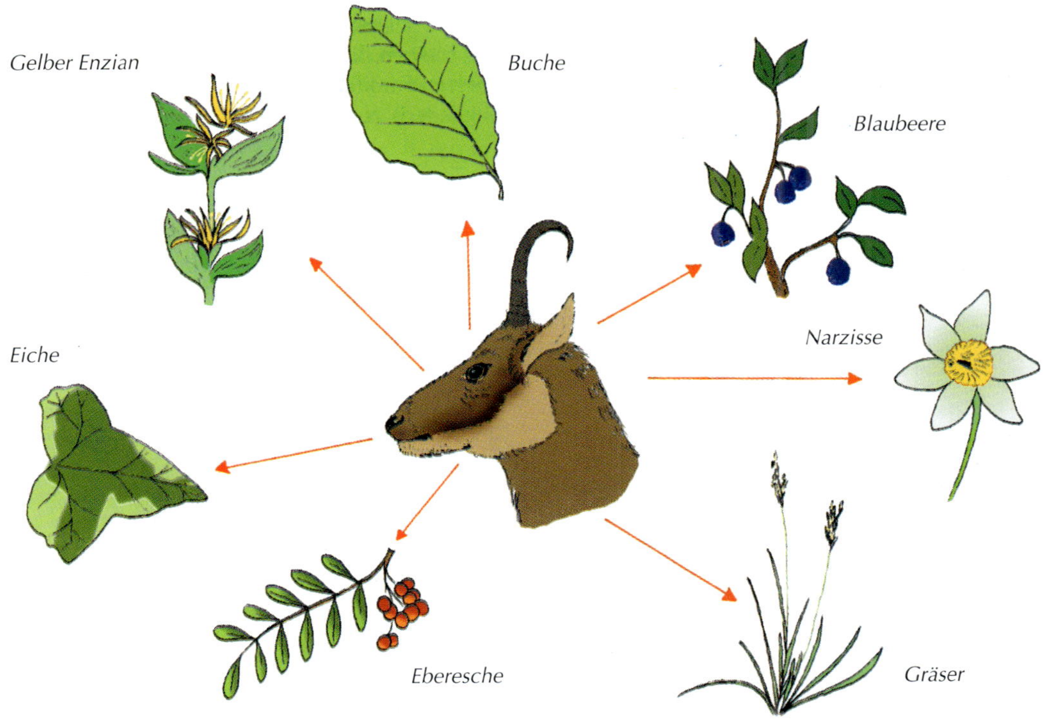

Die Hege von Gamswild

Die Bejagung des Gamswildes wird nach durch den Hegering festgesetzten Quoten durchgeführt. Als Geschlechterverhältnis soll 1:1 angestrebt werden, damit die Zuwachsraten stabil bleiben. In der Notzeit und zur Ablenkung aus Jungwaldbeständen oder lawinengefährdeten Zonen wird das Gamswild gefüttert. Die Zuwachsraten und somit auch der Abschuß sind stark witterungsabhängig.

Ideale Besiedlungsdichte

In einem Bergmassiv schwanken die Besiedlungsdichten je nach Tragfähigkeit des Biotops, Grad der Beunruhigung, Überweidung und Jagddruck zwischen null und 15 Stücken pro 100 ha. In Tälern können die Dichten stellenweise 40 Tiere pro 100 ha betragen. In vielen Gebieten stellt dieses enorme Ungleichgewicht in der Verteilung der Populationen die größten Probleme einer waidgerechten Gamswildhege dar: In manchen großflächigen Gebieten ist die Dichte aufgrund einer zu starken Bejagung zu schwach, in anderen Gegenden, in denen die Art ganzjährig geschützt ist, sind die Dichten ausgewogen bis zu hoch.
Als Anhalt sind folgende Zahlen genannt:

Gamskitz, dessen Krucken noch nicht gebogen sind

Für Selektionsabschuß und Zählung:

Gamskitz

Schmalgeiß

Auf Entfernung kann eine Gemse nur mit großer Erfahrung richtig angesprochen werden. Neben den üblicherweise aufgeführten Kriterien kann man das Geschlecht der Tiere auch anhand ihres Verhaltens bestimmen. Gemsböcke im Alter von über drei Jahren sind in der Regel bis zum Einsetzen der Brunft Einzelgänger und halten sich in sehr kleinen Gebieten auf. Im Frühjahr und Sommer bis Mitte Oktober bleiben die Jungtiere und Geißen in Rudeln zusammen, die aus mehreren Familien bestehen, wobei sich eine Familie stets aus drei Mitgliedern zusammensetzt: Muttertier, Schmalgeiß und Gamskitz.

Die Krucken geben ebenfalls wichtige Hinweise. Sie wachsen bereits im ersten Jahr und erscheinen ab dem dritten oder vierten Monat als kaum wahrnehmbare, gerade Spitzen. Erst bei der Schmalgeiß beginnen die Krucken sich nach hinten zu hakeln (zu krümmen), sie erreichen die Höhe der Ohren. Im Alter von drei Jahren haben die Krucken ihre endgültige Länge erreicht. Jetzt überragen sie die Ohren bei weitem.

Bock oder Geiß

Ausgewachsener Bock im jagdbaren Alter

Ausgewachsene Geiß

Verbreitung der Gemsen

Die Gemse *(Rupicapra rupicapra)* ist eine im gesamten Alpenraum verbreitete Wildart. Besonders beliebt ist das Gamswild in den Hochwildrevieren des Gebirges, da man ihm untertags nachstellen kann, während das Rotwild meist gar nicht zu Gesicht zu bekommen ist.
Aufgrund seiner Anpassungsfähigkeit konnte man einige Tiere aus der Steiermark erfolgreich am Feldberg im Schwarzwald ansiedeln. Dort hat sich ein bejagbarer Bestand entwickelt. Ebenso gelang die Einbürgerung in den Vogesen in Frankreich. Während der Bestand in der Bundesrepublik auf etwa 10 000 Stück geschätzt wird, gehen die Populationen in Österreich und der Schweiz als typische Alpenländer in die Hunderttausende.
Eine leichtere Unterart *(Rupicapra rupicapra pyrenaica)* kommt in den Pyrenäen vor. Sie unterscheidet sich von unseren Gemsen durch ihre leuchtendrote Sommerdecke.

– Hochgebirge (über 2 500 m): fünf bis acht Tiere auf 100 ha,
– Mittelgebirge (1 700 bis 2 500 m): acht bis zehn Tiere auf 100 ha,
– Hügelland (unter 1 700 m): vier bis fünf Tiere auf 100 ha.

BESTANDSERMITTLUNG

Die Zählungen können während der Brunftzeit im November und Dezember stattfinden. Beobachtung und Zählung sollten aus gebührender Entfernung erfolgen, damit die Tiere nicht gestört werden. Zur Ermittlung der jährlichen Zuwachsrate sowie der Wintermortalität ist eine zweite Zählung im Frühjahr nach dem Setzen der Kitze durchzuführen. Ein guter Zeitpunkt dafür ist der Monat Juni, wenn auf den Almwiesen die neue Vegetationsperiode beginnt, eine Phase, in der sich die Rudel neu zusammensetzen und leicht zu orten sind. Ältere Böcke führen gern ein Einsiedlerleben oder bilden mit Gleichgesinnten ein kleineres Bockrudel. Diese verhalten sich heimlicher als das »Scharwild«.

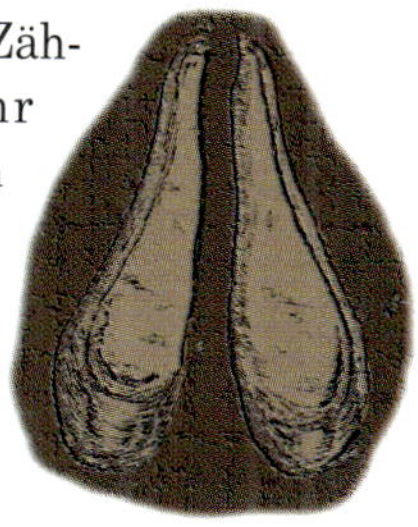

Das Trittsiegel einer Gemse ist nur im Schnee gut zu erkennen.

Alter und Geschlecht der Gemsen erkennen

Der Abstand der Schläuche an der Basis ist bei den Böcken größer. Dieses Kriterium ist jedoch aus der Entfernung nur schwer erkennbar. Gut sichtbar ist hingegen die Krümmung, die bei den Böcken deutlich stärker ausgeprägt ist als bei den Geißen.

Allgemeine Morphologie: Nacken und Körper des Bocks sind kräftiger, gedrungener, der Pinsel insbesondere während der Brunft ist sehr deutlich sichtbar. Die alten Böcke, die immer als Einzelgänger auftreten, haben einen durchhängenden Widerrist. Unfruchtbare Geißen können sehr starke Krucken aufweisen, da ihre gesamten Mineralienvorräte, die normalerweise der Fortpflanzung dienen, in das Wachstum der Krucken umgeleitet werden.

Krucke eines Bocks

Krucke einer Geiß

Gebiß: Das Alter einer Gemse läßt sich bis zum fünften Lebensjahr relativ sicher am Gebiß bestimmen. Das Kitz ist nur mit Milchschneidezähnen ausgestattet, die jedes Jahr neu nachwachsen. Erst im Alter von fünf Jahren bilden sich dauerhafte Schneidezähne.

Alter Bock

Alte Geiß

Beispiel für ein gesundes Gleichgewicht in den einzelnen Altersklassen:

Klasse J: 1. Jahr (Gamskitz)	20–25 %
Klasse I: 2.–3. Jahr (Schmalgeiß)	20–25 %
Klasse II: 4.–9. Jahr (ausgewachsene Tiere)	40–45 %
Klasse III: 10. Jahr und älter (Altersschwäche)	15–20 %

Zur Erhaltung dieses Gleichgewichts sieht der Abschußplan folgende Quoten vor:
Klasse J: 10–20 %, vorrangig schwache Tiere, bei hoher Wintermortalität weniger,
Klasse I: 40–50 %,
Klasse II: 10 %, die Tiere dieser Altersklasse garantieren den Fortbestand der Spezies, vorrangig schwache Tiere,
Klasse III: 30 %, die alten Tiere ziehen sich in der Regel von den Rudeln zurück, oft Einzelgänger.

Abschussplan

• Zahlenmäßiger Plan
Während die Bestandszuwachsrate der Gemsen global auf 20 bis 25 Prozent geschätzt wird, gilt für die Wildhege ein Satz von 15 Prozent. Zur Stabilisierung einer Population sollten nicht mehr als etwa zehn Prozent der nach der Setzzeit ermittelten Tiere geschossen werden. Milde oder strenge Winter sind in die Quote einzubeziehen.

• Qualitativer Plan
Eine ausgewogene Populationsstruktur entspricht dem Verhältnis von einem Bock zu einer Geiß. Im Rahmen einer ausgeglichenen Altersstruktur ist es wichtig, die reproduktive Klasse, viertes bis neuntes Jahr, besonders zu fördern.
Bei Abschuß zu vieler Böcke werden die übrigen durch die im November und Dezember stattfindende Brunft zu stark geschwächt.

Ein Rudel von Pyrenäengemsen weidet auf einer kargen Pyrenäenwiese. Alpengemsen und Pyrenäengemsen halten sich gern auf grasbewachsenen Hängen hoch über dem Tal auf, denn hier fühlen sie sich sicher.

Die Bejagung des Gamswildes

Gemsen werden fast ausschließlich auf der Pirsch gejagt. Dazu muß der Jäger eine gute körperliche Konstitution haben und die Berge und das Verhalten der Tiere sehr gut kennen.

Die Pirschjagd

Rein körperlich stellt diese Jagdtechnik höchste Anforderungen an den Jäger. Er muß bergerfahren und obendrein sehr kräftig sein, gilt es doch, das erlegte Tier, das bis zu 50 kg wiegen kann, über weite Strecken auf dem Rücken hinunter ins Tal zu tragen! Vom jagdethischen Gesichtspunkt aus ist die Pirsch die einzig vertretbare Jagdart auf Gamswild, denn nur so wird der Jäger in der oft menschenfeindlichen Gebirgslandschaft für die Gemse zu einem ebenbürtigen Gegner. Viele Jäger haben für ihre Leidenschaft mit dem Leben bezahlt, wurden von Felsgeröll oder Gletscherbrüchen in die Tiefe gerissen oder stürzten in Fels- oder Gletscherspalten zu Tode. Der Jäger zollt dem Wild wie dem Berg, neben dem er so klein und machtlos ist, gleichermaßen Respekt. Er sollte strenge Sicherheitsvorkehrungen treffen und stets Ort sowie absehbare Uhrzeit seiner Rückkehr angeben, damit Rettungsmannschaften im Falle eines Unfalls gezielt nach ihm suchen können. Selbst die kleinsten Unfälle, etwa eine Zerrung, die die Bewegungsfreiheit stark einschränkt, können dramatische Folgen haben, wenn die elementaren Sicherheitsregeln nicht beachtet werden. Der Jäger sollte grundsätzlich mit einem Begleiter losgehen und sich über die mögliche Entwicklung der Wetterverhältnisse informieren und bei schlechtem Wetter jeden Ausflug in die Berge unterlassen.

Bei Tagesanbruch ist der Jäger bereits hoch über dem Tal auf einem Bergkamm. Von dort aus sucht er mit dem Fernglas die unter ihm liegenden Hänge sorgfältig nach Rudeln ab. Sein Vorteil ist es, daß Gemsen weniger Gefahren von den Höhen erwarten als aus dem Tal und den Blick daher eher nach unten richten. Dennoch sind die Tiere, die in den frühen Morgenstunden zum Äsen unterwegs sind, äußerst wachsam, und der Jäger würde sich jetzt durch jede noch so geringe Bewegung sofort verraten. Erst wenn die Tiere zum Wiederkäuen eine Pause einlegen, setzt der Jäger seine Pirsch fort. Dabei nutzt er alle Unebenheiten des Terrains wie Felsvorsprünge oder Gräben aus, um sich unbemerkt von oben nach unten vorzuarbeiten. Er bemüht sich, vollkommen lautlos zu sein, und verharrt absolut regungslos beim geringsten Anzeichen einer Gefahr – vor allem in der Nähe von Murmeltieren, die bei jedem Verdacht sofort anfangen, laut zu pfeifen.

Der Jäger pirscht sich gegen den Wind an, möglichst mit der Sonne im Rükken. Das Gewehr ist geladen und das

Die Gamswildfährte:
1 – flüchtig
2 – ziehend

Waffen und Munition

Der Jäger, der nicht das nötige Kleingeld für eine Kipplaufwaffe hat, wählt für die Pirschjagd auf die Gemse in der Regel eine Repetierbüchse. Beliebt ist auch der Bergstutzen, bei dem der Handschaft bis zur Laufmündung reicht. Manche Jäger verwenden die leichte und handliche .243 Winchester, die für die Felsenantilope jedoch etwas zu schwach ist. Die europäischen Kaliber 6,5 x 57 (V100 : 88 m/s) und 6,5 x 68 (V/100 : 1 033 m/s) mit einer sehr gestreckten Flugbahn eignen sich hervorragend für diese Zwecke. Ebenso die .270 Winchester.

Zielfernrohr: Nur mit einem Zielfernrohr kann der Schuß, der aus einer Entfernung von etwa 150 m abgegeben wird, mit absoluter Treffsicherheit erfolgen. Die Modelle mit verstellbarer Vergrößerung, 3,5 bis 10, haben ihre Befürworter und Gegner. Letzteren zufolge schießt man mit diesen Modellen eher auf zu weite Entfernung. Ferner sind sie relativ schwer, zumindest schwerer als die Modelle mit nur einer Vergrößerung, wobei die vierfache Vergrößerung zweifelsohne den besten Kompromiß darstellt. Zahlreiche Jäger schätzen das Absehen 4 mit seinen drei breiten Balken, die den Zielpunkt gut markieren. Eine Kippmontage ist für den Gebirgsjäger sehr wichtig, da er das Zielfernrohr damit in Rekordschnelle auf die Waffe stecken kann. Vorteil: Das Zielfernrohr ist während des Aufstiegs im Rucksack sicher geschützt und wird erst zur Pirsch über der Baumgrenze montiert. Nachteil: Die Montage ist nicht billig!

Daneben sollte das Zielfernrohr folgende Eigenschaften haben: Lichtstärke, weites Sichtfeld und erhöhten Dämmerungswert. Es muß robust, wasserdicht und widerstandsfähig sein.

Die Kipplaufbüchse

Die ideale Waffe für die Gamsjagd ist die Kipplaufbüchse. Ihr leichtes Gewicht (zwischen 2,7 und 3,3 kg) ist ein großer Vorteil bei der stundenlangen Pirsch in schwierigem Gelände, vor allem, wenn später noch das erlegte Tier getragen werden muß. Einziger großer Nachteil ist ihr in der Regel sehr hoher Preis. Diese hervorragenden Waffen, die vorwiegend aus Ferlach, Österreich, stammen, werden als Luxuswaffen in Handarbeit hergestellt. Der deutsche Hersteller Blaser bietet bei guter Qualität erschwingliche Modelle an.

Präzise, leicht, handlich und kurz – die Kipplaufbüchse ist bestens auf den Bedarf eines Gebirgsjägers abgestimmt. Sie kann schnell zerlegt werden und paßt so in einen Rucksack, ein weiterer Vorteil, wenn man bedenkt, daß man oft beide Hände zum Klettern braucht. Einige Besitzer einer Kipplaufwaffe haben jedoch Vorbehalte hinsichtlich der Schußleistung: Nur wenige Waffenhersteller verstehen sich in der Kunst, den oktogonalen Lauf in der geforderten Perfektion zu fertigen, und der kleinste Fehler kann die Gleichmäßigkeit des Schusses und die Präzision der Waffe beeinflussen.

Zielfernrohr montiert, um in der letzten Phase kurz vor dem Schuß jedes überflüssige Geräusch zu vermeiden. Hat er sich nahe genug herangepirscht (150 m), wählt er ein Tier aus, das der Freigabe entspricht. Er nimmt sich Zeit dabei, um jeden Irrtum auszuschließen und um seinen Atem zu beruhigen. Den Schuß setzt er leicht unterhalb der Schulter des Tieres an, denn das Herz der Gemse liegt verhältnismäßig tief. Gut getroffen! Das Tier liegt im Knall. Mit einem Schnitt in die Bauchwand bricht der Jäger die Gemse auf, bindet die vier Läufe zusammen und legt sich das Tier um die Schultern. Mit einer Hand hält er die Läufe auf seiner Brust fest. Nun beginnt die schwierigste Phase der Jagd: der anstrengende Rückweg mit einer schweren Last auf dem Rücken!

Letzte Anmerkungen zur Pirschjagd auf Gamswild: Man sollte nie eine Gemse auf einem Felsvorsprung beschießen, da die Gefahr besteht, daß das erlegte Tier für den Jäger unwiderbringlich verloren ist oder seine Krukken beim Sturz beschädigt werden. Und schließlich kann es vorkommen, daß das Tier nach dem Schuß flüchtet. Dann muß eine sorgfältige Nachsuche erfolgen. Oft genug stellt sich heraus,

Sorgfältig sucht der Jäger mit dem Fernglas die Hänge nach Gemsen ab, die sich farblich kaum von dem felsigen Untergrund abheben.

daß die Gemse, die nicht gezeichnet hat, mit letzter Kraft abgesprungen ist und in einiger Entfernung vom Anschuß liegt.

Ausrüstung eines Gamsjägers

Rucksack: Er sollte aus Leinen oder Nylon, in neutraler Farbe und von der Herstellung her geeignet sein für stundenlanges Tragen, ohne übermäßig zu ermüden, gut ausgewogen, mit Bauchgurt.

Inhalt: Alle Teile müssen sorgfältig gewogen werden, um jedes überflüssige Gramm zu vermeiden. Angenehm ist es, wenn man nach dem Aufstieg das verschwitzte Unterhemd wechseln kann. Trockene Kleidung schützt vor Kälte. Benötigt man einen Biwak, reicht ein leichtes kleines Einmannzelt für Wanderer in neutraler Farbe. Ein guter Schlafsack und ein Pullover zum Wechseln (Wollpullover sind ideal, da sie leicht und platzsparend sind).

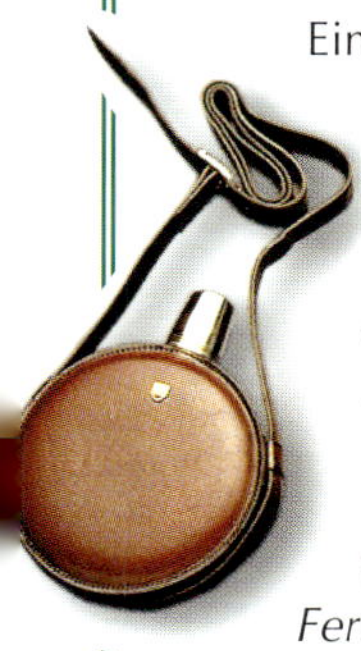

Eine Feldflasche und energiereiche Nahrung als Verpflegung.

Bergsteigerseil, 10 bis 15 m lang, um Felsvorsprünge zu überwinden und an außenliegende Stellen zu gelangen, falls das erlegte Tier einen Abhang hinunterstürzt. Es dient ebenfalls dazu, das Tier heranzuziehen.

Schnur: Damit werden die Läufe des Tieres zusammengebunden und der Kopf stabilisiert, um es besser tragen zu können.

Messer: Aus Platz- und Gewichtsgründen kommt nur ein kleines Messer in Frage. Der traditionelle Nicker der Bergbewohner reicht vollkommen aus.

Fernglas: Auch hier sollte die Entscheidung zugunsten der Qualität ausfallen, da ein gutes Fernglas für den Gamsjäger unentbehrlich ist. Ideal ist ein in Kunststoff gekleidetes, wasserdichtes Modell, sicher geschützt gegen Stöße und Unwetter. Nichts ist unangenehmer als beschlagene Gläser. Da das Fernglas meist früh am Morgen oder kurz vor der Dunkelheit eingesetzt wird, sollte es eine ausreichende Dämmerungsleistung und ein großes Sichtfeld haben. Dabei darf es nicht viel wiegen und nur wenig Platz einnehmen. Empfehlenswert sind die 7 x 50er oder die berühmten und ausgezeichneten 10 x 40er Gläser von Leitz und Zeiss. Diese Modelle sind nicht preiswert, aber ein gutes Fernglas ist eine Anschaffung fürs Leben!

Bergstecken: der dritte »Fuß« des Bergjägers. Er darf auf keinen Fall zu kurz sein (1,50 m) und muß oben eine Gabel für die Gewehrauflage aufweisen. Am anderen Ende sollte man eine Metallspitze anbringen, damit fester Halt in steinigen Zonen gewährleistet wird.

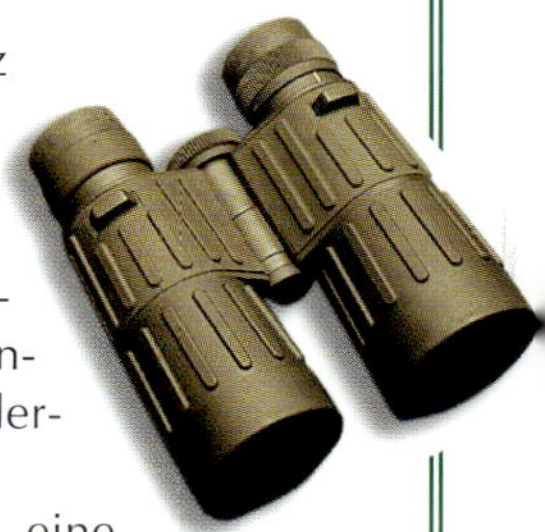

Schuhe: Der hohe Schaft schützt die Knöchel bei der Wanderung über Felsgeröll, und die dicken Vibram-Sohlen mit großen Stollen haften gut auf dem Untergrund. Auf wasserdichtes Material achten. Möglichst hochwertige Wander- oder Bergsteigerschuhe wählen.

Kleidung: Kniebundhosen aus Cord oder Leder, Gamaschen gegen Schnee, eine kräftige Jagdjacke aus einem geräuscharmen Stoff. Vorsicht bei synthetischen Materialien. Nach wie vor unübertroffen ist Lodenstoff.

Letzte Anmerkung: Bei der Anpirsch kann es von Vorteil sein, den Büchsenlauf in einen alten Pullover zu wickeln, um Lichtreflexe zu vermeiden.

Das Muffelwild

Die ursprüngliche Heimat des Muffelwildes sind die Inseln Korsika und Sardinien. Dort hielten sich die Reste des vor der Eiszeit im Mittelmeerraum und Kleinasien beheimateten Schafs. Es ist der kleinste Vertreter der über den nördlichen Erdball verteilten Wildschafe (Argali in Asien, Dickhornschaf in Nordamerika). In den deutschsprachigen Raum gelangte es durch Aussetzungen Anfang des 20. Jahrhunderts.
Der ursprüngliche Lebensraum auf den Mittelmeerinseln weist einen auf kargem, steinigem Boden stehenden Bergwald mit eingestreuten Wiesen und Strauchzonen auf. Wichtig ist ein Untergrund, auf dem sich die Schafe ausreichend abnutzen, da sie sonst auswachsen. Bei uns lebt das Wildschaf in Mittelgebirgsregionen. Seine Angewohnheit, keine Feldfrüchte zu schädigen und auch im Wald kaum Jungtriebe zu verbeißen, macht es neben der Schwierigkeit, es zu jagen, zu einer attraktiven Wildtierart.
Kreuzungen mit Hausschafen sind zwar möglich, sollten aber vermieden werden, da solche Exemplare in Feld und Wald sehr zu Schaden gehen.

1 – Steile Felsen: *Der Mufflon hält sich gern in Steilhängen auf, in die er sich auf der Flucht vor Beutegreifern zurückzieht. Äußerst geschickt bewegt er sich selbst in steilstem Gelände. Die Abbildung zeigt den ursprünglichen Lebensraum auf Korsika.*

2 – *In den frühen Morgen- und Abendstunden verläßt das Muffelwild das Gelände, in dem es tagsüber Schutz sucht (Klippen, Wald), und begibt sich zum Äsen auf die* ***hochgelegenen Wiesen und Grasflächen.***

3 – *Je nach Jahreszeit bilden* ***Gräser und Blätter von Sträuchern*** *die Hauptnahrungsgrundlage des Mufflons. Seine anspruchslose Ernährung erklärt zum Teil seine Robustheit und seine große Anpassungsfähigkeit.*

4 – Der Wald *bietet dem Muffelwild Schutz vor Beutegreifern und rauher Witterung.*

Ursachen für einen Bestandsrückgang

Aufgrund seiner genügsamen, sehr widerstands- und anpassungsfähigen Natur leidet der Mufflon an keinen artspezifischen Krankheiten, sondern ist den gleichen Gesundheitsrisiken ausgesetzt wie Reh und Hirsch. Dennoch muß er einige tödliche Gefahren fürchten, und verschiedene negative Faktoren, die für die Art grundsätzlich keine Bedrohung darstellen, solange sie einzeln vorkommen, können in ihrer Verbindung die Populationen schwer und dauerhaft schädigen
Die Sterblichkeitsrate betrifft in erster Linie zwei Altersklassen: die Jungtiere in ihrem ersten Lebensjahr (Lämmer) und die alten Tiere ab dem zehnten Lebensjahr, das die Grenze zur Altersschwäche darstellt. Besonders häufige Beunruhigung durch den Menschen und durch wildernde Hunde verträgt das wilde Schaf sehr schlecht.

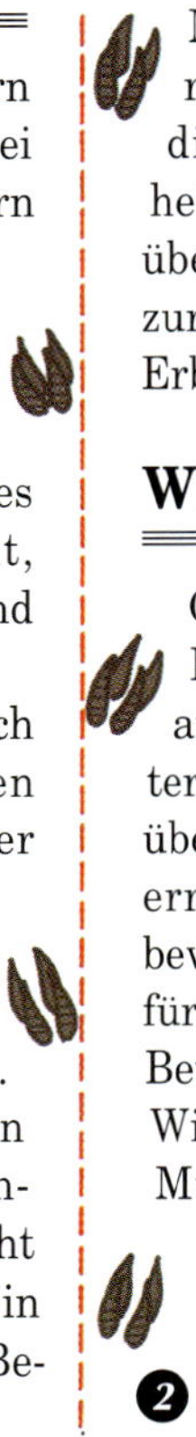

Charakteristische Mufflonfährte in der Flucht (1) und im Ziehen (2)

Wilderei und Beutegreifer

In seinem Heimatland ist das Horn eines starken Widders nicht nur bei Jägern, sondern auch bei Wilderern eine beliebte Trophäe.
Eine besondere Schwäche zeigt Muffelwild gegenüber wildernden Hunden. Die Flucht ist weder ausdauernd noch schnell. Sobald es sich in die Enge getrieben fühlt, verschanzt es sich hinter Felsen und wird zur leichten Beute.
Die immer dichtere Besiedlung auch vormals abgeschiedener Regionen bringt immer mehr Spaziergänger und Sportler in die Wälder. Vor allem im Winter benötigt das Muffelwild abgeschiedene Plätze für Einstand und Nahrungssuche. Die ständige Neuanlage von Pisten und Loipen mit den damit verbundenen Störungen läßt die Tiere nicht zur Ruhe kommen. Diese Eingriffe in die Natur behindern die gesamte Bestandsentwicklung.

Äsungsgewohnheiten

Mufflons und Hausschafe sind Nahrungskonkurrenten. Dadurch besteht die Gefahr, daß parasitäre Krankheiten der Schafe auf das Muffelwild übertragen werden. Zudem kommt es zur Artenkreuzung, die das genetische Erbe der Spezies negativ beeinflußt.

Witterungsverhältnisse

Obgleich der Mufflon als robuster Bergbewohner bis in 2500 m Höhe anzutreffen ist, scheut er harte Winter und kann bei einer Schneehöhe von über 30 cm die Grasdecke nicht mehr erreichen. Ferner fällt ihm die Fortbewegung im Schnee schwer, so daß er für streunende Hunde zu einer leichten Beute wird.
Wissenschaftliche Beobachtungen von Muffelwildbeständen in Frankreich brachten das überraschende Ergebnis, daß bei unüblich strengem Winter bis zur Hälfte der Population, vor allem unter den

Die bevorzugten Lebensräume des Muffelwildes

Entgegen der weitverbreiteten Meinung ist das Muffelwild kein ausgesprochenes Bergwild. Schnee meidet es sogar, wobei es Kälte sehr gut verträgt, und hat schon bei einer Schneedecke von 5 cm große Fortbewegungsschwierigkeiten. Sobald der Schnee höher als 30 cm liegt, kann es nicht mehr an seine Nahrung gelangen. Ebensosehr fürchtet es feuchtes Klima mit aufgeweichtem und nachgebendem Boden, was zu Knochendeformationen und Schalenkrankheiten wie Fußfäule und Auswachsen führen kann.
Man braucht es nur in seiner ursprünglichen Heimat auf Korsika zu beobachten – in den Mittelgebirgen oder in einem der beiden letzten Muffelreservate –, um zu wissen, was der Mufflon schätzt: große, offene Flächen, steinigen und trokkenen Untergrund, der mit einer üppigen Kräuter- und Sträucherschicht bewachsen ist, mittlere Höhenlagen und offenes Gelände mit weiten Heidelandschaften, Steilhängen und überdurchschnittlich viele Sonnentage.

Jungtieren, eingehen kann. Ebensowenig liebt das Muffelwild feuchte Biotope. Aus diesem Grund sollte es auch nicht in Flachlandrevieren eingeführt werden. Bei feuchtem Klima ist es anfälliger für parasitäre Krankheiten

Dieser Widder ist aufgrund seiner starken Schnecken mit größter Wahrscheinlichkeit eine Kreuzung zwischen korsischem Mufflon und asiatischem Wildschaf.

(Leberegel, Lungenwürmer). Auch schadet der weiche Boden der gesunden Entwicklung der Schalen. Erkrankungen wie Fußfäule und Auswachsen können die Folge sein.

Negative Folgen der Artenkreuzung

Der Mufflon läßt sich bekanntlich sehr leicht mit anderen Arten kreuzen. In zahlreichen mittel- und osteuropäischen Ländern wurde der Mufflon aus rein jagdlichem Interesse gezielt mit dem Argali gekreuzt, um schwerere Schnecken zu erhalten. Muffelbestände, die noch direkt von der ursprünglichen Population in Korsika abstammen, richten im Wald keinen nennenswerten Schaden an. Auch tendieren sie nicht zum Aufsuchen der Feldflur. Diese Eigenschaft geht bei Linien, in die Hausschafe eingekreuzt wurden, leider verloren. Sie schälen und verbeißen im Wald stärker als Rotwild. Sie ziehen als ganzes Rudel auf die Felder und können dort erheblichen Schaden anrichten. Solche Eigenschaften zwingen dann meist zum Auflösen der Population durch Totalabschuß. Es steht daher außer Diskussion, daß jede weitere Einführung nur mit genetisch reinen Tieren erfolgen sollte und jeder Mufflon, der eine genetische Abweichung aufweist wie isabellfarbene Decke, weiße Flecken, nach innen drehende, asymetrische Schnecken (sogenannte Einwachser), umgehend abzuschießen ist.

Krankheiten

Die Häufigkeit von Krankheiten ist abhängig von der Dichte der Bestände,

Der Mufflon scheut lang anhaltende Schneeperioden. Ab einer Schneedecke von 30 cm kann er nicht mehr an die darunterliegende Grasschicht gelangen.

einem mehr oder weniger intensiven Kontakt mit Hausschafen sowie von den Witterungsverhältnissen.
Einige Krankheiten wirken abtreibend: Brucellose, Chlamydiose, Rickettsiose oder Salmonellose. Sie führen zu plötzlichen Fruchtabgängen, Störungen im Fortpflanzungssystem und in einigen Fällen zur Sterilität. Bakterielle Erkrankungen treten genauso häufig auf wie parasitäre Krankheiten. Zu letzteren gehört der Befall mit Leberegeln, Lungenwürmern, Faden- oder Bandwürmern.
Das reinblütige Muffelwild ist ausgesprochen widerstandsfähig.

Bestandserhaltende Maßnahmen

Die Hegemaßnahmen, die einen normalen Bestandszuwachs des Muffelwildes fördern, sind mit denen zu vergleichen, die für zahlreiche andere Wildarten durchgeführt werden: Einrichtung von Ruhezonen, Begrenzung der Schäden durch streunende Hunde, eventuelle Einrichtung einer Winterfütterung in Regionen mit lang anhaltenden Schneeperioden und Eindämmung der Wilderei. Die Möglichkeit der Einkreuzung von Hausschafen sollte strikt unterbunden, entstandene Bastarde sofort erlegt werden. Ausschlaggebend ist dabei, daß diese Maßnahmen in Zusammenarbeit mit den beteiligten Revierinhabern koordiniert und waidgerecht durchgeführt werden.

Die Grundsätze der Hege

Bejagungsfähige Populationen entstehen erst ab einer Größe von über 100 Tieren, die sich auf ein Jagdgebiet von 5 000 bis 10 000 ha verteilen. Die ideale Dichte sollte dabei in keinem Fall die Tragfähigkeit des Biotops übersteigen. Die Aufgabe des Abschußplans besteht darin, diese Bestände auf dem idealen Niveau zu halten.
In Abhängigkeit von den Biotopverhältnissen ergeben sich unterschiedliche anzustrebende Wilddichten:

Biotope	ideale Dichte pro 100 ha
Mediterrane Gebiete	8 bis 10 Tiere
Mittelgebirge (unter 2 500 m) mit mediterranem Einfluß	5 bis 8 Tiere
Mittelgebirge ohne mediterranem Einfluß	1 bis 2 Tiere

Der Abschussplan

Der Abschuß erfolgt nach einem Plan des Hegerings. Vor allem die Erlegung der Widder muß geregelt werden, da sonst die begehrten Trophäenwidder zu häufig zur Strecke kommen.
Besonders die reinerbigen, starken Stücke sollten nicht zu jung geschossen werden, da sie für die gesunde Aufrechterhaltung der Art unverzichtbar sind.

• Der zahlenmäßige Abschußplan
Die Abschußquote sollte die Stabilität der Bestände gewährleisten. Sie entspricht im allgemeinen der durchschnittlichen Jahreszuwachsrate, die im Rahmen von regelmäßig durchzuführenden Zählungen ermittelt wird. Sie liegt bei 20 bis 30 Prozent der im Herbst gezählten Gesamtpopulation.

• Der qualitative Abschußplan
Gebräuchlich sind Quoten mit einem Anteil von etwa 50 Prozent der Tiere bis zum zweiten Lebensjahr.
– Lämmer: 30 %,
– Jungtiere von einem Jahr: 20 %,
– ausgewachsene Tiere: 10–15 %,
– alte Tiere (neun bis zehn Jahre): 30–35 %.
Es bleibt zu beachten, daß in einem strengen Winter extreme Einbrüche in der Jugendklasse auftreten können und die Zahlen modifiziert werden müssen. Bei geringer Gesamtabschußquote sollten dann die Lämmer einem entsprechend geringen Jagddruck ausgesetzt werden:
– Lämmer: 20 %,
– ausgewachsene Widder insgesamt: 35–40 %,
– zweites und drittes Jahr: 10 %,
– viertes bis siebtes Jahr: 10 %,
– achtes Jahr: 15 %,

Woran erkennt man Geschlecht und Alter des Muffelwildes?

Geschlecht: Bei der ursprünglichen Rasse hat der weibliche Mufflon oft kleine gerade oder ganz leicht gekrümmte Hörner (Stümpfe) in einer Länge von höchstens 15 cm. Sehr selten ist jedoch die Hornbildung bei gekreuzten Schafen wie beispielsweise den Kreuzungen mit osteuropäischen Wildschafen (ehemalige Tschechoslowakei).

Den Widdern wachsen die Schnecken im Alter von einem Jahr. Im Gegensatz zu den Geweihen der Hirscharten, die aus Knochen bestehen und jährlich abgeworfen werden, sind Mufflonschnecken aus Horn und wachsen stetig. Sie sind hohl und entwickeln sich, im Profil betrachtet, in Kreisform.

Alter: Das Alter läßt sich anhand der Schnecken bestimmen: Ausschlaggebend ist, im Profil betrachtet, der Abstand der Schlauchspitze zum Nacken, später zum Auge. Die Schläuche können eine Länge von 95 cm erreichen. Bei einem erlegten Tier werden einfach die Jahreswachstumsabschnitte, die sogenannten Altersringe, gezählt.

Bei den weiblichen Tieren geht man von der Verfärbung des Gesichts im Winter sowie von der Kopfform aus. (Diese Bestimmungskriterien sind aber nicht immer eindeutig!)

Altersbestimmung des Widders nach dem Wachstum der Schnecken

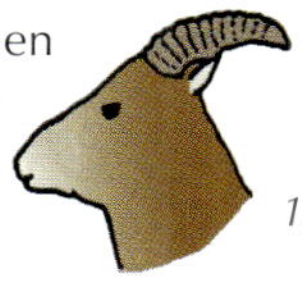

1. Jahr

2. Jahr

3. Jahr

Die Spitze überragt die Nackenlinie.

4.–5. Jahr

5.–6. Jahr

6.–7. Jahr

Die Spitze reicht bis zum Auge.

7.–8. Jahr

Altersbestimmung des weiblichen Wildes anhand der Gesichtsfärbung

1. Jahr: kaum sichtbare Gesichtsflecken

2. Jahr

3.–7. Jahr: Entwicklung von Gesichtsflecken

8. Jahr und älter: Gesichtsflecken nehmen fast das ganze Gesicht ein; aus der Ferne wirkt der Kopf des Schafes nahezu weiß.

– ausgewachsene Schafe insgesamt: 35–40 %.
Für kleine, noch wachsende Bestände wurden die Abschußzahlen natürlich gering gehalten, um die Entwicklung einer tragfähigen Population nicht zu gefährden. Am ehesten kann dabei ein überzähliger junger Widder erlegt werden. Denn dieser wird aufgrund der »Vorherrschaft« eines alten Widders über das Brunftrudel nicht zur Fortpflanzung gelangen.

Bestandsermittlung: unverzichtbare Voraussetzung für die Aufstellung eines Abschußplans

Die Bestandsdichte kann anhand verschiedener Methoden ermittelt werden. Ein zu diesen Zwecken durchgeführtes Zähltreiben, das eine hohe Anzahl von Teilnehmern erfordert und im großen Umfang durchzuführen ist, findet nicht überall Anwendung. Zunehmend wird es durch die bereits erläuterte Kombination von Ansitz und Pirsch ersetzt.
Die Ermittlung der Bestandsdichte erweist sich als recht schwierig, da die Tiere viel und schnell umherziehen. Es ist daher durchaus möglich, daß ein und dasselbe aus 50 Mitgliedern bestehende Rudel innerhalb sehr kurzer Zeit von mehreren Beobachtern aufgezeichnet wird, die in großer Entfernung voneinander postiert sind. Die Zahlen müssen aus diesen Gründen stets nach unten korrigiert werden. Um das Fehlerrisiko zu begrenzen, ist man dazu übergegangen, eine stark reduzierte Zahl von Beobachtern auszusenden, die mit Ferngläsern ausgerüstet über einen längeren Zeitraum leise und unsichtbar Stichprobenerhebungen durchführen und zwar von Mitte Mai bis Mitte Juni, wenn die neue Vegetationsperiode wieder einsetzt. Denn dann ziehen die Rudel auf die Höhenwiesen, wo sie gut sichtbar und recht zutraulich sind.
Ein weiterer Vorteil der relativ genauen Methode ist die im Vergleich zu einem Zähltreiben geringe Beunruhigung des scheuen Muffelwildes.

Die Bejagung des korsischen Mufflons

Obgleich die einzig wahre, die schönste und die fesselndste Art der Mufflonjagd die Pirsch ist, kann man auch versuchen, das unstete Wild bei der Ansitzjagd zu erlegen.

Die Pirschjagd

Die erfolgreichste Jagdart auf das Muffelwild ist die Pirsch. Sie ist kein leichtes Unterfangen, denn der Mufflon ist sehr wachsam und hat hervorragende Augen – er erkennt jede verdächtige menschliche Präsenz auf mehr als 800 m! Ferner sind die Leittiere der Rudel, in der Regel alte, erfahrene Schafe, sehr wachsam und schlagen beim geringsten Verdacht sofort Alarm! Oft sieht man sie, wie sie von Felsvorsprüngen aus das Gelände beobachten.
Im September 1994 konnte ich mich auf einer meiner Jagden am Südhang eines Berges auf Korsika selbst von der unglaublichen Taktik dieser Tiere überzeugen. Bei Tagesanbruch entdeckten wir einen Kilometer von uns entfernt ein Rudel von 50 Tieren, darunter acht kapitale Widder. Wir schlugen einen sehr weiten Bogen, um uns über einen Bergkamm den Mufflons zu nähern. Dazu nutzten wir eine Gruppe von Felsblöcken als Deckung. Als wir bis auf 150 m an die Wiese, auf der wir die Tiere am Fuße dieser Felsblöcke vermuteten, herangepirscht waren, erwartete uns großes Erstaunen: Ein Mufflon, ein einzelnes Tier, stand einige zehn Meter über seinen Artgenossen und beobachtete uns aufmerksam. Nach wenigen Augenblicken sprang er ab. Zweifelsohne ein Wachposten, der die Aufgabe hatte, das Hinterland im Auge zu behalten. Natürlich waren die Tiere, als wir endlich den Kamm erreichten, von dem aus sie die Wiesen überblickten, längst über alle Berge!
In der Regel ist es besser, sich von der Höhe aus, gegen die Windrichtung und mit der Sonne im Rücken an die Tiere heranzupirschen. 80 bis 120 m ist eine sichere Schußentfernung, aber bei günstigen Bedingungen kommt man noch

Wildbeobachtung mit dem Fernglas auf der Mufflonpirsch ist eine Grundvoraussetzung für die erfolgreiche Jagd.

näher heran. Stets muß man allerdings damit rechnen, daß ein Augenpaar die Gefahr bemerkt und den Schuß in letzter Sekunde unmöglich macht. Bei sicherer Schußentfernung sollte man auf jede unnötige Bewegung verzichten und schnell das richtige Stück aus dem Rudel auswählen. Das tagaktive Wild vermag den Menschen nämlich auch zu eräugen, ohne daß er sich bewegt. Diese Fähigkeit unterscheidet es vom übrigen Schalenwild, dessen Aufmerksamkeit sich nur auf Bewegungen richtet.

Die Lüneburger Heide: erste Heimat des Muffelwildes in Deutschland

Die erste Einbürgerung des korsischen Muffelwildes erfolgte 1902 in der Lüneburger Heide. Die zwischen Hannover und Hamburg liegende, etwa 7 000 km² große Geestlandschaft bot, obwohl keine Gebirgsregion, günstige Voraussetzungen für die Auswilderung des Wildschafs. Die durch Waldrodung entstandene Heidelandschaft mit Zwergstrauchheiden, Wacholder und Erikabewuchs war ideal für die genügsamen Einwanderer. Heute ist die typische Heide durch Landwirtschaft und Aufforstung bedroht, im Naturpark Lüneburger Heide wird jedoch sichergestellt, daß sie nicht verschwindet. Trotz guter Entwicklung der Bestände tauchten aber bald auch Probleme auf, etwa die Einkreuzung von Heidschnucken, einer genügsamen Hausschafrasse, die traditionell in der Lüneburger Heide gehalten wird. Solche Veränderungen des genetischen Erbes bringen unerwünschte Eigenschaften in die ursprüngliche Wildtierrasse (Feldflurschäden, Verbiß). Eine weitere Einbürgerung fand Mitte der 30er Jahre im Solling, einem flachen Mittelgebirgsrücken zwischen Kassel und Hannover statt. Mittlerweile bestehen im deutschen Mittelgebirgsraum einige Populationen, die interessante Jagdmöglichkeiten bieten.

Doch gibt es Kritiker der eigentlich fremden Schalenwildart. Puristen monieren, ähnlich wie beim Damwild, daß der Mufflon nur um des Jagdvergnügens willen ausgesetzt wurde. Dem ist zu entgegnen, daß genetisch reine Bestände gut in die Biotope passen, wenn sie nicht überhandnehmen. Schließlich wurde auch der Fasan früher einmal hier ausgesetzt, ohne Unheil anzurichten. Schwerer wiegen Argumente, die sich auf die landwirtschaftlichen Schäden der durch Einkreuzung von Hausschafen »verdorbenen« Mufflons beziehen. Dort, wo die Felder regelrecht abgeweidet und die jungen Bäume stark geschält und verbissen werden, wird man kaum um einschneidende Maßnahmen wie den Totalabschuß herumkommen. Genehmigungen für die Neugründung von Beständen gibt es heutzutage kaum mehr. In ungeeigneten Gebieten ohne steinigen und sandigen Untergrund kommt es zum Auswachsen der Schalen.

Nordamerika: die Bighorns der Rocky Mountains

Der Begriff »Bighorn« kommt unter anderem von dem Namen des größten Flusses, der durch den Yellowstone-Nationalpark fließt, der Little Bighorn. An seinen Ufern wurde das siebte amerikanische Kavallerieregiment General Custers von den Indianern unter Führung der legendären Häuptlinge Sitting Bull und Crazy Horse geschlagen.

Man unterscheidet zwei Hauptformen des Bighorn:

– Die nordische Form (Art oder Unterart, da gehen die Lehrmeinungen auseinander) mit dem Namen Dickhornschaf oder Dallschaf kommt in Alaska, im Yukon und in British Kolumbien vor und ist an seinem makellosen weißen Fell zu erkennen. Diese Färbung dürfte eine Anpassung an die strengen Witterungsbedingungen im hohen Norden sein. Die Widder können bis zu 70 kg schwer werden.

– Das eigentliche Bighorn *(Ovis canadensis)*, dessen Widder zwischen 50 und 124 kg wiegen, lebt in gemäßigteren Klimazonen. Es ist in den Rocky Mountains und in mehreren Provinzen Kanadas anzutreffen.

Diese Tiere werden auf der Pirsch gejagt, oft tagelang und meist hoch zu Pferde! Die Legende vom wilden Nordwesten wird hier zur Realität!

Dieser kapitale Dallwidder wurde auf der Pirsch in Alaska erlegt.

Ansprache eines Widders zwecks Hegeabschuß

Decke und Verfärbung: Helle, isabellfarbene (hellbraune) Decke, anormale weiße Flecken und gekräuselte Haare sind Kriterien für einen Abschuß, da sie auf eine starke Kreuzung mit dem Hausschaf hinweisen. Ein Widder sollte jedoch stets einen gut sichtbaren weißen Fleck auf dem Rücken haben (Sattelfleck).

Bart: Er sollte üppig, schwarz und möglichst lang sein.

Schnecken: Sie müssen schwarz und wulstig sein sowie eine starke Krümmung aufweisen. Alle asymetrischen, hellen, nur leicht gekrümmten Hörner rechtfertigen einen Hegeabschuß.

Zwei Beispiele für eine atypische Schneckenbildung, die einen Hegeabschuß rechtfertigen

Die Ansitzjagd

Die Ansitzjagd erfolgt wesentlich weniger häufig als die Pirsch, da das sehr unstet lebende Muffelwild weit umherzieht und keinen festen Wechsel einhält. Die Rudel ziehen oft auch nur durch den Hochwald und meiden offene Flächen.

Die Auswahl der geeigneten Plätze für einen Hochsitz muß ganz nach den lokalen Gegebenheiten wie Äsung und Deckung und der Erfahrung alter Jäger vorgenommen werden. Regeln lassen sich nicht festlegen.

Nicht selten kommt es jedoch vor, daß beim Ansitz auf anderes Schalenwild ein Rudel Muffelwild zufällig auftaucht. Dann heißt es, sich absolut regungslos zu verhalten, denn die scheuen Tiere sehen den Menschen selbst auf recht weite Entfernungen.

Das Vorkommen des korsischen Mufflons weltweit

Der korsische Mufflon konnte mit Erfolg in zahlreichen europäischen Ländern eingeführt werden – in Deutschland, Ungarn, im ehemaligen Jugoslawien, in Österreich, in der ehemaligen Tschechoslowakei, in Italien, Rußland, Holland, Finnland, Dänemark, Luxemburg, der Schweiz und in den US-Staaten Texas, Kalifornien und Hawaii sowie auf der Kerguelen-Inselgruppe. Aufgrund seiner hohen Anpassungsfähigkeit fühlt er sich in den unterschiedlichsten Biotopen wohl. Das Vorkommen wird weltweit auf über 30 000 Mufflons geschätzt, zwei Drittel davon lebt in Europa und im Westen des Urals.
Auf Sardinien, wo das Muffelwild ebenfalls ursprünglich vorkommt, wird sein Bestand auf 1 000 geschätzt, dazu kommen 300 Tiere der Inselgruppe Asinara und 200 Tiere des Reservats Tomponi am Kap Figaro. Auf Korsika teilt sich die Population in zwei Gruppen auf: in den Bestand von Asco (Monte Cinto) mit 350 Tieren und in die etwa 100 Tiere starke Gruppe von Bavella (Südkorsika). Auf Korsika wurde die Jagd ganzjährig verboten, um die ursprüngliche Population zu erhalten, die zum Naturerbe der Insel zählt.
Der Bestand auf dem französischen Festland lebt in den Alpen und wird auf etwa 6 000 Stück geschätzt.
Die hauptsächlich im deutschen Mittelgebirge und in Norddeutschland lebende Population verteilt sich auf mehrere nicht zusammenhängende Gruppen und dürfte etwa 7 000 Stück betragen.
Häufig ist das Muffelwild auch in Wildgattern anzutreffen, wo es seine Scheu weitgehend verloren hat.

Waffen und Munition

Bei diesem Thema gehen die Meinungen der Experten auseinander. Manche empfehlen leichte Kaliber (beispielsweise die 6,5 x 68), die zweifelsohne hervorragend geeignet sind.
In Anbetracht der oft erstaunlichen Schußhärte gerade älterer Widder empfehle ich die von mir allgemein für die Hochwildjagd benutzte 7 x 64. Der »Klassiker« bewahrt einen auch vor bösen Überraschungen, sollte zufällig einmal ein Schwarzkittel auftauchen. Zu vertreten ist sicherlich auch die Wahl der .270 Winchester, der 7 x 57 oder .30–06. Größere Kaliber sind nicht nötig.
Die Wahl der Waffe bleibt hauptsächlich dem Geschmack und den Vorlieben des Jägers überlassen. Verwendet werden die auch für die üblichen Schalenwildarten benutzten Kombinationswaffen und die von der Schußleistung meist etwas besseren Repetierer. Zu bedenken ist auch immer, daß man bei der Pirschjagd jedes Gramm selbst tragen muß. In dieser Hinsicht schneiden die sehr grazilen, einschüssigen Kipplaufbüchsen am besten ab.

Dieser etwa drei Jahre alte Mufflon wurde auf der Pirsch erlegt. Vielerorts werden im Rahmen strenger Abschußpläne vorzugsweise Jungtiere und Schafe geschossen, um die Entwicklung von alten und kapitalen Widdern zu fördern.

1 – Getreidefelder: *Nachts fallen die Enten gern auf abgeerntete Felder ein, wo sie Körner aufnehmen.*

2-3-4-6-15 – Feuchtwiesen mit niedrigem Bewuchs, *im Hintergrund Schottische Hochlandrinder, sind für Reiher und Storch gut geeignet als Nahrungsquelle (Frösche); auch Schnepfenvögel schätzen diese selten gewordenen Zonen.* ***6 –*** *Hier hat der Bewirtschafter das Schilf zurückgeschnitten und eine freie Fläche geschaffen.*

5-9-10-11 – Der Wasserpflanzengürtel *setzt sich wie folgt zusammen: unter Wasser wurzelnde Pflanzen (Segge, Binsen, Schilfrohr, Rohrkolben), treibend-schwimmende Pflanzen (Seerosen, Laichkraut, Hornblatt, Wasserlinsen) und Wasserpflanzen, die im Grund wurzeln (Tausendblatt, Kanadische Wasserpest). Dieses Biotop bietet Entenvögeln ein reichhaltiges Nahrungsangebot: junge Triebe, Insekten, verschiedene Larven von Weichtieren, Lurche und kleine Fische. Auch die Entenküken finden hier leichte Nahrung.*

7 – Das Schilf *bietet vielen Wasservögeln Schutz und gleichzeitig bevorzugte Nistplätze.*

8 – Binsen- oder blaue Pfeifengrasbüschel *mitten im Gewässer sind ebenfalls geeignete Nistplätze.*

12 – Eine bewaldete Insel *ist für die Fortpflanzung der Entenvögel sehr förderlich. Dort können sie am Boden oder in hohlen Weidenstämmen nisten.*

13 – Weidenbüsche am Rand des Gewässers *bieten gleichfalls gute Nistmöglichkeiten.*

14 – Ein Schirm aus Bäumen *kann für Treibjagden von großem Interesse sein, da die Enten dadurch relativ hoch fliegen müssen, bevor sie die Schützenlinie passieren.*

16 – Die Ausbuchtungen eines Teichs *bieten das gleiche Nahrungsangebot wie der obengenannte Vegetationsgürtel.*

17 – Der Nistkorb, *dessen Eingang nach Süden zeigt, sollte sich vor dem Schilf befinden.*

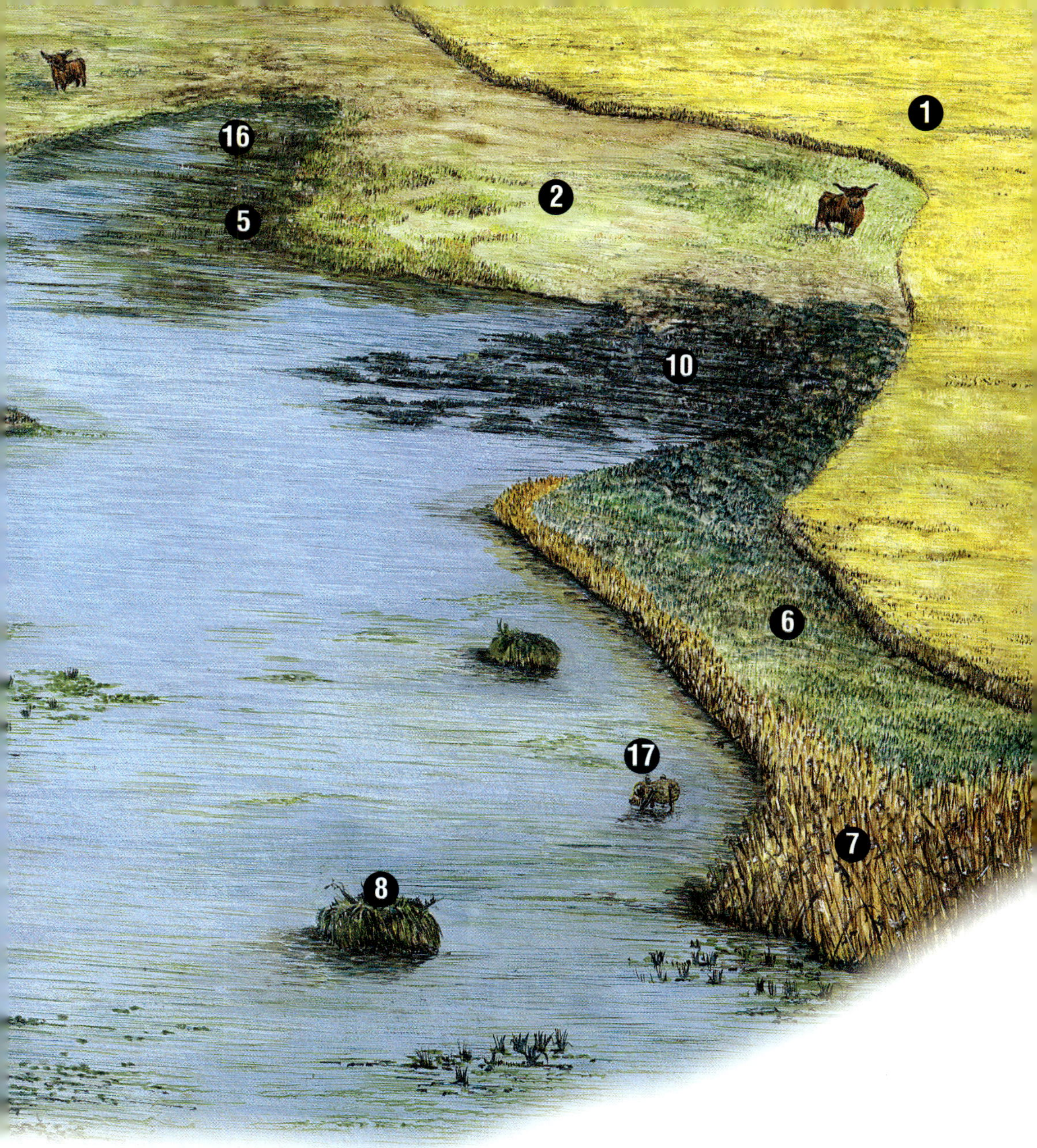

Die Wildente

Das abgebildete Biotop ist der ideale Lebensraum der heimischen Stockente. Das ganze Jahr hindurch findet sie hier Nistplätze, ausreichend Nahrung und Schutz vor Beutegreifern.
Wichtig ist die Vielfalt dieses Biotops. Es handelt sich um einen flachen Teich von geringer Tiefe, wie er in Karpfenzuchtgebieten vielfach anzutreffen ist. Das Schilf, die Laichkraut- und Seerosengürtel, die in niedrigen Gewässern wachsen, bieten den Wasservögeln reichhaltige Nahrung und Nistmöglichkeiten. Zusätzlich hilfreiche Maßnahmen sind die Bekämpfung von Ratten und Winterfütterungen an offenen Gewässerstellen.
Doch die besondere Anpassungsfähigkeit der Stockente führt zur Besiedlung auch scheinbar nicht gut geeigneter Gebiete. So ist sie ständige Bewohnerin unserer Stadtparks und Freizeitseen.

Ursachen für einen Bestandsrückgang

Die größte Bedrohung für die Entenvögel liegt in der Zerstörung ihrer Lebensräume. Eine zu starke Bejagung in ihren Winterquartieren in Afrika kann für einige Arten ebenfalls dramatische Folgen für die Populationsdynamik haben.

Der Verlust von Feuchtgebieten

Seit Jahren gehen Feuchtgebiete in einer riesigen Größenordnung verloren – Torfmoore, Sümpfe, frei fließende Gewässer, Gewässer, die natürlich oder künstlich, dauernd oder zeitweilig, stehend oder fließend, Süßwasser, Brackwasser oder Salzwasser sind, einschließlich solcher Meeresgebiete, die eine Tiefe von 6 m bei Niedrigwasser nicht übersteigen.

Der Eingang des Nistkorbs sollte stets nach Süden zeigen.

Meist hatten und haben wirtschaftliche Argumente die Oberhand über ökologische Einwände behalten. Selbst der unsinnige Torfabbau für den leicht zu ersetzenden Gartenmulch läßt sich nicht stoppen. Der Grundstein für die Zerstörung der Moore wurde schon Ende des 19. Jahrhunderts gelegt. Die Begradigung der Flüsse und die Anlage von Abflußgräben brachten die Grundwasserbestände zum Sinken. Das empfindliche natürliche Gleichgewicht war gestört. Das Land wurde urbar, die Wiesen wurden gepflügt und zu Feldern.

Vollends zerstört werden Gebiete, wenn durch Kiesabbau, Industrieansiedlung oder Verkehrswegebau wirtschaftliche Anreize mit dem Deckmäntelchen der Arbeitsplatzschaffung versehen sind.

Fehlende Erhaltungsmassnahmen

Doch auch in der Nichtbewirtschaftung der Feuchtwiesen liegt eine Gefahr. Das nicht mehr gemähte Grünland verbuscht, Erlen und Weiden breiten sich aus, und es entsteht ein Bruchwald. Seltene Moorpflanzen wie Orchideen können an solch einem Standort nicht mehr gedeihen.

Für Moore ist demnach das richtige Gleichgewicht in der Bewirtschaftung entscheidend.

Gegenmaßnahmen

Der Entenvogelschutz hängt in erster Linie von der Erhaltung oder Wiederherstellung der Feuchtgebiete ab sowie von aufeinander abgestimmten internationalen Bemühungen.

Erhaltung der Feuchtgebiete

Wie kurzsichtig die strikte Begradigung der Flußläufe mit der Trockenlegung von Schwemmland aus wirtschaftlicher Sicht ist, zeigen die immer regelmäßigeren Frühjahrsüberschwemmungen an Rhein, Mosel, Donau und vielen anderen deutschen Flüssen. Mit Einsetzen der Schneeschmelze übersteigt die Wassermenge die Kapazität der Flußläufe, und die Flüsse treten über die Ufer. Jahrhundertkatastrophen wie an der Oder richten Milliardenschäden an.

Der Erhalt von Auwaldgebieten und Mooren dient also nicht nur »egoistischen« Zielen der Jäger, sondern bewahrt die Gesellschaft vor Schaden. Andere Verbände wie der Bund Naturschutz und der Landesvogelbund setzen sich für den Erhalt der Feuchtgebiete ein. Es sind hauptsächlich nicht bejagte Arten wie beispielsweise Storch, Wachtelkönig und Brachvögel, die besonderen Schutz benötigen.

Maßnahmen, die von der EU eingeführt wurden, sind ein vernünftiger Weg. Nach Artikel 19 der Verordnung der EU Nr. 797/85 vom 2. März 1985 haben Landwirte, die in sensiblen

Artikel 19 und die Stillegung landwirtschaftlicher Flächen

Artikel 19 der EU-Verordnung, der die Subventionierung von Landwirten vorsieht, die Flächen bewirtschaften, die als bedrohte Lebensräume eingestuft werden, steht in direkter Konkurrenz zu den Maßnahmen zur Aufforstung und Stillegung von Acker- und sonstigen Nutzflächen zur Drosselung landwirtschaftlicher Überproduktion. Die Beträge, die zur Erhaltung von Feuchtgebieten zur Verfügung gestellt werden, liegen deutlich unter den Summen, die für die Flächenstillegung aufgebracht werden.

Biotopen leben (u. a. in Feuchtgebieten), Anspruch auf finanzielle Hilfe. Ferner stellt die Unterstützung von extensiven Praktiken eine interessante Alternative zu Umwandlung oder Aufgabe dar. In Großbritannien hat diese Verordnung, die dort seit 1987 in Kraft ist, große Erfolge erzielt. Die Unterstützung besteht in einem Jahreszuschuß im Rahmen eines Vertrags zwischen Landwirt und Landwirtschaftsministerium. Der Vertrag regelt die Erhaltung von Weideland auf Feuchtwiesen, den begrenzten Einsatz von Düngemitteln, den Verzicht von Drainagemaßnahmen in diesen Gebieten und die Instandhaltung des Wassernetzes.
Läßt sich jedoch auf anderem Wege ein höherer Ertrag erzielen, so wird dieser leider allzuoft eingeschlagen.

Renaturierung der Flussläufe

Eine dagegen vielversprechende Entwicklung zeigt die Renaturierung der Flußläufe. Der Staat kauft die meist ertragsschwachen Flächen neben Fließ-

Die Entenfutterschütte soll die Vögel dazu veranlassen, sich am Teich auf Dauer niederzulassen oder diesen regelmäßig aufzusuchen.

gewässern auf und rekultiviert das ursprüngliche, mäanderförmige Flußbett. Die finanziell allerdings sehr aufwendigen Projekte werden auch von den Naturschützern begeistert auf-

Der ideale Entenweiher
1 – Regelbarer Auslaß *und* ***kleiner Bach als Einlauf (4)***
2-3 – Kleine Nistinseln, *die gleichzeitig Schutz vor Beutegreifern bieten*
5-6 – Hegeflächen *für Schnepfenvögel*
7 – Binsen *(Nistplätze)*
8-9 – Vegetationsgürtel *über und unter Wasser (Nahrungsangebot in entlegeneren Buchten)*
10 – Baumlisiere *für Treibjagd*

1994: Die weltweite Situation der Entenvögel

Auf dem 1994 in Straßburg abgehaltenen Kolloquium »Entenvögel 2000« wurden relativ präzise Angaben über den Stand der Gänse- und Entenpopulationen in der westlichen Paläarktis erarbeitet. Die Ergebnisse waren zum Teil recht erstaunlich.

Die Bestände sind weltweit stabil bis zunehmend

Dies trifft insbesondere für die Graugans, die Bläßgans und die Ringelgans zu, die eigentümlicherweise von den Eingriffen des Menschen (Umwandlung von Moor- und Sumpfgebieten in Weide- und Kulturland) profitiert haben. Es hat sich herausgestellt, daß diese Vogelarten unter den künstlich geschaffenen Bedingungen unerwartete zusätzliche Nahrungsquellen finden. Sie überwintern vor Ort und werden für die Landwirte sogar zu einer wahren Plage. In Holland, so der Niederländer Mennobart van Ferden, ist dieses Phänomen besonders stark ausgeprägt. Paul Rose vom Internationalen Büro zur Erforschung der Wasser- und Wattvögel (BIROE) hat eine detaillierte Aufstellung über unsere Entenvögel vorgelegt, aus der die folgenden Daten hervorgehen:

Stockente (geschont)

- Stockente: stabile Bestände, in Nordwesteuropa und im westlichen Mittelmeerraum leicht zurückgehend. Diese Entwicklung ist erstaunlich, denn die Enten werden in vielen Ländern jedes Jahr zu Tausenden gezüchtet und ausgewildert, sie sind sogar mitten in Großstädten anzutreffen. Eine Erklärung könnte lauten, daß die Zählungen nicht erschöpfend sind und manche privatbewirtschaftete Weiher, an denen zugefüttert wird und auf denen sich Tausende von Vögeln niederlassen, sowie weitläufige Gewässer nicht berücksichtigt werden. Die Abschußzahlen sprechen in Mittel- und Westeuropa eine andere Sprache.
- Reiherente: stabile Bestände,
- Spießente: stabile Bestände,
- Pfeifente: Bestände nehmen in ganz Nordwesteuropa rapide zu.
- Löffelente: Bestände nehmen leicht zu.
- Tafelente: leichter Rückgang (ein Prozent) der Population, aber in Nordwesteuropa stabil; Zunahme in Mitteleuropa, leichter Rückgang im westlichen Mittelmeerraum.
- Krickente: stabile Bestände, Entwicklung gibt jedoch Anlaß zur Beunruhigung.
- Schwäne: Bestände überall zunehmend.

Pfeifent

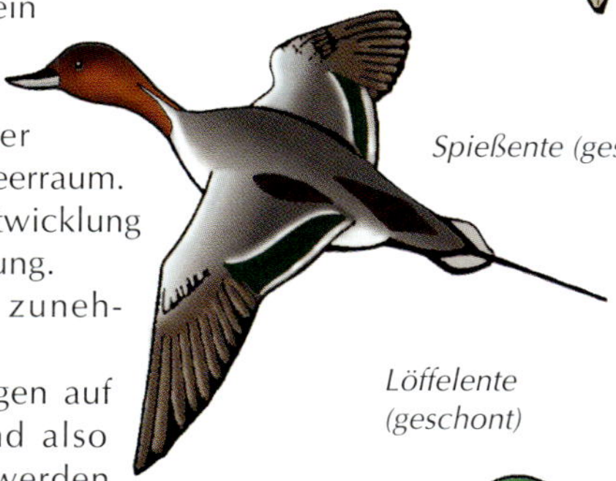

Spießente (geschont)

Löffelente (geschont)

Diese Ergebnisse, die Schätzungen auf globaler Ebene bestätigen, sind also eher ermutigend. Tatsächlich werden 179 Spezies als »nicht gefährdet oder mit geringem Risiko« eingestuft, 29 sind »gefährdet«, elf »ernsthaft in Gefahr« und zehn »vom Aussterben bedroht«. Sieben Arten sind im letzten Jahrhundert ausgestorben. Dabei ist zu beachten, daß von 50 »sensiblen« Arten 41 Entenvögel sind. Vier Gänse- und vier Schwanenarten verzeichnen Bestandszuwächse.

Zählprobleme in der Vergangenheit

Führende Ornithologen räumten ein, daß sie seit der letzten Bestandsermittlung im Jahr 1986 die Bedeutung der Entenpopulationen oft unterschätzt hätten. Ferner meinten sie, daß die Zählmethoden in manchen Bereichen nicht

sehr zuverlässig gewesen seien. Ein weiteres amüsantes Detail: Auf einem Poster, das in der Nähe des Konferenzraumes hing, wurde dazu aufgerufen, die Rothalsgans vor dem Aussterben zu retten. Drei Meter weiter informierte ein anderes Poster darüber, daß noch nie so viele Rothalsgänse am Schwarzen Meer und an den Ufern der Donau gesichtet worden seien.
Für seltene Wasservögel, die auf Inseln nisten, stellen verwilderte Hauskatzen oft die größte Bedrohung dar. Aufgrund ihrer Entwicklung sind Wasservögel nur gegen autochthone Beutegreifer gewappnet, »neuen« Verfolgern sind sie meist hilflos ausgesetzt. Die strenge Bejagung solch biotopfremder Spezies ist eine der wichtigsten Aufgaben der Jäger. Auch eine gezielte Fallenjagd sollte in solchen Situationen durchgeführt werden.

Welche Schlußfolgerungen lassen sich aus diesem Kongreß ziehen?
Wir Jäger haben erfahren, daß die Beschränkungen hinsichtlich Beginn und Ende der Schußzeit sowie die Einstufung von geschützten und nicht geschützten Spezies von Experten erlassen werden, die selbst einräumen, daß ihre Ermittlungen der Entenvögelbestände auf sehr groben Schätzungen beruhen.
Einige Entwicklungen sind wirklich besorgniserregend und können langfristig das Wassergeflügel belasten.
Lösungen wurden vorgelegt: Der Däne Anthony Fox, der am National Environnemental Insitutive von Dänemark beschäftigt ist, hob die Bedeutung der Biotope bei der Entwicklung der Enten- und Gänsepopulationen hervor: »Biotopverbesserungsmaßnahmen bei gleichzeitiger zahlenmäßiger Kontrolle von Beutegreifern an den Nistplätzen führen zu sensationellen Ergebnissen.«

Tafelente (geschont)

Krickente

Höckerschwan; diese jagdbare Art hat sich in den letzten Jahren stark vermehrt.

Graugans

Zum Abschluß noch eine erstaunliche Tatsache: Die Bestände der Gänse- und Entenvögel sind in Rußland, Asien und den Entwicklungsländern bedroht, überall dort, wo Jagddruck, Städtebau und sonstige Störfaktoren kaum eine Rolle spielen.
Die Experten sind ratlos, betonen jedoch, daß es vorrangig die lokalen Standvögel sind, deren Bestandsentwicklung rückläufig sei. Als Gründe werden aufgeführt: starke Wilderei an den Nistplätzen, landwirtschaftliche Maschinerie in Osteuropa und auf manchen Inseln hohe Verluste durch Beutegreifer.

Das Wattenmeer: Knotenpunkt der Wasservogelzüge

Vor allem an der Nordseeküste mit ihren vorgelagerten Inseln und Halligen hat sich ein Biotop erhalten, das besonders zu Zeiten der Vogelzüge in oder aus den nördlichen Gebieten als Rast- und Futterplatz dient. Auf kleiner Fläche halten sich oft Hunderttausende von Enten, Gänsen und Stelzvögeln auf.
Umstritten ist die Bejagung in dieser Zone. Naturschützer fordern die Einrichtung eines Nationalparks mit völligem Jagdverbot. Dadurch fühlen sich aber die einheimischen Jäger in ihren jahrhundertealten Jagdrechten berührt.

Eine Auswilderungsvoliere bindet ausgesetzte Enten an den Weiher.

genommen. Nicht nur das Wasserwild profitiert von den neuen Nist- und Deckungsmöglichkeiten, auch die Pflanzen- und Fischwelt gewinnt an Lebensraum. Positiv auf die Wasserqualität wirkt sich auch der fehlende Düngereinsatz in diesen Zonen aus. Es bleibt zu hoffen, daß sich das eintönige Gesicht der begradigten Wasserläufe in der Zukunft wieder etwas wandeln wird. Doch es ist unbestritten, daß die Natur früherer Generationen zum größten Teil Illusion bleiben wird.

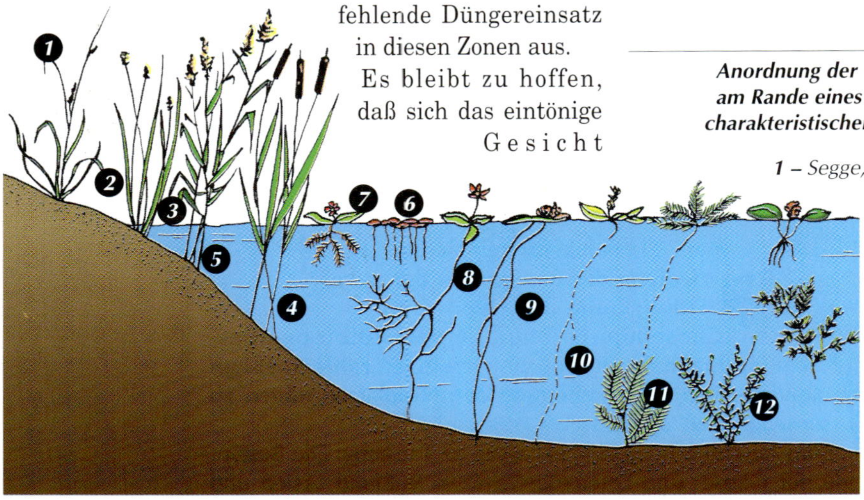

Anordnung der Vegetation am Rande eines Teichs mit charakteristischer Abstufung:

***1** – Segge, **2** – Binsen, **3** – Schilfrohr, **4** – Rohrkolben, **5** – Schilfrohr, **6** – Wasserlinsen, **7** – Wassernuß, **8** – Laichkraut, **9** – Seerosen, **10** – kleines Laichkraut, **11** – Tausendblatt, **12** – Kanadische Wasserpest.*

Die Jagd – Anreiz zur Erhaltung von Feuchtgebieten

Stellungnahme von Mike Moser, Direktor des Internationalen Büros zur Erforschung der Wasser- und Wattvögel (BIROE)

Mike Moser, einer der größten Experten für Wasser- und Wattvögel, zeigt sich erfreut über die positive Entwicklung der Entenvögel in Westeuropa. In Osteuropa und in den Entwicklungsländern hingegen ist die Situation weitaus besorgniserregender. Die im Süden und Osten Europas eingeführten neuen landwirtschaftlichen Verfahren haben zu starken Rückgängen dieser Vogelbestände geführt. Griechenland beispielsweise verzeichnete in nur wenigen Jahren einen Verlust von 60 Prozent seiner Feuchtgebiete.

Die Jagd hat in diesem Zusammenhang nicht nur negative Auswirkungen. Sie ermöglicht u. a. den Erhalt von Feuchtgebieten. So wurden in der französischen Camargue weite Gebiete nicht trockengelegt. Darüber hinaus wenden die Jäger hohe Summen für die Erhaltung der Umwelt auf. In England haben Jäger beipielsweise Briefmarken herausgegeben, die zu 5 Pfund (etwa 15 DM) verkauft werden. Der Erlös aus dieser Aktion fließt direkt in den Umweltschutz.

Die Bejagung der Wildente

Die Wildentenjagd ist eine sehr fesselnde Jagd, zum einen wegen der unbeschreiblichen Schönheit der Jagdgebiete, zum anderen wegen des sehr scheuen und wachsamen Wildes. Zudem sind die Enten äußerst widerstandsfähig, was sich insbesondere im Winter zeigt.

Die Jagd in Stiefeln

Diese Jagdart hat sich noch in Gebieten mit Küstenlandschaft und ausgedehnten Moorgebieten erhalten. Sie wird viel in Küstenländern durchgeführt, kann aber auch in Südamerika, etwa in Venezuela, ausgeübt werden.

Im Gegensatz zu der Treibjagd, die unter Teilnahme von mehreren Personen straff organisiert abläuft, ist die Jagd in Stiefeln ideal für Jäger, die einsame und wilde Landschaften lieben, dort wo Wasser und Erde eins werden, wo reiche und atemberaubende Jagdgründe warten! Unkalkulierbar, gefahrenreich, ungewiß – ein ungewöhnliches Abenteuer, das gute Kenntnisse über das Gelände und die Gewohnheiten der zahlreichen dort anzutreffenden Vogelarten voraussetzt. Wer ein wahrhaft passionierter Jäger ist, läßt sich auch nicht von Schlechtwettervorhersagen abhalten. Im Gegenteil, er ist außer sich vor Freude, läßt umgehend Frau und Kinder zurück und macht sich mit seinem Retriever auf den Weg. Denn »Hundewetter« oder »Saukälte« haben für einen »Breitschnabeljäger« eine ganz andere Bedeutung. Schlechtes Wetter ist nämlich ein Segen für ihn, den er voller Ungeduld herbeisehnt, voller Hoffnung, denn ein plötzlicher Kälteeinbruch im Herbst oder Winter bedeutet – nicht immer, aber oft – die Ankunft neuer Zugvögel.

Der Hund spielt bei dieser Jagd eine tragende Rolle. Er sucht nur kurze Strecken, aber sehr methodisch. Er sollte mutig, gehorsam, eine feine Nase und zudem die Fähigkeiten eines Retrievers haben. Kein Vogel ist so schwer zu finden, wie eine krankgeschossene Stock- oder Krickente. Die Stockente legt dabei im flachen Gelände oft weite Strecken zurück, um ihrem Verfolger zu entkommen. Die Krickente taucht im Schilf unter und hält nur die Schnabelspitze über Wasser, um Luft zu holen.

Zu Beginn des Herbsts tauchen in den Zugvogelgebieten die ersten Flüge aus dem Norden auf, einige überwintern in den milden Küstengebieten, andere sind nur auf der Durchreise. Zugvögel sind extrem wachsam. Sie haben einen scharfen Gesichtssinn und nehmen das leiseste Geräusch wahr. Das Anpirschen muß so lautlos wie möglich erfolgen, meist

Auf den Hochebenen mit Torfmooren sind die kleinen Krickenten (die sogenannten Halbenten) keine seltene Beute.

sogar auf dem Bauch liegend auf allen vieren. Schlechtes Wetter oder starker Wind, der die Äste in den Bäumen bewegt, werden dabei gern hingenommen, da sie die Geräusche des Pirschens übertönen.

In dieser Jahreszeit kann es bereits die ersten Überschwemmungen geben. Dann lohnen sich vor allem die von der Überschwemmung am stärksten betroffenen Gebiete, die ruhigen und seichten Gewässer, die reich an Nahrung sind und etwas abseits vom Hauptstrom des hochwasserführenden Flusses liegen. Im Wasser stehende Waldbestän-

Die Erforschung der Wanderungen des Wassergeflügels

Wasserwild, vornehmlich Enten und Gänse, eignen sich gut zur Erforschung der Wanderungen, da sie leicht zu beringen sind und auch häufig geschossen werden. Die um die Ständer angebrachten Ringe sind mit einer Nummern- und Buchstabenfolge versehen.

Erlegt man einen markierten Vogel, so sollte man den Ring abnehmen, glattbiegen und entweder an die Vogelwarte Radolfzell am Bodensee (PLZ 78315) für Süddeutschland oder an die Vogelwarte Helgoland mit Sitz in 26388 Wilhelmshaven für Norddeutschland schicken. Von dort kann man auch selbst Ringe bekommen, wenn man die Gelegenheit hat, Jungvögel zu markieren. Es dürfen auf keinen Fall zu kleine Ringe verwendet werden, da sonst die Altvögel einmal jämmerlich daran eingehen.

Dank internationaler Kontakte können dann Alter und Herkunft der meist als Küken markierten Vögel bestimmt werden. Man sollte das Erlegungs- oder Funddatum und den Ort angeben.

Ich selbst erlegte in einem strengen Winter einen Stockenten-Erpel, der nahe dem damaligen Leningrad markiert worden war. Er hatte Tausende von Kilometern zurückgelegt, bevor er mir vor die Flinte kam. Der Zug von Enten aus diesen weitentfernten Regionen erfolgt, wenn die dortige Frostkälte so stark ist, daß praktisch alle verfügbaren Gewässer zugefroren sind. Den guten Fliegern fällt es dann nicht schwer, die angestammte Heimat zu verlassen und in wärmere Gefilde auszuwandern.

de werden zu bevorzugten Einständen der Krickente.

Mit dem Eintreffen der ersten Zugvögel machen sich auch die Jäger an der Küste auf und durchstöbern die Feuchtgebiete bei Niedrigwasser, wobei sie kleinen Tümpeln und Wasserarmen besondere Aufmerksamkeit schenken, da sich Enten dort mit Vorliebe aufhalten. Manche Vögel, die eigentlich im Norden Europas überwintern, suchen bei uns Schutz vor allzu harten Wintern und plötzlichen Kälteeinbrüchen. Wenn die Tümpel und Teiche zugefroren sind, lohnt es sich, fließende Gewässer aufzusuchen und dabei systematisch die kleinen Buchten und zurückliegenden Stellen unter Beobachtung zu halten, da diese Plätze gern von Enten angeflogen werden, die den zugefrorenen Wasserflächen ausweichen. Bei starkem Frost sollte ein

Verschiedene Anordnungsmuster für die Schirmjagd in Frankreich

Die Jagd vom Schirm aus ist eine französische Spezialität, die in erster Linie am Ärmelkanal und an der Atlantikküste ausgeübt wird. Auf zumeist eigens dafür angelegten Teichen wird das Wild mit Hilfe von lebenden Lockvögeln angelockt, deren Anordnung der Schlüssel zum Erfolg ist und großer Erfahrung bedarf.

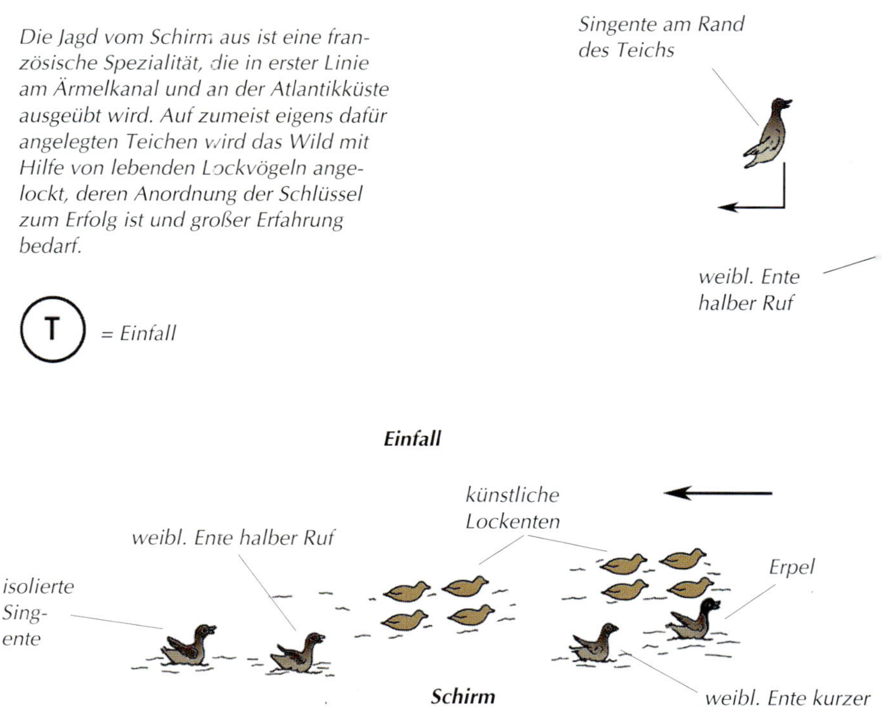

Jäger nur einen robusten Hund ins Wasser schicken. Wichtig ist das Mitführen eines Handtuchs, um den Vierbeiner sorgfältig abzutrocknen. Nach der Jagd gehört der Hund so lange in einen geheizten Raum, bis das Fell vollkommen trokken ist.
Vorsicht gebietet sich bei zugefrorenen Flächen, ein einbrechender Hund ist in höchster Lebensgefahr.

Die Verwendung lebender Lockvögel ist in der Bundesrepublik verboten.

Die Treibjagd an Teichen

In Regionen, in denen es sehr viele Teiche gibt, wie in Fischzuchtgebieten, hat die Treibjagd Tradition. Sie wird im ersten oder in den ersten Monaten nach der Jagderöffnung ausgeübt. Auch wenn sie sicherlich

Die Jagd unter einem Schirm am Strand

Der Schirm kann eine einfache Plane sein, die den Jäger verbirgt, der in einer Sandmulde liegt. Diese Art der Ansitzjagd erfolgt an den Küsten Frankreichs auf Vögel, die bei einströmender Flut das Watt verlassen, um Binnengewässer aufzusuchen.

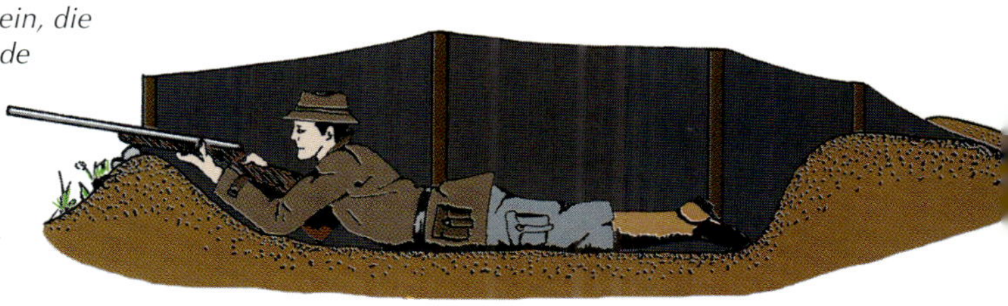

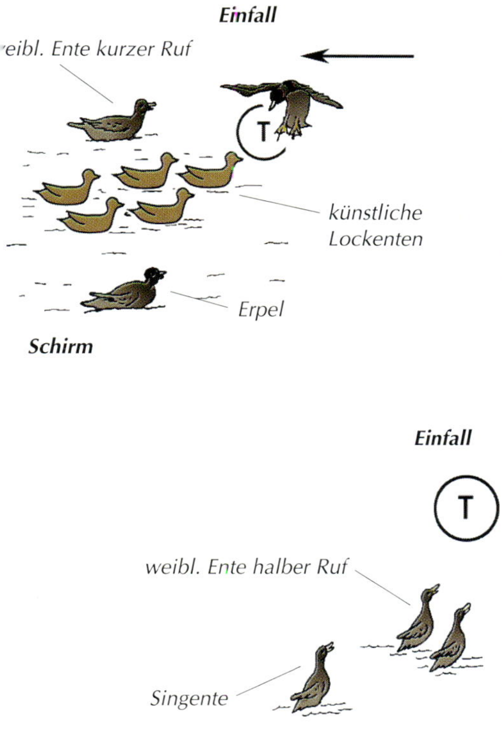

Die Lockvögel werden je nach Region und Präferenzen des Jägers auf unterschiedliche Weise angeordnet. Die Zusammenstellung der Gruppe ist u. a. abhängig von der Windrichtung und der Größe der vorüberfliegenden Schwärme. Oft kreuzen Jäger auch mehrere Rassen, um Hybriden zu erhalten, die ihre Artgenossen besonders erfolgreich anlocken.

Hunde für Wassergeflügel

Ein Hund mit den allerbesten Fähigkeiten ist für den Entenjäger gerade gut genug. Er muß die feine Nase eines Retrievers haben, und zu keinem Zeitpunkt darf er wasserscheu sein. Der Jäger sollte es jedoch vermeiden, den Hund von der Mitte eines zugefrorenen Sees eine Ente apportieren zu lassen. Bricht die Eisschicht, bedeutet das für den Hund beinahe unweigerlich den Tod. Wenn er sich im kalten Wasser aufgehalten hat, sollte er nach der Jagd gut trockengerieben werden.

Es gibt mehrere Rassen, die sich für diese schwierige Jagd gut eignen. An erster Stelle sei der Labrador genannt – aufgrund seiner dichten, rasch trocknenden Unterwolle, seiner Robustheit, Hartnäckigkeit und Gelassenheit, und nicht zuletzt wegen seiner Vorliebe für Wasser und gute Arbeit. Ein Labrador gibt eine Suche nie auf, bevor er das geschossene Stück Wild nicht gefunden hat. Natürlich gibt es auch noch andere Rassen, die bei dieser Jagd gute Leistungen erbringen wie der Deutsch-Langhaar oder der Wachtelhund, die mit unerschöpflicher Energie selbst die dichtesten Schilfgürtel durchstöbern.

Vorstehhunde englischer und kontinentaler Herkunft eignen sich ebenfalls gut für die Entenjagd. In der kalten Jahreszeit braucht der Vierbeiner jedoch ein dickes Fell.

Der Labrador ist der Wasserhund par excellence.

nicht so sportlich ist wie die Jagd in Stiefeln, so bietet sie doch reizvolle Schußgelegenheiten, die bei gutfliegenden Wildenten ein hohes Maß an Geschicklichkeit erfordern.

Kritisch zu beurteilen ist die Praxis in Frankreich und in den Ländern Osteuropas, speziell für die Treibjagd Enten auszusetzen. Solche Exemplare sind dann meist nicht richtig scheu und lassen sich nur mit Mühe aus den Teichen heraustreiben. Wilde Enten hingegen sind sehr vorsichtig und streichen bei der geringsten Störung rasch ab.

Der Leiter der Treibjagd muß über die Anflüge der Vögel je nach Windrichtung bestens informiert sein, um die Schützen entsprechend anstellen zu können. Die Schützen nehmen ihre Posten leise ein und warten bewegungslos, bis die ersten Vögel abstreichen. Die Schützenlinie befindet sich hinter einem Baumgürtel, der den Teich einrahmt. Er verbirgt die Schützen vor den Augen des Wildes und zwingt die Enten, an Höhe zu gewinnen, so daß sich den Schützen sehr gute Schußgelegenheiten bieten.

Auf den großen Teichen wird oft ein

Enten auf der Treibjagd sicher zu treffen, ist ein schwieriges Unterfangen, insbesondere, wenn man es mit gutfliegenden Wildenten zu tun hat.

Jagd in einem traditionellen Holzboot. Die Pirsch muß sehr vorsichtig sein.

Boot eingesetzt, um die Vögel, die sich auf tiefem Wasser aufhalten, aufzujagen. Zu Beginn der Jagdsaison ist es wichtig, die dichten Schilf- und Binsengürtel zu durchstöbern, in denen sich gern die jungen Wildenten verstecken. Ein guter Stöberhund – Springer oder Wachtelhund – wird die gewitzten Vögel schnell aufjagen. Der angestellte Schütze muß in Begleitung eines ausgezeichneten Retrievers sein, der die Enten apportiert, die in der dichten Sommervegetation am Rand des Gewässers niedergehen. Das Apportieren muß ein Jagdhund schon gelernt haben, bevor er mitgenommen wird. In der Hektik der Jagd prägen sich ungeübte Hunde nur Untugenden ein.

Die Jagd zu Boote

Diese Jagdart ist typisch für große Flüsse und wird in erster Linie in den Wintermonaten ausgeübt, wenn sich auf den Flüssen besonders viele Enten aufhalten. Bei strengem Frost frieren nämlich die umliegenden Teiche zu, so daß die Enten auf die breiten Flüsse ausweichen.

Ferner spielt die Wasserführung der Flüsse eine Rolle: Je höher das Wasser steigt, desto mehr Entenvögel finden sich auf den Flüssen ein.

Die Jagd zu Boote besteht darin, sich mit dem Strom treiben zu lassen – vorbei an ruhigen, mit Schilf bewachsenen Einbuchtungen, entlegenen Bereichen und sanften Schleifen des Flusses –, auf der Suche nach den Vögeln, die sich im dichten Ufergestrüpp verstecken. Die äußerst scheuen Vögel erheben sich oft erst im letzten Augenblick oder im Rücken der Jäger!

Ein guter Retriever kann auch hier hervorragende Dienste leisten, aber Vorsicht bei gefährlichen Strömungen und Strudeln. Der Ruderer muß zudem darauf achten, daß sein Kahn nicht mit den zahlreichen treibenden Baumstämmen kollidiert.

Die Begradigung und Kanalisierung der großen Flüsse macht diese Jagdart vielerorts zunichte, da Buchten mit Ufergestrüpp und Bereiche mit Altwasser nicht mehr in erforderlichem Ausmaß vorhanden sind.

Der grüne Spiegel einer Krickente

Die Tauchente braucht beim Auffliegen einen längeren Anlauf auf dem Wasser. Bei der Nahrungssuche kann sie bis zu 5 m tief tauchen.

Die Stöberjagd am winterlichen Fluss

Wenn im Winter die Teiche zufrieren, konzentrieren sich die Enten in den Flüssen. Da es sich um das Ende der Jagdzeit handelt, sind die Tiere schon äußerst mißtrauisch und streichen bei jeder kleinsten Unachtsamkeit ab.
Die Taktik besteht darin, daß ein Jäger mit Hund die Enten stromaufwärts treibt, damit sie an den verdeckt stehenden Schützen im Flußbett vorbeistreichen. Der theoretisch einfach klingende Plan wird oft von der Klugheit der »Breitschnäbel« durchkreuzt. Für ins Wasser gefallene Vögel benötigt man einen ausgezeichneten Apportierer, der die Tücken der Flußströmung kennt. Mit Kieselsteinen kann man den Hund dirigieren!

Der Entenstrich

Am Ende des Tages verlassen die Enten ihre Tagesquartiere (große Teiche, Seen, Buchten und Flußmündungen) und suchen Sümpfe, Felder oder kleine Teiche auf – ihre nächtlichen Nahrungsgründe, wo sie sich vor Menschen und Beutegreifern sicherfühlen. Das ist der sogenannte »Nachtstrich«. In den frühen Morgenstunden verlassen sie diese Orte und nehmen auf dem »Morgenstrich« den gleichen Weg wieder zurück. Für Jäger ist das eine besonders günstige Zeit, den Enten unter den bestmöglichen Schußbedingungen in der Luft, d. h. in den bekannten Flugkorridoren oder bei ihrem Einfall, aufzulauern. Fundierte Kenntnisse über Gelände und Gewohnheiten der Tiere sind die Voraussetzung für den

Waffen und Munition

Der passionierte Entenjäger, der bei jedem Wetter draußen ist, egal ob es regnet, schneit, stürmt, gewittert oder friert, braucht eine robuste und zuverlässige Waffe.

Die Waffen

Die am häufigsten verwendeten Flinten für die Entenjagd sind Bockdoppelflinten mit einem 12er Kaliber. Bei weiten Schüssen empfiehlt sich ein 3/4- oder Vollchoke zur engen Bündelung der Schrotgarbe. Unter älteren Jägern ist noch der Zwilling mit 16er Kaliber verbreitet. Eine eher neue »Mode« ist die Verwendung von 20er Flinten mit den 76 mm langen Magnum-Patronen. Sie erlauben bei engem Choke erstaunlich weite Schußdistanzen. Zudem sind sie leichter als die anderen Flinten. Bei Schüssen auf geringe Entfernung sind natürlich Flinten mit geringem Choke oder Zylinderläufen von Vorteil, da die Garbe besser streut. In Küstengegenden, wo auch auf Gänse gejagt wird, schwören erfahrene Schützen auf 90 cm lange Läufe und 10er Schrotkaliber für die hochfliegenden Vögel. Eine solche »Kanone« ist jedoch sehr schwer und hat einen enormen Rückstoß. Vollautomatische Waffen sind in der Bundesrepublik verboten, erlaubt hingegen sind halbautomatische Flinten, die mit bis zu drei Schüssen geladen werden dürfen, und Pumpguns, sogenannte Vorderschaftrepetierflinten. Ist man zur Jagd eingeladen, sollte man eine gewöhnliche, zweischüssige Flinte nehmen, denn nicht jeder Jagdherr schätzt die »Vollernter«.

Die Munition

Zu Beginn der Jagdsaison im September reichen für die Jagd am Strich Schrote der Größe Nr. 7 (2,5 mm). Tragen die Enten ab dem Spätherbst ihr dichtes Winterkleid, sollte man zu Größe 5 oder 6 (3,0 bzw. 2,7 mm) übergehen. Bei Schüssen auf weite Entfernung haben sich Schrotbeutelpatronen bewährt, schießt man, vor allem beim Entenstrich, sehr nah, so lassen sich Streupatronen mit Vorteil einsetzen.

Die Schwimmente hebt senkrecht ab und taucht nur in geringen Tiefen.

Erfolg dieser reizvollen Ansitzjagd, die sich auf einige magische Augenblicke vor Sonnenauf- und Sonnenuntergang beschränkt. Der Einfall läßt sich anhand von Federn ausmachen, die die Enten an den Ufern von regelmäßig aufgesuchten Gewässern zurücklassen. Der Attraktivitätsgrad eines Tümpels oder Teichs für Entenvögel kann durch das Ausstreuen von Körnerfutter (Weizen oder Gerste) am Ufer deutlich erhöht werden.

Je nach Jagddruck steigen die Vögel, die sehr schnell lernen, immer später auf und fallen lange nach Einbruch der Dunkelheit wie Steine vom Himmel. Dann bieten sie nur flüchtige Silhouetten, die sich besonders bei bedecktem Himmel kaum gegen die Wolken abheben. Ein Entenstrich dauert nicht länger als fünf bis 20 Minuten. Um erfolgreich zum Schuß zu kommen, muß der Jäger hervorragend schießen können, außerordentlich gute Augen und ein feines Gehör haben, damit er rechtzeitig das Pfeifen des Flügelschlags vernimmt, das die herannahenden Vögel ankündigt.

Des weiteren braucht der Jäger einen Retriever, der bereitwillig ins Wasser springt und dem der Jäger gegebenenfalls mit einer starken Taschenlampe zu Hilfe geht.

Während des Ansitzes sollte der Jäger sich möglichst still verhalten und tarnfarbene Kleidung tragen. Falls der Hund ein auffallend helles Fell hat, kann er ihn mit einer Decke abdecken.

An großen Gewässern kann man die Enten zu einem gezielten Einfall mit Hilfe von Lockenten aus Kunststoff verleiten. Diese – nicht mehr als ein halbes Dutzend – wirft man mit einer langen Schnur ins Wasser. Ein kleines Senkblei verhindert, daß sie sofort wieder ans Ufer zurücktreiben.

Die Sonne geht langsam am Horizont unter – die magische Zeit des Entenstrichs rückt näher!

Solch ein abgebildetes Hochmoor ist das ideale Biotop für den kleinen Schnepfenvogel. Anders als ihre große Kusine, die Waldschnepfe, liebt die Bekassine die freien, sumpfigen Flächen. Da sie bei uns selten geworden ist, steht sie unter Naturschutz. In West- und Nordeuropa hingegen trifft man sie noch häufiger an.
Der Zugvogel kommt bei uns Ende Februar an und zieht zwischen August und November wieder in den Süden. Aus dem Norden stammende, in unseren Breiten überwinternde Exemplare bezeichnet man als Teilzieher.

Die Bekassine

1 – Moor: *Häufige Niederschläge, die in einem dichten, abflußlosen Becken aufgefangen werden, kombiniert mit einem kalten Klima und einem sauren Boden (pH-Wert 4) schaffen eine sauerstoffarme Atmosphäre, die für das Leben von organische Materie zersetzenden Mikroorganismen ungeeignet ist. Die Zersetzungsprozesse werden dadurch verlangsamt, und es bildet sich Torf – der »Boden« dieser dauerhaften Moore, ein von Bekassinen sehr geschätzter Lebensraum.*

2 – Der nährstoffarme Standort *könnte durch einige Bewirtschaftungsmaßnahmen aufgewertet werden: Auflockerung des Bodens sowie nur äußerst sparsames Versorgen mit Stallmist und anderem leichten, natürlichen Dünger kann die Erde neu beleben und die Entwicklung von Würmern und Weichtieren fördern.*

3-4 – Diese beiden mit Torfmoos stark bewachsenen Teiche, *die Entstehungsorte des Torfes, ziehen jährlich zahlreiche Bekassinen an, sofern die üppige, von den Vögeln nicht sehr geschätzte Vegetation regelmäßig zurückgeschnitten wird. An einigen Stellen sollten jedoch zusammenliegende Schilfflächen Entenvögeln Zuflucht und Nistmöglichkeiten bieten.*

5 – *In solchen Hochmooren gedeihen auch* ***die Schottischen Hochlandrinder.*** *Im Zuge der extensiven Landbewirtschaftung finden sie in solchen Nischen ihre Heimat.*

Ursachen für den Bestandsrückgang

Häufig wird den Jägern die Schuld an den zurückgehenden Schnepfenpopulationen gegeben, insbesondere an den schwindenden Bekassinenbeständen. Die Hauptursache liegt jedoch in der Zerstörung ihrer Lebensräume, für deren Wiederherstellung sich die Jäger verstärkt einsetzen.

Jagd

Die Einführung der Vollschonung der Bekassine mit Aufnahme in das Naturschutzgesetz hat die Bestände nicht deutlich vermehrt. Es muß jedoch angemerkt werden, daß der kleine Schnepfenvogel in anderen Ländern streng bejagt wird. Allein in Frankreich fallen etwa 700 000 Stück pro Jahr der Flinte zum Opfer. Doch auch das sind angesichts der enormen Zugvogelpopulationen aus dem nördlichen Europa nur einstellige Prozentwerte. Der natürliche Zuwachs gleicht solche Eingriffe im allgemeinen mühelos wieder aus. In unseren Breiten kann dem Abschuß der Jäger aus den Nachbarländern also nicht die Schuld für das Zurückgehen der Besätze gegeben werden. Nicht berücksichtigt sind dabei natürlich die Abschüsse in den Winterquartieren der Vögel in Nordafrika. Doch auch diese dürften nicht der Hauptgrund für das Ausbleiben der Schnepfenvögel sein.

Tatsächlich setzen sich unsere Jäger oft am vehementesten und mit finanziellem Aufwand für die Erhaltung von Sümpfen ein. Nicht wenige Areale wären ohne das Engagement der Jäger in Ackerland umgewandelt worden.

Zerstörung der Lebensräume

In bestimmten Regionen ist tatsächlich ein konstanter Rückgang der Bekassinenbestände zu verzeichnen. Warum? Der Verlust der Biotope, in denen sie leben, beträgt jedes Jahr Abertausende von Hektar, die im Namen der Rentabilität für landwirtschaftliche Flächen, Tourismus und Städtebau vernichtet werden. Die großen Sumpfgebiete werden trockengelegt oder nicht weiter unterhalten, was zum gleichen Ergebnis führt. Im Rahmen der unseligen Flurbereinigung mit ihrem »vernünftigen«, jeden Flecken Sumpfland in die Berechnung mit einbeziehenden Ansatz, wurden Bäche begradigt und mit Betonsteinen ausgelegt. Oft reicht die Drainage einer einzigen Feuchtwiese aus, um die Bekassinen eines ganzen Landstrichs zu vertreiben. Ebenso verheerend ist die Torfgewinnung in Moorgebieten. Wertvolles biologisches Material – in Jahrhunderten entstanden – wird aus finanziellen Gründen in überflüssige Gartenerde umgewandelt. Es bleibt zu hoffen, daß die Rückgewinnung von Moorgebieten Schule macht oder zumindest der weiteren Vernichtung Einhalt geboten wird. Vielleicht kehrt der im Volksmund »Himmelsziege« genannte Vogel dann wieder zurück.

Beutegreifer

Gefährdet sind fast ausschließlich Küken oder Gelege, auf die es Krähen, Füchse, Iltisse oder Bussarde abgesehen haben. Die Mortalitätsrate der Vögel entfällt zu etwa 50 Prozent auf Beutegreifer.

Das »Fahrtenbuch« der Bekassine

Bei uns treffen die kleinen Schnepfen ab Ende Februar ein, um mit dem Brutgeschäft zu beginnen. Nach Aufzucht der Jungen starten sie ab August in wärmere Gefilde. Dieser Rückzug dauert je nach Landschaft und Witterung mehrere Monate. Im November sind alle Bekassinen fortgezogen. Aus skandinavischen Ländern treffen selten Teilzieher ein und bleiben den Winter über hier – vorausgesetzt die Biotop- und Klimabedingungen erlauben es.
Die Bekassinen fliegen vor allem nachts und lassen sich vor Sonnenaufgang in den Feuchtgebieten nieder, die ihnen Nahrung bieten. Dort konzentrieren sich in der Hochsaison des Vogelzugs enorme Zahlen der kleinen Stelzvögel. Die wichtigsten Winterquartiere dieser Moorschnepfe sind Irland, Großbritannien, die Iberische Halbinsel, Marokko, Algerien und zu einem geringeren Maß auch der Westen Frankreichs, ein Gebiet, das durch den Golfstrom milde Winter mit wenig Frost aufweist; wichtig für das Finden von geeigneter Nahrung in eisfreien Flachgewässern.

Witterungsbedingungen

Nur extreme und anhaltende Kälteperioden mit mehreren Zentimetern Bodenfrost können den Bekassinen großen Schaden zufügen. Dann sind die Vögel vollständig blockiert: Sie können mit ihrem Stecher die Eisschicht nicht durchbrechen, um Nahrung zu finden, und sind zu schwach, um ihren Zug in die Winterquartiere fortzusetzen, d. h. sie sind zum Sterben verurteilt.

Bewirtschaftung der Bekassinenbiotope

Eines der Geheimnisse der Jagd auf Bekassinen, aber auch ihres Schutzes in winterlichen Kälte- und Hungerperioden besteht in der Bewirtschaftung von feuchten Flächen. Das ist nicht ganz einfach, da die idealen Lebensräume dieser kleinen Stelzvögel einige Voraussetzungen erfüllen müssen:
– ein feuchter Grund, wobei der Wasserspiegel nicht höher sein darf als 5 oder 6 cm. In diesem flachen Wasser sucht die Bekassine mit ihrem langen Schnabel nach verschiedenen Tieren (Würmern, Larven, Insekten, kleinen Weichtieren),
– eine 5 bis 10 cm hohe Kräuterschicht, in der sich die Bekassine verstecken kann. Sie sollte nicht höher sein, da der Vogel sehr mißtrauisch ist und offenes Gelände bevorzugt, um die Gefahr schon von wei-

Die Bekassine fühlt sich in Feuchtgebieten zu Hause. Das Wasser darf jedoch nicht höher als 6 cm sein, damit sie mit ihren stelzenartigen Beinen den Grund noch erreicht.

Torfmoor

Das Torfmoor ist in der Regel ein nährstoffarmes und sehr saures Biotop (pH-Wert 4). Das Torfmoos, der wichtigste Torfbildner, funktioniert wie ein Schwamm und speichert große Wassermengen, so daß eine permanente Feuchtigkeit gegeben ist.

Die Torfmoore werden daher von den Bekassinen, insbesondere während der Zugmonate, regelmäßig aufgesucht. In Frankreichs Hochmooren lassen sich oft Abertausende von Zugvögeln in den Herbstmonaten nieder und bieten dem Jäger spannendes Waidwerk. Die Einsamkeit in solch einer prächtigen und wilden Landschaft mit spärlichen Kuhglocken als einzigem Hinweis auf Zivilisation läßt sich in unserer durch Teerstraßen und schnurgerade Bäche veränderten Heimat kaum mehr finden. Auch in Irland ist das Torfmoor der bevorzugte Lebensraum der Bekassinen – dort, wo Moor, Wasser und Heide die souveräne Trilogie einer Landschaft bilden, wo die Grenzen zwischen Heide und Moor fließend sind und das allgegenwärtige Wasser das dichte Netz von Quellen, Flüssen und Seen in ein blaugrünes, malvenrotes Farbenspiel taucht.

Beweidete Feuchtwiesen

Gewisse Biotope bieten auf natürliche Weise den Bekassinen die Nahrung und Kräuterschicht, die sie brauchen: beweidete Wiesen, die teilweise unter Wasser stehen. Die Rinder halten die Vegetation kurz und bearbeiten gleichzeitig mit ihren Hufen den Boden. Die auf diese Weise entstehenden Unebenheiten im Boden dienen den Bekassinen als Zufluchtsorte. Des weiteren düngen die Rinderherden durch ihre Fäkalien den Boden und fördern die Bioaktivität der Bodenfauna. Im Grunde genommen eignen sich alle Rassen zur Beweidung von herkömmlichen Feuchtwiesen. Einige Rassen liefern jedoch besonders gute Ergebnisse. Die Erhaltung einer rauhen Moorlandschaft, deren Bewirtschaftung einen Sonderfall darstellt, erfordert den Einsatz von widerstandsfähigen Rassen, die sich von der anspruchslosen Vegetation der Sumpflandschaften ernähren wie die Pferde der Camargue in Südwestfrankreich oder die Schottischen Hochlandrinder.

Ein Tier pro 5 ha reicht vollkommen aus, um diese Landstriche zu unterhalten. Es bleibt zu hoffen, daß die Rückbesinnung vieler Menschen auf natürliche Tierhaltung und Fleisch aus solcher Produktion die Bemühungen für eine extensive Landbewirtschaftung erfolgreich werden lassen.

Niststätten der Bekassinen

In der Bundesrepublik liegen mit wenigen tausend Bekassinen keine nennenswerten Nistbestände vor. Die meisten Vögel brüten in Irland, Großbritannien, Dänemark und in den Niederlanden. Weiter nördlich sieht es dann schon anders aus: Es gibt 200 000 Nistpaare in Finnland, 150 000 in Schweden, 200 000 in Island und 55 000 in Norwegen. Beintemer und Markens (1981) zufolge beziffert sich die Brutpopulation auf etwa fünf Millionen Paare. Uns liegen keine Informationen über Sibirien vor – mit seinen nahezu unbegrenzten Sumpflandschaften, die keine Entwässerung kennen, das wahre Paradies für alle Schnepfenvögel und das übrige Wasserwild.

Die meisten Feuchtwiesen werden von Quellen gespeist, die oft das ganze Jahr hindurch Wasser führen – ein wahrer Glücksfall, vor allem, wenn das Wasser reichhaltig vorhanden ist. Bei solchen Gegebenheiten könnte man versuchen, den Wasserfluß so zu steuern, daß er sich wie ein Spinnennetz in kleinen Rinnsalen über die gesamte Wiese verteilt.

Solche Quellen stellen zusätzliche Anreize für die Bekassinen dar. Zum einen bieten sie reichhaltige Nahrung, da sie oft voller kleiner Bachflohkrebse sind.

Zum anderen verhindert das fließende Wasser ein allzuschnelles Gefrieren, der Boden bleibt weich und feucht, wenn er anderswo für die Nahrungssuche bereits zu hart ist. Die Quelle wird so für die Zugvögel, die von extremen Kältewellen geschwächt nach langem Flug erschöpft und ausgehungert bei uns eintreffen, zu

Das Schottische Hochlandrind, das weder Kälte noch Nässe fürchtet, eignet sich hervorragend für die Beweidung von Moorlandschaften, in denen die Bekassinen zu Hause sind.

Erikafarbene Bekassinen und die unvergleichlichen »Ghillies«

Irland ist eines der letzten Jagdparadiese für Bekassinen, ein einzigartiger Lebensraum mit unzähligen Seen und Flüssen, in dem das erikafarbene Heidekraut die Landschaft bestimmt. Hier und da wird sie durch das zarte Grün der Torfmoore unterbrochen. Die wilde Schönheit des Reichs des Wassergeflügels kommt nur der Herzlichkeit seiner Bewohner gleich und natürlich seinen berühmten Bier- und Whiskysorten. In diesem Land, das sich dem Angeln und der Jagd verschrieben hat, in dem die Schatten der Druiden noch unter den tiefhängenden Wolken hervorzulugen scheinen, hat sich ein »ruhiger Menschenschlag« entwickelt, der sich der Tätigkeit eines »Ghillies« widmet, eines Allround-Führers für Angel- und Jagdliebhaber. Diese wahren Experten kennen ihr Terrain in- und auswendig.

John Mangam ist einer von diesen legendären Figuren der irischen Jagdwelt. Er lebt in der wunderschönen Grafschaft Kerry, im Südwesten der irischen Republik, und organisiert Jagden auf Schnepfen, Sikahirsche und Bekassinen. Dieser Nimrod Irlands begann seine Karriere als Radrennfahrer, stieg schnell zum Champion auf und errang viele Siege, unter anderem auch in Frankreich. Zurück in seiner Heimat besann er sich auf die natürlichen Reichtümer der Grafschaft Kerry und übte die Tätigkeit eines »Ghillies« für Reiseunternehmen aus, bis er sich selbständig machte. Inzwischen ist er einer der bekanntesten und gefragtesten »Ghillies« Irlands. Und wie jeder Ire, der etwas auf sich hält, scheut John Mangam keine Mühen, um seine Jagdkunden und -freunde ausschließlich mit den schönsten Erinnerungen an dieses prächtige Land nach Hause zurückkehren zu lassen.

einer äußerst wichtigen Lebensquelle.

Sumpfgebiete und Schilfrohr

Obgleich die Bekassine wie alle Schnepfenvögel von Feuchtgebieten abhängig ist, stellen Schilfrohrgürtel für sie unzugängliche Lebensräume dar, die sie strikt meidet. Bewirtschafter müssen daher das Schilfrohr auslichten. Schaffen sie gleichzeitig freie Stellen, wird das zuvor eintönige Biotop abwechslungsreicher und somit auch für die übrige Fauna attraktiver. Die künstlich angelegten Hegeflächen haben meist die Form eines Dreiecks von etwa 15 bis 20 m auf 50 m, wobei die Länge der Reichweite eines Schrotschusses entspricht. Empfehlenswerter wäre es jedoch, mehrere kleine Flächen mosaikartig oder gegeneinander versetzt anzulegen, denn auf einer einzigen großen Fläche lassen sich die Vögel nur schwer anpirschen. Diese kleineren Flecken sollten sich nach den Hauptwindrichtungen orientieren und durch kleine Pfade, die durch das Schilf führen, miteinander verbunden sein. Dadurch wird der Zugang vereinfacht und ein lautloses Anpirschen ermöglicht.

Vermeidung zu häufiger Störungen

Alle Jäger wissen, daß ein zu regelmäßiger Jagddruck die Vögel im günstigsten Fall noch scheuer macht, im ungünstigsten Fall ziehen sie sich aus den zu stark bedrängten Lebensräumen endgültig zurück. Will man die Vögel auf dem Gelände halten, so darf man sie nicht öfter als einmal pro Woche bejagen. In der restlichen Zeit sollten sie ungestört bleiben und auch nicht unnötig beunruhigt werden. Besonders Störungen beim Morgen- und Abendstrich können dazu führen, daß die Vögel auf andere Gebiete ausweichen.

Das Schilf wird mit einem Mulchgerät zerkleinert und nicht verbrannt, damit die Erdoberfläche nicht »gekocht« und folglich die biologische Aktivität der Bodenoberfläche nicht behindert wird. Die Fläche muß in der Folge regelmäßig gepflegt werden, und es ist darauf zu achten, daß die Kräuterschicht nicht höher steht als 10 bis 15 cm. Schneidegeräte mit rotierenden Blättern sind nicht zu empfehlen, da sie die organische Materie unterpflügen, die Pflanzen an der Oberfläche zerstören und einen sauren Gärungsvorgang fördern.

Ein gewisser Anteil der Schilfbestände muß natürlich bestehen bleiben, da sie für andere Tierarten die perfekte Deckung bieten.

Wasserbewirtschaftung

In Sümpfen ist das Wasser ein lebenswichtiges Element, vor allem, wenn diese Gebiete nicht wie viele Feuchtwiesen durch eigene Quellen gespeist werden. In solchen Fällen muß man auf Bäche und Rinnsale zurückgreifen (Genehmigungen sind bei der zuständigen Behörde einzuholen!) und das Wasser durch kleine Kanäle, gegebenenfalls mit Hilfe einer Motorspritze, die eine Kapazität von mindestens 200 m³/h haben sollte, über das Gelände verteilen. Ziel ist es, das Gebiet konstant feucht zu halten, mit Bereichen, die ganz unter Wasser stehen, aber nicht tiefer als 6 cm. Die Qualität des Biotops läßt sich steigern, indem es regelmäßig mit Mist (einmal im Jahr) oder mit anderem leichten Dünger (drei- bis viermal im Jahr) versorgt wird. Die biologische Aktivität der Bodenoberfläche wird dadurch angeregt und die Biomasse der Bodenmikrofauna, von der sich die Bekassine ernährt, erhöht.

In Irland legen die Bewirtschafter Schafsköpfe aus. Dieses Vorgehen hat sich als sehr erfolgreich herausgestellt, da das Aas nach kürzester Zeit von Maden wimmelt und so zu einem Festschmaus für die Stelzvögel wird. Fischköpfe oder faule Äpfel erzielen ähnliche Dienste.

Solche Praktiken sind für zartbesaitete Naturen freilich weniger empfehlenswert.

Die Bejagung der Bekassine

Die Jagd auf die Bekassine kann im Rahmen einer Treibjagd erfolgen, aber die packendste Art ist die Suchjagd mit dem Hund. Unsere westeuropäischen Nachbarn praktizieren verschiedene Techniken.

Die Jagd in Stiefeln

Diese Bezeichnung ist nicht immer zutreffend. Denn um sich in den kalten Torfmooren Irlands fortzubewegen, trägt man schwere Anglerstiefel, während es für die stundenlangen Märsche durch die Reisfelder oder Sumpfgebiete Marokkos keine passendere Bekleidung gibt als alte Leinenschuhe und ausgediente Hosen, wobei man natürlich darauf achten muß, daß die Schuhe nicht im Schlamm zurückbleiben. Man durchstreift die Gelände, die für Bekassinen geeignet sind, mit oder (auf die Gefahr hin, die Puristen zu erzürnen) ohne Hund.

Der typische Zickzackflug der Bekassine

• Wo halten sich Bekassinen bevorzugt auf?

Einerseits gibt es natürlich die besonders bewirtschafteten Flächen, andererseits gibt es aber auch andere Biotope wie Feuchtwiesen oder Torfmoore, wo sich die Vögel je nach Temperatur und Feuchtigkeitsgehalt des Bodens an unterschiedlichen Stellen aufhalten. Nach den ersten Zügen im August und Anfang September, wenn die Wiesen noch trocken sind, reicht es aus, nach grünen Flecken Ausschau zu halten, die auf fließendes Wasser hinweisen. Dort sind Bekassinen zu finden, in der Regel direkt an der Quelle.

Diese Quellen suchen sie auch auf, wenn die Wiesen unter strengem Frost erstarren. Es sind kleine Pflanzeninseln, die smaragdgrün unter ihrem weißfunkelnden Frostüberzug leuchten. An diesen Stellen stoßen wir Ende Dezember noch auf einige Nachzügler. Aber ist es waidgerecht, die schutzlosen und erschöpften Vögel unter diesen Bedingungen zu schießen? Bei extremen Kältewellen, wenn alle Wiesen und Teiche vollständig unter einer Eisschicht liegen, suchen die Bekassinen die sandigen Uferstreifen der Ströme und Flüsse auf.

• Wie sollte man sich Bekassinen nähern – mit dem Wind oder gegen den Wind?

Dies ist fürwahr ein heißdiskutiertes und vielbeschriebenes Thema, das sich mit der ewigen Streitfrage der Fliegenfischer über das Für und Wider einer echten Fliege vergleichen läßt. Im Grunde genommen geht es doch nur darum, die Bekassine erst in Schußentfernung und nicht bereits vorher hochzumachen! Obgleich der Wind zweifelsohne eine wichtige Rolle spielt, ist es die Häufigkeit der Störungen, und sie allein, die das Fluchtverhalten des Vogels bestimmen. Nicht das Plätschern, das der Hund beim Laufen erzeugt, oder die Sauggeräusche der Stiefel im Schlamm vertreiben die Bekassine. Offensichtlich reagiert sie empfindlicher auf den Anblick ihres »Feindes« als auf dessen Fortbewegungsgeräusche.

Manche Jäger durchstreifen die Moore nur gegen den Wind. Sie gehen davon aus, daß die Bekassine erst im letzten Augenblick auffliegt, weil sie die Anwesenheit des Jägers und seines vierbeinigen Gefährten erst sehr viel später bemerkt. Sie nutzen so den Überraschungseffekt aus. Zudem wird die Arbeit des Hundes enorm erleichtert, der es verstehen muß, sehr flüchtiger Witterung zu folgen. Und doch hat dieses Vorgehen einen Nachteil: Die Bekassine steigt mit dem Wind auf und kann dadurch noch mehr Haken schlagen, was die Treffsicherheit reduziert.

Waffen und Munition

Ein leichtes Gewehr, das sich schnell zur Schulter führen läßt, ist für den schnellen Schuß, der auf der Bekassinenjagd erforderlich ist, gut geeignet. Leichte Gewehre (2,4 bis 2,7 kg) sind sehr zu empfehlen. Man kann auch auf kleinere Kaliber ausweichen – Kal. 16, 20 –, die zwar auf dieses Wild abgestimmt sind, aber dafür einen exakten Schuß verlangen. Es genügen normale, mit 32 g Schrot Nr. 9 (2 mm) geladene Patronen. Bei großer Entfernung ist ein Schrotbeutel von Vorteil.

Andere Jäger wiederum nähern sich den Bekassinenflächen mit dem Wind im Rücken. In diesem Fall fliegt der Vogel in der Regel schon früher auf, dreht sich aber, um mit dem Schnabel im Wind hochzusteigen, wobei er dem Jäger die Seite zuwendet. Ein solcher Schuß ist wesentlich leichter anzubringen, erfolgt jedoch oft aus recht großer Entfernung.

Bei starkem Wind fliegt die Bekassine selten vorher hoch, sondern wartet bis zum letzten Augenblick, d. h. wenn sie durch den vorstehenden Hund gebunden wird – dann kann es passieren, daß sie auf ihrer Flucht zwischen die Beine des Jägers gerät!

• Wann sollte man schießen: Warten oder »Schnappschuß«?

Auch hier gibt es zahllose Theorien. Manche Experten empfehlen sogar, den Vogel in Ruhe im Zickzackkurs aufsteigen zu lassen, da er danach

Die Jagd auf Bekassinen in einem französischen Moorgebiet. Der Vogel hält sich bevorzugt in solchen Sümpfen auf und ist dort zur Zeit des Vogelzugs in großen Zahlen anzutreffen.

Bekassinen-Treibjagd in einem Sumpfgebiet im Süden Korsikas, wenige Kilometer vom Meer entfernt

durchaus wieder gradlinig fliegen kann. In den meisten Fällen entspricht die Fluchtdistanz der Reichweite des Schusses (30 bis 40 m). Daher sollte man seinen Schuß schnell »loswerden«, d. h. einen Reflexschuß abgeben, der jedoch sehr große Geschicklichkeit erfordert. Dazu muß man den Vogel allerdings sofort entdeckt haben, der mit einem kratzenden Rätschen aufsteht. Das ist in den frühen Morgenstunden nicht immer einfach, da die tarnfarbene Bekassine auf ihren ersten Flugmetern bei geringer Helligkeit kaum vom Untergrund zu unterscheiden ist. Aber genau in diesem Augenblick muß der Schuß fallen, denn kurz danach beginnt sie ihren scharfen Zickzackflug. Man sollte sich stets merken, wo der Vogel hinfällt, sonst ist er schwer zu finden.

Hunde für die Bekassinenjagd

Die richtige Jagd auf die Bekassine, sei es in den ausgedehnten Torfmoorlandschaften oder in der irischen Heide, erfordert die Mitarbeit von außergewöhnlich fähigen Vorstehhunden. Englische und Irische Setter sowie Pointer eignen sich hervorragend für schnelles und ausgedehntes Suchen. Zudem sind Hunde britischer Herkunft, die für ihre feine Nase bekannt sind, von Vorteil, da sie es mit einer ausnehmend schwachen und flüchtigen Witterung zu tun haben. Manche Bekassinenjäger führen nur Hunde, die speziell auf diese Vögel eingejagt sind: Diese gehen sehr selektiv vor und lassen sich nicht von der Witterung anderen Wildes ablenken.
Sie stöbern mit hocherhobenem Kopf und großer Geschwindigkeit, denn nur so können die Vögel, die bei vorsichtigem Anpirschen unweigerlich abfliegen, überrascht werden. Aufgrund ihrer hervorragenden Nase zeigen die Hunde die Bekassine bereits auf 30 m durch Vorstehen an, eine Entfernung, die der üblichen Fluchtdistanz dieser Vögel entspricht. Verfügt man über einen fähigen Vorstehhund anderer Rasse, so kann man ihn natürlich auch einsetzen.

Vorstehhund und Retriever: Der Labrador findet das Wild, der Epagneul apportiert es – ein Team, mit dem dieser korsische Jäger sichtlich sehr zufrieden ist.

GLOSSAR

Abendstrich: Das *Streichen* von machem *Federwild* am Abend zur *Äsung,* vor allem Enten- und Schnepfenstrich.

abnorm: Alle durch Krankheit oder Vererbung regelwidrigen Abweichungen von Gehörn- und Geweihbildung.

abrichten: Einem Hund die notwendigen Kenntnisse für die Hilfe bei der Jagdausübung beibringen.

Abschuß: Die Anzahl des zu schießenden oder geschossenen Wildes in einem Revier.

Abschußbock: Das aus hegerischen Gründen zu erlegende Wild.

Abschußplan: Jährliche Ermittlung des Wildbestands und Festlegung des *Abschusses.*

abspringen: Das Flüchtigwerden bei *Schalenwild.*

abstreichen: Das Auffliegen bei allem *Federwild.*

absuchen: Mit dem Hund ein Gelände nach Wild absuchen.

abwerfen: Alle Hirscharten verlieren zu bestimmten Zeiten ihren Kopfschmuck, um neu *aufzusetzen* oder zu *schieben.*

anblatten: Das Anlocken eines Rehbocks während der *Blattzeit,* indem die Fieptöne des weiblichen Rehs imitiert werden.

anschießen: Das Verwunden von *Niederwild,* so daß dieses noch flüchten kann. Bei *Schalenwild* spricht man von *krankschießen.*

Ansitz: Dort, wo der Jäger ansitzt, um das Wild zu erwarten.

ansprechen: Genaues Erkennen und Beurteilen eines *Stücks* Wild.

Anstand: Am Anstand oder *Ansitz* erwartet der Jäger das Wild.

anzeigen: Der Hund zeigt dem Jäger durch sein Verhalten die Nähe von Wild an.

apportieren: Das Herbeibringen von geschossenem Wild durch den Hund.

Äsung: Die Nahrung des Wildes, das äst.

aufbaumen: *Federwild* baumt auf, wenn es sich in einem Baum niederläßt.

aufbrechen: Bei *Schalenwild* die Bauchdecke aufschärfen und Gedärme, Magen, Leber, Milz, Nieren, Lunge und Herz entfernen.

aufsetzen: Die Neubildung eines Geweihs oder Gehörns.

aufstehen: Das Aufspringen oder Auffliegen bei allem Wild, inbesondere beim *Federwild,* das sich am Boden *drückt.*

aushalten: Das nahe Herankommenlassen der Jäger oder Hunde, ohne flüchtig zu werden.

austreten: Wenn *Schalenwild* aus der Deckung ins Freie zieht.

Balz: Ort und Zeit der Begattung bei *Waldhühnern,* Schnepfen, Fasanen und Wildtauben.

balzen: Bei allem Federwild das Ausstoßen der Balzlaute, geht der Begattung *(Balz)* vor.

Balzjagd: Die Bejagung des *balzenden* Hahns.

Bast: Die das wachsende Geweih einhüllende und ernährende sammetartige Haut.

Beize: Die Jagd mit dem Beizvogel, einem Habicht oder Falken.

Bestand: Die *Stück*zahl der einzelnen Wildarten in einem Revier.

bestätigen: Das Sicherstellen, ob sich das *Stück* Wild in einer Deckung oder einem bestimmten Gelände befindet.

Bett: Ruheplatz des *Schalenwildes.*

Blattzeit: Während einer bestimmten Zeit kann der Rehbock angelockt werden, indem man mit einem Blatt den Fiepton des weiblichen Rehs nachahmt.

Bracke: Eine Jagdhundeart zum Stöbern und Hetzen.

Brunft: Die Begattungszeit und Begattung des *Schalenwildes.*

buschieren: Die Suchjagd mit *Vorsteh-* und *Stöberhunden* auf *Niederwild.*

Deckung: Alle Versteckmöglichkeiten wie Gebüsch, Getreide oder Erderhöhungen.

drücken: Das Wild verharrt in voller Deckung und wird auch nicht flüchtig, wenn sich Treiber und Schützen nähern.

einfallen: *Federwild* läßt sich aus der Luft auf einem Baum, auf dem Wasser oder auf der Erde nieder.

einkreisen: Das Umgehen eines Revierteils, um nach *Fährten* und *Spuren* zu suchen und somit feststellen zu können, ob sich das Wild noch dort befindet.

einstreichen: Rebhühner fallen am *Äsungsplatz* ein.

erlegen: Das Wild wird *waidgerecht* getötet.

Fährte: Alle Hinweise auf die Anwesenheit eines Stücks *Schalenwild,* sei es *Witterung* oder *Trittsiegel.* Die Hunde finden die Fährte und folgen ihr.

Fangschuß: Ein krankes Stück Wild wird durch einen meist aus naher Entfernung abgegebenen Schuß getötet.

Federwild: Sammelbezeichnung für die dem Jagdrecht unterliegenden Vogelarten.

fegen: Rehböcke und Hirsche reiben ihr Gehörn bzw. Geweih an Bäumen, um den *Bast* abzufegen.

Fehljagd: Ein Jäger kommt ohne Jagdbeute zurück.

Finder: Ein erfahrener Spürhund, der das Stück Wild findet.

flüchten: *Haarwild* bewegt sich schnell fort.

fortstreichen: *Federwild* fliegt fort.

frettieren: Mit Hilfe des Frettchens werden Kaninchen im Bau bejagt.

Gang: Fortbewegung eines Tieres.

Garbe: Die Gesamtheit der abgeschossenen Schrotkugeln einer Patrone.

Gebräch: Wühlspuren des Wildschweins, die es mit seinem Rüssel im Boden hinterläßt.

Gebrech: Der Äser bzw. das Maul des *Schwarzwildes.*

Gefege: Der abgefegte *Bast* von Geweihen und Gehörnen.

Gelege: Das Nest zusammen mit den Eiern.

Gesperre: Bei den Hühnervögeln die Gesamtheit der Jungen mit den Alten.

geständert: Wenn *Federwild* vom Schrotschuß an den Beinen verletzt wurde.

Haarwild: Sammelbezeichnung für alle bejagbaren Säugetiere.

Hege: Oberbegriff für alle Maßnahmen zur Pflege und zum Schutz des Wildes.

Hegezeit: Schonzeit.

hochläufig: Alle hochbeinigen Hunde.

hochmachen: Gesundes Wild aufjagen.

Hochsitz: Der erhöht gebaute Sitz dient zur Ansitzjagd oder Wildbeobachtung.

Hochwild: Alles Wild, das zur Hohen Jagd gehört wie Elch-, Rot-, Dam-, Sika-, Stein-, Muffel-, Gams- und *Schwarzwild,* Auerwild, Bär, Luchs und Wolf.

Jagdzeit: Im Gegensatz zur Schonzeit die Schußzeit.

kapital: Ein ungewöhnlich starkes *Stück* Wild.

Kette: Die Familie des Rebhuhns.

Kirren: Mittels Futter Wild anlocken.

Köder: Lockmittel, die beim Fangen von *Raubwild* oder *-zeug* zum Einsatz kommen.

krankschießen: Schalenwild anschießen.

kreisen: Die *Fährte* des Wildes aufspüren, um es zu bestätigen.

Krucken: Das Gehörn des Gamswildes.

Lockjagd: Bei ihr wird das Wild durch Lautäußerung, Bewegung oder mechanische Hilfsmittel wie Lockvögel angelockt.

Losung: Der Kot allen Wildes, bei Greifvögeln spricht man von Geschmeiß.

Luder: Ein totes Tier, das zum Anlocken von *Raubwild* oder *-zeug* verwendet wird.

Malbaum: Nachdem sie sich gesuhlt haben, reiben sich Rot- und *Schwarzwild* an diesem Baum.

Nachbrut oder Nachgelege: Zweites Gelege.

Nachsuche: Das Suchen von krankem Wild.

Niederjagd: Die Bejagung allen *Niederwildes.*

Niederwild: Zum Niederwild gehören Rehwild, Hase, Kaninchen, Murmeltier, Fuchs, Dachs, kleineres Haarraubwild, Robben und Federwild mit Ausnahme des Auerwildes.

Nimrod: Bezeichnung für einen passionierten Jäger.

Nutzwild: Alles eßbare Wild, im Gegensatz zu *Raubwild.*

Pirsch: Vorsichtiges, langsames Vorwärtsbewegen des Jägers.

Raubwild: Alle dem Jagdrecht unterliegenden Raubtiere, die *Nutzwild* töten.

Raubzeug: Alle nicht dem Jagdrecht unterliegenden Tiere, die dem *Nutzwild* schädlich sind.

rauhfüßig: Alle Vögel, deren Beine bis unten hin befiedert sind.

Rauschzeit: Die Begattungszeit des *Schwarzwildes.*

Retriever: Hunderasse, die speziell dafür gezüchtet wurde, ein geschossenes *Stück* Wild zu apportieren oder ein *krankgeschossenes Stück* Wild *verloren zu suchen,* vorausgesetzt der Hund ist entsprechend abgerichtet.

Rotte: Eine Gesellschaft von Sauen.

Sasse: Der Ruheplatz des Hasen.

Schalenwild: Sammelbezeichnung für alles Wild, das auf Klauen *zieht.*

Schaufeln: Das Geweih von Rot-, Dam- und Elchhirsch.

schieben: Das Geweih wächst heran.

Schlafbäume: Auf ihnen verbringt *Federwild* regelmäßig die Nacht.

schlagen: Ein Wildschwein schlägt den Hund mit seinen Waffen.

schnallen: Der Hund wird vom Riemen gelöst und auf die *Fährte* des *Stück* Wildes angesetzt.

Schütte: Überdachte Futterstelle für *Federwild.*

Schwarzwild: Wildschweine.

Setzzeit: In dieser Zeit bringt das Wild seine Jungen zur Welt.

Spießer: Beim Rot-, Dam- und Elchhirsch sowie Rehbock *unvereckte* Geweihform.

spitz: Gegensatz zu breit.

Sprossen (oder Enden): Verzweigungen der Geweihe.

Spur: Wild, das nicht auf Klauen *zieht,* hinterläßt eine Spur.

spurlaut: Ein Hund folgt einer Wildspur und wird laut, ohne das Wild zu sehen.

Ständer: Die Beine allen *Federwildes.*

Stöberhund: Hunderasse, die Wild aufsucht und aufscheucht.

Strecke: Die Gesamtzahl des auf einer Jagd erlegten Wildes.

Streichen: Das Fliegen des *Federwildes.*

Stück: Allgemeine Bezeichnung für Wild ohne Angabe des Geschlechts.

Suhle: Kleine Wassertümpel oder sumpfige Stellen, in denen sich Rot- und *Schwarzwild* wälzen.

Trittsiegel: Fußabdruck des *Schalenwildes.*

Trockenplatz: Ort, an dem sich die Tiere nach starken Niederschlägen trocknen.

Verbiß: Schäden, die das *Schalenwild* durch Verbeißen von Knospen und Trieben an Bäumen anrichtet.

verecken: Das völlige Auswachsen der Geweihe und Gehörne.

vergrämen: Das durch wiederholte Beunruhigung gestörte Wild.

verloren suchen: Hunde, die ohne auf eine *Fährte* oder *Spur* gesetzt zu sein, ein verendetes *Stück* Wild suchen.

verstreichen: Wenn *Federwild* wegen Beunruhigung das Revier verläßt.

vorstehen: Der Vorstehhund verharrt in Lauerstellung, wenn er *Wildwitterung* aufnimmt.

waidgerecht: Der Jäger beherrscht das Jagdhandwerk und folgt den ungeschriebenen Regeln der Jagdethik.

Waidmann: Der Jäger, der auch Heger ist, beherrscht das Jagdhandwerk und folgt den ungeschriebenen Regeln der Jagdethik.

Waldhühner: Sammelbezeichnung für Auerwild, Birkwild und Haselwild.

Wildbret: Fleisch des *Nutzwildes.*

Wildfütterung: Fütterung des Wildes, um es in der Notzeit vor dem Verhungern zu bewahren.

Wind holen: Das Wild versucht, Witterung aufzunehmen.

wittern: Durch den Geruch wahrnehmen.

Wundbett: Der Platz, an dem ein krankes *Stück* Wild ruht.

zeichnen: Die Reaktion des Wildes auf einen Treffer.

ziehen: Langsam sich fortbewegendes *Schalenwild.*

zurufen: Die Jäger zeigen sich durch gegenseitiges Zurufen ihre Anwesenheit an, um Unfälle zu vermeiden.

REGISTER

BIBLIOGRAPHIE

Auswahl:

Benke, H., *Hege und Jagd im Jahresverlauf,* München 1994.
Blase, R., Pettinger, F., *Die Jägerprüfung,* Melsungen
Bützler, W., *Rotwild,* München 1991.
Frevert, W., *Wörterbuch der Jägerei,* Hamburg/Berlin 1992.
Henning, R., *Schwarzwild,* München 1994.
Hespeler, B., *Rehwild heute. Lebensraum, Jagd und Hege,* München 1992.
Hespeler, B., *Raubwild heute. Biologie, Lebensweise, Jagd,* München 1995.
Jagdlexikon, München 1994.
Krebs, H., *Vor und nach der Jägerprüfung,* München 1995.
Lampel/Mahrholdt, *Waffen-Lexikon,* München 1994.
Lechner, E., *Auf fernen Wechseln. Jagdreisen rund um die Welt,* München 1993.
Nüßlein, F., *Das praktische Handbuch der Jagdkunde,* München 1996.
Pott, E., *Wald und Forst,* München 1989.
Schäfer, P., *Flintenschießen leichtgemacht,* München 1993.
Schneider, E., *Der Feldhase,* München 1978.
Wandel, G., *Reviereinrichtung selbst gebaut,* München 1994.

In der Könemann Verlagsgesellschaft sind zu diesem Thema ebenfalls erschienen:
Blüchel, K. G., *Die Jagd,* 3. überarbeitete Auflage, Köln 1999.
Rossignol/Caccivio, *Jagdhunde. Anschaffung, Rassen, Jagdpraxis,* Köln 1999.

Zeitschriften:
Der deutsche Jäger
Die Pirsch
Unsere Jagd
Wild und Hund!

Bildnachweis

Berthoule/NATURE: 76–77, 79, 96, 97; **Cortay:** 104, 153, 158; **Dragesco/OKAPIA:** 149; **Dupraz:** 15, 21, 41, 74, 100; **Durantel:** 14, 17, 31, 32, 34, 40, 44, 45, 51, 52, 56, 57, 61, 64, 67, 75, 77 oben, 82, 85, 86, 91, 92–93, 102, 103, 113, 117, 119, 128, 131, 132, 134–135, 142, 147 oben, 181, 182, 183, 187, 190, 191, 194–195 unten, 195 oben, 205, 206 oben, 206 unten; **Durantel/NATURE:** 42, 123; **Eckert Pott/OKAPIA:** 133; **Ferrero/NATURE:** 166–167; **Gerlach GDT/OKAPIA:** 83; **Gohier/NATURE:** 165, 170–171; **Guerrier/NATURE:** 99; **Guittard/LOSANGE:** 63, 66, 92 oben, 193, 194; **Joly:** 38, 162, 173, 197; **Krasnodebski/NATURE:** 35, 46, 108, 110, 128–129 unten, 139, 147 unten, 157; **Kratz/OKAPIA:** 22; **Lanceau/NATURE:** 168, 175, 184; **Lange/OKAPIA:** 120–121 oben; **Maier/OKAPIA:** 58, 69; **Mayet/NATURE:** 199, 200–201; **Meyers/OKAPIA:** 29, 80, 94, 141, 163, 177 oben, 177 unten; **Munstermann/OKAPIA:** 55; **Polking/OKAPIA:** 151; **Reille/NATURE:** 161; **Reinhard/OKAPIA:** 106, 109, 120, 124; **Sauer/NATURE:** 8, 19, 154; **Siegel/NATURE:** 25, 37, 137, 152; **Thompson:** 145; **Uselmann/OKAPIA:** 115.